V&R

Wolfgang Schweiger
mit herzlichem Gruß

Wolfgang Hage

Zugänge zur Kirchengeschichte

Herausgegeben
von Manfred Jacobs

Band 4
Wolfgang Hage
Das Christentum im frühen Mittelalter
(476-1054)

V&R

VANDENHOECK & RUPRECHT
IN GÖTTINGEN

WOLFGANG HAGE

Das Christentum im frühen Mittelalter (476-1054)

Vom Ende des weströmischen Reiches bis zum west-östlichen Schisma

Mit 11 Karten
im Text

V&R

VANDENHOECK & RUPRECHT
IN GÖTTINGEN

Wolfgang Hage

geb. 5. 11. 1935 in Römhild/Thüringen. 1955-1959 Studium der evangelischen Theologie in Bonn, Tübingen und Münster. 1960-1961 Redaktionsassistent am Bucer-Institut (R. Stupperich) der Evangelisch-Theologischen Fakultät Münster (Editionen in „Martin Bucers Deutsche Schriften", Bd. 3/ 1969; 5/1978). 1962-1972 Assistent am Lehrstuhl für Ostkirchengeschichte (P. Kawerau) der Theologischen Fakultät Marburg. Hier 1964 Promotion mit einer Arbeit über „Die syrisch-jakobitische Kirche in frühislamischer Zeit" (Wiesbaden 1966) und 1970 Habilitation mit „Untersuchungen zum Leben der Christen Zentralasiens im Mittelalter" für das Fach „Kirchengeschichte unter besonderer Berücksichtigung des christlichen Orients". 1972 Ernennung zum Professor (Marburg). 1975 Wissenschaftlicher Rat und Professor für „Orientalische (insbesondere syrische) Kirchengeschichte" an der Theologischen Fakultät Göttingen. Seit 1981 Universitäts-Professor für „Kirchengeschichte mit Schwerpunkt Ostkirchengeschichte" am Fachbereich Evangelische Theologie Marburg.
Weitere Veröffentlichungen: „Die griechische Baruch-Apokalypse" (in JSHRZ 5/1979²), „Der Weg nach Asien, die ostsyrische Missionskirche" (in KGMG 2,1/1978), „Syriac Christianity in the East" (Kottayam/Indien 1988), Aufsätze und Lexikon-Artikel zur orientalischen Kirchengeschichte.

Die Deutsche Bibliothek – CIP-Einheitsaufnahme

Zugänge zur Kirchengeschichte / hrsg. von Manfred Jacobs. –
Göttingen : Vandenhoeck und Ruprecht.
(Kleine Vandenhoeck-Reihe ; ...)
NE: Jacobs, Manfred [Hrsg.]

Bd. 4. Hage, Wolfgang: Das Christentum im frühen Mittelalter (476–1054). –
1993

Hage, Wolfgang:
Das Christentum im frühen Mittelalter (476–1054): vom Ende des weströmischen Reiches bis zum west-östlichen Schisma / Wolfgang Hage. – Göttingen:
Vandenhoeck und Ruprecht, 1993
(Zugänge zur Kirchengeschichte ; Bd. 4)
(Kleine Vandenhoeck-Reihe ; 1567)
ISBN 3-525-33590-3
NE: 2. GT

Kleine Vandenhoeck-Reihe 1567

Umschlag: Hans Dieter Ullrich
Satz: Competext, Heidenrod
Druck und Bindung: Hubert & Co., Göttingen

Vorwort

Der vorliegende Teilband will – der Zielsetzung dieser Reihe entsprechend – den „Zugang zur Kirchengeschichte" erleichtern: zu einem Fach, das seiner vielen Daten wegen recht trocken zu sein scheint, tatsächlich aber (blickt man nur etwas tiefer) auch spannend sein kann. Den tieferen Einblick in den jeweiligen Geist der Zeit mit ihren Akteuren sollen die Quellenzitate vermitteln, die die Darstellung auflockern. Sie zwingen im vorgegebenen Rahmen freilich auch dazu, aus der Vielfalt, die die Geschichte bietet, auszuwählen. Denn gerade weil mit den Zitaten manches ausführlicher behandelt werden kann, muß dafür anderes in den Hintergrund treten oder gänzlich unerwähnt bleiben. Diese Konsequenz gilt für die Darstellung des „Christentums im frühen Mittelalter" in noch verschärfter Weise. Denn nach der Gesamtkonzeption der Reihe ist hier der (mit sechs Jahrhunderten) größte Zeitraum zu behandeln, wobei zugleich die gesamte Christenheit im Blick bleiben soll. So wird es nicht schwer sein, Lücken zu entdecken: mehr im Bereich der östlichen, als in dem der westlichen Kirche. Denn wenn es auch vermieden werden muß, den Blick auf die nur eigene, abendländische Vergangenheit einzuengen, sind doch hier (und noch enger auf den mitteleuropäischen Raum konzentriert) die Schwerpunkte zu setzen. Um die Kirchengeschichte des frühen Mittelalters in ihrer ganzen Vielfalt kennenzulernen, möge man umfangreichere Darstellungen ergänzend hinzuziehen: Das Literaturverzeichnis (das vor allem neuere, deutschsprachige Veröffentlichungen berücksichtigt) will insofern als weiterführende Empfehlung verstanden sein.

Dieser Teilband hat seinen Zweck erfüllt, wenn er für seinen Zeitraum den *Zugang* zur weiten Welt der Christenheit (im Orient auch über das Jahr 1054 hinaus) zu öffnen hilft. Um auch das Verständnis innerhalb der Darstellung zu erleichtern, wurde von zahlreichen Querverweisungen Gebrauch gemacht; orientalische Namen erscheinen in einer dem Deutschen angeglichenen orthographischen Form.

Bei der Erstellung des Literaturverzeichnisses, bzw. beim Lesen der Korrekturen halfen mir nacheinander meine studentischen Hilfskräfte Jörg Scheer, Jens-Peter Ritterhoff und Claudia Latzel. Ihnen gilt mein abschließender Dank.

Wolfgang Hage

Inhalt

I. Die byzantinische Reichskirche

1. Kaiser und Patriarch

Die hierarchische Struktur der oströmischen (byzantinischen) Staatskirche hatte die 4. Ökumenische Synode zu Chalzedon (451) abschließend definiert (vgl. Bd. 3, S. 96f.). Das gesamte Kirchengebiet verteilte sich nun auf die fünf Patriarchate: Rom, Konstantinopel, Alexandria, Antiochia, Jerusalem (vgl. Karte S. 12/13).

Im Rahmen dieser sogenannten „*Pentarchie*" („Fünferherrschaft") übten die Patriarchen ihre Amtsgewalt nur im jeweils eigenen Kirchengebiet aus, ohne in ein anderes eingreifen zu können; *rechtlich* waren sie also einander gleichgestellt, und die genannte Reihenfolge bezeichnete nur den *Ehren*-Rang. Dennoch wurde Konstantinopel dann bald doch zu *dem* Reichspatriarchat („Ökumenischen Patriarchat"; vgl. u. S. 155), weil das Patriarchat des Westens (Rom) aus der *Pentarchie* ausscherte (vgl. Kap. IV, 3a) und die drei orientalischen Patriarchate (nach dem Verlust der Ostprovinzen an das islamische Reich) bedeutungslos wurden (vgl. u. S. 49).

Höchste Autorität besaß die *ökumenische* (d.h. „Reichs"-)Synode, einberufen (und durch Legaten geleitet) vom Kaiser, der als „Stellvertreter Gottes auf Erden", bzw. „Stellvertreter Christi", der eigentliche Herr der Kirche war und zumal für deren Orthodoxie die Verantwortung trug.

Die kaiserliche Amtsgewalt über Staat *und* Kirche (was sich im Byzantinischen Reich nicht trennen läßt) galt seit Konstantins des Großen Zeiten (*politische Theologie*, vgl. Bd. 2, S. 179-181. 183-186). Man kann dieses Staatskirchenwesen jedoch nicht als „*Cäsaropapismus*" bezeichnen, da ja das Patriarchenamt nicht aufgelöst wurde. Byzantinisches Selbstverständnis definierte das Nebeneinander kaiserlicher und patriarchaler Gewalt als „*Symphonia*" („Einklang", „Übereinstimmung"), was freilich nur ein Ausdruck schöner Theorie war.

Wie ein Kaiser, der die Fäden fest in der Hand hielt, sein Verhältnis zum Patriarchenamt verstand, wird aus den Worten *Justinians I.* deutlich.

1 *Kaiser Justinian I. an Epiphanius von Konstantinopel (Corpus Iuris Civilis, 535; Einleitung zur VI. Gesetzesnovelle):* „Von der höchsten Güte des Himmels sind den Menschen zwei erhabene Gottesgaben zuteil geworden: das Bischofsamt und die Kaisermacht ... Beide gehen hervor aus dem einen und selben

Map legend (B):

Patriarchate nach dem Konzil von Chalcedon (451)

Obermetropolen nach dem Konzil von Konstantinopel (381)

Metropolen um 450

Grenzen der kirchlichen Ämter nach dem Konzil von Konstantinopel

Von arianischen Völke beherrschte Gebiete

Anhänger der antioch. auf dem Konzil von E (Patriarchat, Oberme

Ägyptische Anhänger von Ephesus (449) und

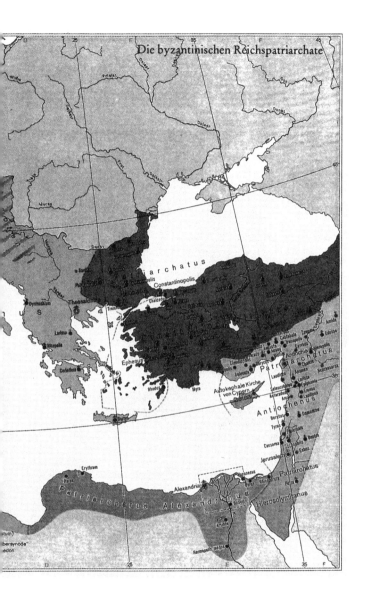

Die byzantinischen Reichspatriarchate

13

Urquell, und sie sind die Zierde des menschlichen Daseins. Darum liegt den Kaisern nichts so sehr am Herzen als die Ehrfurcht vor dem Bischofsamt, da umgekehrt die Bischöfe zu immerwährendem Beten für die Kaiser verpflichtet sind. Denn wenn dieser Gebetsdienst in jeder Hinsicht makellos und voll Gottvertrauen vollzogen wird, wenn umgekehrt die Kaisermacht sich nach Recht und Zuständigkeit der Entfaltung des ihr anvertrauten Staatswesens annimmt, dann gibt es gleichsam einen *guten Klang,* und für das ganze Menschengeschlecht quillt daraus nur Nutz und Segen. So sind denn auch wir erfüllt von der hingebendsten Sorge um die wahren Dogmen von Gott und um die Ehrenstellung der Bischöfe. Und wir sind der Überzeugung: Wenn es recht steht um Dogma und Bischöfe, dann wird uns von Gott die Fülle der Güter zuteil ... Wird doch die Gesamtleitung des Staates nur dann reibungslos und Rechtens vor sich gehen, wenn schon an der Wurzel alles schön und gottgefällig geordnet ist."

Nach dieser Interpretation des „guten Klangs" *(Symphonia),* die der kirchlichen Hierarchie nur die Pflicht „zu immerwährendem Beten für die Kaiser" zuerkennt, liegt also die tatsächliche Macht über das Reich mit seiner Kirche, die „hingebendste Sorge um die wahren Dogmen", ganz in den Händen des Kaisers, und Kaiser wie Justinian konnten diesen Anspruch auch durchsetzen (vgl. u. S. 18f.).

Reichlich drei Jahrhunderte später sah ein selbstbewußter Patriarch von Konstantinopel die Gewichte anders verteilt: Er bestritt nicht die Autorität des Kaisers, relativierte sie aber unter Hinweis auf „Gewohnheiten" und „Kirchenrecht".

2 *Patriarch Photios, Epanagoge (ca. 880), A 8:* „Da der Staat entsprechend dem Menschen aus Gliedern und Teilen besteht, sind seine größten und wichtigsten Glieder der Kaiser und der Patriarch *(von Konstantinopel).* Daher bedeutet auch die völlige Einmütigkeit und Übereinstimmung zwischen Kaisertum und Patriarchat den seelischen und leiblichen Frieden und das Glück der Untertanen."

A 9: „Der Patriarchenstuhl von Konstantinopel, der durch den Schmuck des Kaisertums ausgezeichnet ist, wurde durch Konzilsbeschlüsse zum ersten Stuhl erklärt. Gemäß diesen Beschlüssen ordnen auch die heiligen Gesetze an, daß unter den anderen Patriarchenstühlen entstehende Streitfragen dem entscheidenden Urteile jenes Stuhles vorgelegt werden."

A 11: „Dem Patriarchen obliegt die Fürsorge für alle Dinge, die das Seelenheil betreffen ..."

B 4: „Der *Kaiser* ist verpflichtet, alles, was in den heiligen Schriften und in den sieben heiligen Konzilien niedergelegt ist, durchzusetzen und zu erhalten ..."

B 5: „Der Kaiser muß hinsichtlich des rechten Glaubens und der Frömmigkeit äußerst sorgsam sein, und er muß in heiligem Eifer hervorragen ..."

B 7: „In der Auslegung der Gesetze muß er die Gewohnheiten des Staates berücksichtigen. Was dem Kirchenrecht widerspricht, kann nicht befolgt werden ..."

Diese Äußerungen eines Kaisers (Justinian) und eines Patriarchen (Photios) lassen beispielhaft erkennen, wie sich die Idee der *Symphonia* in der Praxis auswirkte: Die tatsächliche Macht in der Kirche besaß die jeweils stärkere Persönlichkeit; und das war in den theologischen und kirchenpolitischen Auseinandersetzungen dieser Jahrhunderte zumeist der Kaiser, seltener der Patriarch von Konstantinopel.

2. Die Religionspolitik nach Chalzedon

a) Für und wider das Bekenntnis von 451

Die 4. Ökumenische Synode von Chalzedon (451) hatte mit ihrer dogmatischen Entscheidung (vgl. Bd. 3, S. 111f.) den christologischen Streit beenden wollen, brachte der Reichskirche damit aber nicht den Frieden. Widerspruch gab es vor allem in Ägypten und Syrien, wo man an der *einen Natur* in Christus festhielt, weil man in der *Zwei-Naturen*-Lehre der Synode und des *Lehrbriefes Leos von Rom* verkappten „Nestorianismus" witterte. Diese Opposition der *Monophysiten* (bzw. *Diplophysiten;* vgl. u. S. 30f.) gefährdete nicht allein die kirchliche Einheit, sondern, da sie gerade in den Persien benachbarten Grenzgebieten mächtig war, zugleich die Sicherheit des Reiches. Damit stand die kaiserliche Religionspolitik vor einem Dilemma: Einer den Besitz der Ostprovinzen sichernden antichalzedonensischen Politik widersprach die immer noch lebendige Idee eines das ganze Mittelmeer umspannenden Gesamt-Imperiums, die nicht ohne die Sympathien des eindeutig konzilstreuen römischen Patriarchats zu verwirklichen war; und eine diesem Ziel dienende chalzedonensische Politik mußte den Osten dem Reich entfremden. So beließen es die Kaiser zunächst zwar offiziell bei der chalzedonensischen Orthodoxie, vermieden es aber, sie gewaltsam durchzusetzen.

Diese Politik, die alles offen ließ, währte bis 475, als *Basiliskos* gegen den legitimen Kaiser *Zenon* den Thron usurpierte, sich dabei gezielt auf die oppositionellen Kräfte zu stützen suchte und ein scharf antichalzedonensisches *Enkyklion* erließ.

3 *Kaiser Basiliskos, Enkyklion (475/76):* „(Was der) *Tomus (des Papstes Leo)* und alles, was zu *Chalzedon* in der Glaubensdefinition und in der Auslegung des Symbols *(von Nizäa)* oder als Deutung, Lehre oder Erörterung gesagt oder als Neuerung gegenüber dem Symbol der 318 Väter *(von Nizäa)* getan worden ist, von alldem verfügen wir, es solle hier und überall in jeder einzelnen Kirche von allen heiligen Bischöfen allenorts verworfen und dem Feuer übergeben werden, wo immer es sich findet."

Das war freilich ein nur kurzlebiger Positionswechsel der kaiserlichen

Kirchenpolitik. Denn Basiliskos konnte sich nicht lange halten und revidierte kurz vor seinem Sturz selber noch seine anti-chalzedonensische Position mit einem *Antenkyklion*. Bereits 476 also kehrte Zenon auf den Thron zurück, und die Reichskirche war damit vollends wieder auf die chalzedonensische Orthodoxie festgelegt. So galt es jedenfalls offiziell; denn zugleich bemühte sich der Kaiser jetzt (bestärkt durch seinen Patriarchen *Akakios*) um eine Verständigung mit den christologischen Gegnern auf der Basis einer allgemein gehaltenen *Einigungsformel (Henotikon)*.

4 *Kaiser Zenon, Henotikon (482):* „Wir bekennen, daß ... unser wahrhaft Mensch gewordener Herr Jesus Christus, wesenseins mit dem Vater seiner Gottheit nach und zugleich mit uns wesenseins seiner Menschheit nach, ... *einer* ist und nicht zwei. Denn wir sagen, daß die Wunder wie die Leiden ... *einem* angehören ... Jeden aber, der anders gedacht hat oder denkt, ... sei es zu *Chalzedon* oder auf welcher Synode auch immer, den verdammen wir."

Diese Kompromißformel, die eine eindeutige Stellung zur chalzedonensischen Definition vermied, ihre Annahme oder Ablehnung also jedem einzelnen überließ, fand nicht die erhoffte allgemeine Zustimmung: Den strengen Chalzedonensern klang sie zu „monophysitisch", und die Anti-Chalzedonenser vermißten in ihr die förmliche Verurteilung der Synode. Was also der Einigung hatte dienen sollen, führte nur noch zu größerer Verwirrung.

5 *Evagrius Scholasticus, Kirchengeschichte (593), III, 30:* „Die einzelnen Bischöfe handelten, wie es ihnen gutdünkte. Es gab unter ihnen solche, die alles, was auf dieser Synode dargelegt worden war, mit aller Zähigkeit verfochten ... Mit großem Freimut trennten sie sich von jenen, welche die Synodalbeschlüsse überhaupt nicht annahmen, und wollten mit ihnen keinerlei Kommunion haben. Andere dagegen nahmen die Synode von *Chalzedon* ... nicht nur nicht an, sie verwarfen und anathematisierten sie sogar zusammen mit *Leos Brief (Tomus)*. Andere dagegen waren engagierte Verfechter des *Henotikon* des Zenon, wenn sie auch gespalten waren über die eine oder die zwei Naturen. Die einen waren von seinem Stil geblendet, die anderen waren auf Frieden und Einheit bedacht."

Nachteilig für die Reichspolitik insgesamt aber war es, daß auch Rom die Definition von Chalzedon kompromißlos verteidigte und es zum *Akakianischen Schisma* mit Konstantinopel kommen ließ (vgl. u. S. 155). Dort aber trat die Sorge um die Ostprovinzen immer stärker in den Vordergrund, und da Zenons Einigungsversuch erfolglos geblieben war, schickte sein Nachfolger *Anastasios I.* dem *Henotikon* eine eindeutige anti-chalzedonensische Interpretation nach.

6 *Kaiser Anastasios I., Typos (509/11):* „Wir nehmen nur eine Glaubensdefinition an, die der 318 Väter, die sich zu *Nizäa* versammelt haben ... Ihr entsprach auch die heilige Synode ... zu *Ephesus* ..., wie auch ... (das) *Henotikon Zenons* ... Wir aber sprechen gemäß der von den heiligen Vätern empfangenen Überlieferung nicht von *zwei Naturen*, sondern bekennen das Wort Gottes als *eine Fleisch gewordene Natur* (vgl. dazu u. S. 29) und verfluchen die Synode von *Chalzedon*, mit ihr auch *Leo* und seinen *Tomus.*"

Sechs Jahrzehnte nach der Synode von Chalzedon war damit die kaiserliche Religionspolitik offiziell auf die Seite ihrer Gegner eingeschwenkt.

b) Die „Drei Kapitel" und die 5. Ökumenische Synode

Mit den Kaisern *Justin I.* und *Justinian I.* fand die offizielle Politik seit 518 endgültig zur chalzedonensischen Orthodoxie zurück, was die kaiserlichen Ambitionen im Westen förderte, das Verhältnis zu den Ostprovinzen aber nun komplizierter machte.

Die kirchliche Verständigung mit dem *Westen* (das *Akakianische Schisma* endete 519) ermöglichte es Justinian, in den Jahren 534–553 die Germanenreiche der *Vandalen* und *Ostgoten* zu vernichten (vgl. u. S. 55) und die alte Idee des meerumspannenden Imperiums noch einmal zu verwirklichen. Den *Ostprovinzen* gegenüber aber war, da der Kaiser hier nun das chalzedonensische Bekenntnis gegen die breite Bevölkerung durchsetzen mußte, die dabei doch dem Reich nicht entfremdet werden durfte, eine geradlinige Politik nicht mehr möglich: Die Gegner Chalzedons wurden aus ihren Bistümern vertrieben, dann aber auch zu Religionsgesprächen in die Hauptstadt selbst eingeladen. Dabei war es einer Kirchenpolitik, die beiden Parteien gerecht zu werden suchte, durchaus förderlich, daß dem Kaiser Justinian in seiner noch energischeren Gemahlin (und gekrönten Mitkaiserin) *Theodora* (gest. 548) eine Förderin der Anti-Chalzedonenser zur Seite stand, die (kaum ohne die verschwiegene Zustimmung des Kaisers) den vom Staat offiziell Verfolgten half und ihnen sogar in ihrem Palast zu Konstantinopel Zuflucht gewährte; nicht zuletzt ihr verdankte der Diplophysitismus dann auch sein kirchliches Überleben (vgl. u. S. 32).

Justinian I., selbstbewußter Herr seiner Reichskirche (vgl. o. S. 11f.) und auch theologisch ambitioniert, versuchte der Opposition im Osten dadurch entgegenzukommen, daß er der christologischen Definition von Chalzedon (weil sie den Gegnern als verkappt „nestorianisch" galt) eine deutlich anti-nestorianische Interpretation gab. Damit aber führte er die Kirche in den *Drei-Kapitel-Streit.*

Die „Drei Kapitel" meinten *Theodor von Mopsuestia* (gest. 428), die antikyrillischen Schriften des *Theodoret von Kyros* (gest. ca. 466) und einen Brief des *Ibas von Edessa* (gest. 457), betrafen also Theologen, die der *antiochenischen* Partei zugehört hatten (vgl. Bd. 3, S. 103f. 108), zur Zeit der Synode von

Chalzedon aber schon nicht mehr lebten, bzw. auf ihr ausdrücklich rehabilitiert worden waren.

Justinian verurteilte in einem *Traktat* (544/45) die in den „Drei Kapiteln" benannten Antiochener, und diese Korrektur an der Synode von Chalzedon und Verdammung nun längst Verstorbener stieß – zumal im Westen – auf Widerspruch.

7 *Bischof Pontianus (aus Afrika) an den Kaiser Justinian I. (545):* „Ihr habt uns aufgefordert, den *Theodor,* die Schriften des *Theodoret* und einen Brief des *Ibas* zu verdammen. Nun sind die Schriften dieser Männer bis jetzt bei uns unbekannt geblieben. Aber selbst wenn wir sie besäßen und darin einige dunkle oder glaubenswidrige Sätze fänden, so könnten wir diese Sätze gewiß ablehnen, aber keinesfalls die Urheber dieser Sätze, die schon längst gestorben sind, mit einem voreiligen Bannfluch verurteilen ... Wem von ihnen könnte denn die Sentenz unseres Bannes vorgelesen werden? Heute ist es unmöglich, sie zu einem Widerruf zu bringen."

Auch Papst *Vigilius* von Rom widersprach anfangs; er wurde aber nach Konstantinopel gebracht, hielt hier dem stärkeren Kaiser nicht Stand und schwankte (als schwacher Vertreter römischen Selbstbewußtseins) zwischen zaghaftem Widerstand und halbherziger Zustimmung hin und her. Justinian ging nicht nur über diesen Gegner hinweg und berief zum Jahre 553 eine Synode nach *Konstantinopel,* die als die 5. Ökumenische galt und im Sinne des Kaisers zum Bekenntnis von Chalzedon Stellung nahm.

8 *5. Ökumenische Synode von Konstantinopel (553), Kanon 5:* „Wenn jemand ... nicht ... bekennt, daß der Logos Gottes dem Fleisch der *Hypostase* nach geeint sei und so auch die *eine Hypostase* oder die *eine Person* in ihm (bekennt), und daß deswegen die heilige Synode *(von Chalzedon)* die *eine Hypostase* unseres Herrn Jesus Christus bekannt habe, der sei im Bann."
7: „Wenn jemand ,in zwei Naturen' sagt, dabei aber nicht bekennt, daß in Gottheit und Menschheit unser *einer* Herr Jesus Christus erkannt wird, um so den Unterschied der Naturen zu bezeichnen, aus denen *ohne Vermischung* die ... *Einung* geschehen ist, ohne daß der (Gott-)Logos in die Natur des Fleisches *verwandelt* wurde und das Fleisch in die Natur des Logos überführt wurde ...; wenn er dagegen diesen Ausdruck (,zwei Naturen') als *Spaltung in Teile* ... versteht oder ... die Zahl benützt, als ob die Naturen ... *getrennt* seien und *für sich subsistieren (je eine Hypostase bilden),* der sei gebannt."
8: „Wenn jemand ... (die Formel) ,eine fleischgewordene Natur des Gott-Logos' nicht so versteht, wie die heiligen Väter *(in Chalzedon)* gelehrt haben, daß (nämlich) aus der göttlichen und menschlichen Natur durch die Einung *der Hypostase nach* ein Christus geworden ist, sondern versucht, aus diesen Wörtern *eine* Natur oder Wesenheit aus Gottheit und Fleisch Christi einzuführen, der sei gebannt."

Förmlich verurteilt wurden auch die drei Antiochener (bzw. deren Schriften), die zur Synode den Anlaß gegeben hatten. Damit und zugleich mit der nun feierlichen Anerkennung der *Zwölf Anathematismen Kyrills* von 430 (vgl. Bd. 3, S. 106f.), die zu Chalzedon (451) nur verlesen worden waren, hatte man den chalzedonensischen Glaubenssätzen jetzt deutlicher jeden Verdacht eines „verkappten Nestorianismus" genommen. Man war ihrem Wortlaut durchaus treu geblieben, hatte ihre Unterscheidung von *Natur* und *Hypostase* noch einmal stark betont, hatte zugleich aber Kyrills Formel von der „einen fleischgewordenen Natur" ausdrücklich für orthodox erklärt: Wenn man sie nur richtig und nicht etwa monophysitisch interpretierte (vgl. u. S. 29). Denn wie der Alexandriner verstand man die *hypostatische Einigung* jetzt deutlicher so, daß es die Hypostase der *göttlichen* Natur war, mit der sich die menschliche Natur verbunden hatte. Diese Interpretation der chalzedonensischen Definition durch die 5. Ökumenische Synode hat man als „*Neuchalzedonismus*" bezeichnet.

Die Synode hatte ganz im Sinne Justinians entschieden, blieb aber insofern erfolglos, als er damit bezweckt hatte, die theologischen Parteien miteinander zu versöhnen. Der schwache Papst Vigilius stimmte zuletzt zwar zögernd zu; der Westen sonst aber verhielt sich weithin und noch für lange Zeit dieser Synode (die mit ihrer Verurteilung der drei Antiochener über Chalzedon hinausgegangen war) ablehnend gegenüber und fiel in ein Schisma (vgl. u. S. 59f.). Auch gelang es dem Kaiser nicht, mit dem nun schärfer anti-antiochenischen *Neuchalzedonismus* den Osten wieder mit der Reichskirche zu versöhnen und damit politisch zu sichern. Der konfessionelle Gegensatz, der sich jetzt auch kirchlich verfestigte (vgl. u. S. 32f.), ließ sich nicht mehr überwinden, was auch Justinians I. nächste und weniger bedeutende Nachfolger erfahren mußten.

c) Der „Monotheletismus" und die 6. Ökumenische Synode

Ein großer Kaiser auf dem byzantinischen Thron versuchte freilich doch noch einmal, das Unmögliche möglich zu machen: *Herakleios I.,* der 610 den Thron bestieg und unter dessen Regierung es nun zur lange befürchteten Katastrophe im Osten kam.

Die Perser fielen in Kleinasien ein, nahmen Jerusalem (614) und eroberten Ägypten (619). Noch einmal gelang die Rückeroberung mit entscheidendem Sieg auf persischem Boden (622–628); aber das sollte ein Erfolg nur für kurze Dauer sein: am Vorabend der muslimischen Invasion, von der man noch nichts ahnte, der die byzantinischen Ostprovinzen aber dann endgültig zum Opfer fielen (vgl. u. S. 44). Die offenkundige Schwäche der byzantinischen Position im Osten, wie sie sich im gerade noch gewonnenen Perserkrieg gezeigt hatte, war es also, die den Kaiser dazu zwang, es mit den oppositionellen Kirchen doch noch einmal zu versuchen: in Unionsverhandlungen, die er nun einzeln mit Armeniern, Syrern und Kopten führte oder führen ließ.

Herakleios I. übernahm von seinem Patriarchen *Sergios* die Idee, die Kontrahenten im Streit um die *Naturen* in Christus auf einer anderen Ebene miteinander zu versöhnen: Die Verfechter der chalzedonensischen *Zwei-Naturen*-Lehre und ihre Gegner mit der *Ein-Naturen*-Lehre sollten sich darauf verständigen, gemeinsam von nur *einer Energie (Mon-<en>ergismus),* bzw. von nur *einem Willen (Monotheletismus)* in Christus zu sprechen.

Sergios (610–638), der vor seiner Erhebung zum Ökumenischen Patriarchen selber erst von der Ein-Naturen-Lehre zur reichskirchlichen Orthodoxie konvertiert war, vertrat zunächst die *mon(en)ergistische* Kompromißformel, ließ sich dann aber vom Papst *Honorius I.,* der lieber von nur *einem Willen* reden wollte, beeindrucken und empfahl dem Kaiser nun die *monotheletische* Formel, die dieser dann 638 in einer *Ekthesis* propagierte.

Dieser Versuch einer theologischen Verständigung auf ganz neuer Ebene, hinter dem Kaiser, Ökumenischer Patriarch und Papst standen, scheiterte indessen wie alle früheren. Denn die Anti-Chalzedonenser, deren *Ein-Naturen*-Lehre die Formel von dem *einen Willen* durchaus entsprach, mochten es nicht hinnehmen, daß zugleich die Definition von Chalzedon unangetastet bleiben sollte. Noch entschiedener aber widersprachen die konsequenten Chalzedonenser, weil sie durch eben diese Formel die Zwei-Naturen-Lehre gefährdet sahen. Die Päpste *Johannes IV.* und *Martin I.* (vgl. u. S. 63) folgten deshalb nicht der Position des Honorius, sondern verurteilten jeweils auf einer Synode (641, 649) die monotheletische *Ekthesis* des Kaisers. Seinen schärfsten Gegner aber fand der Monotheletismus in *Maximos dem Bekenner (Maximus Confessor),* der dafür dann auch mit dem Leben zahlen mußte.

Maximos, griechischer Mönch und bedeutendster Theologe des 7. Jahrhunderts, sprach zwar im Blick auf die *eine Person* Christi von nur *einem Willen* (im Sinne der Willens*entscheidung,* des sog. *gnomischen Willens*), legte den Akzent aber auf die *beiden Naturen* in Christus (die ungeschmälert jeweils auch ihre eigene Willens*kraft* besitzen müßten) und bekämpfte deswegen entschieden den Monotheletismus, der diese Unterscheidung nicht machte und somit – wie Maximos richtig erkannte – das chalzedonensische Bekenntnis unterhöhlte. Maximos wirkte seit ca. 640, hielt sich vorwiegend im byzantinischen Westen (Karthago) auf, stand mit seiner Autorität hinter Martins I. Synode in Rom (649), die den Monotheletismus verurteilte, wurde dann aber nach Konstantinopel gebracht und mit der Verbannung nach Thrakien bestraft (655); er starb 662 – an Zunge und rechter Hand verstümmelt – in Kolchis (am Ostufer des Schwarzen Meeres).

Letztlich siegte die *dyotheletische* (an *zwei Willen* in Christus festhaltende) Partei, die den größten Theologen der Zeit nun auch als Märtyrer auf ihrer Seite wußte, über den Monotheletismus, der inzwischen, da die Ostprovinzen endgültig an den Islam verloren waren (vgl. u. S. 44), ohnehin seine kirchenpolitische Bedeutung verloren hatte. Förmlich verurteilt wurde er schließlich auf der 6. Ökumenischen Synode in *Konstantinopel* (680/81), die nun die *dyotheletische* Interpretation des chalzedonensischen Bekenntnisses zum Dogma erhob.

9 6. *Ökumenische Synode von Konstantinopel (680/81):* „Gemäß der Lehre der heiligen Väter (,zwei Naturen in *einer* Hypostase') verkünden wir *zwei* natür-liche Willensbewegungen oder *zwei Willen* in ihm (Christus) und *zwei* natürliche *Energien* ungetrennt, unverwandelt, ungeteilt, unvermischt, und diese *zwei Willen* fürwahr nicht ... als in Gegensatz zueinander befindlich, sondern so, daß sein menschlicher Wille seinem göttlichen und allmächtigen Willen, ohne Wider-streben und Widerwilligkeit, folgt und sich ihm unterordnet."

Der Streit war damit offiziell beendet, blieb aber nicht ohne Folgen. Eine kleine syrisch-(d.h. aramäisch-)sprachige Gruppe um das Kloster „Mar Maron" am Orontes (zwischen Homs und Hama), die sich der reichskirchlich-chalzedonensischen Orthodoxie verpflichtet wußte, hatte das monotheletische Bekenntnis des Kaisers angenommen und blieb ihm nun auch treu, rezipierte also nicht die 6. Ökumenische Synode. Diese „monotheletischen Chalzedonen-ser" bildeten in ihrer konfessionellen Besonderheit fortan eine eigene Kirche unter eigenem Patriarchen (ebenfalls mit dem Titel „von Antiochia"). Sie zogen sich in den folgenden Jahrhunderten in den Libanon zurück, unterstellten sich in der Zeit der Kreuzzüge (natürlich unter Aufgabe des Monotheletismus) dem Papst und bilden seitdem und bis heute die mit Rom unierte Kirche der *Maroniten* im Libanon.

So hatte der letzte mit dogmatischen Formeln unternommene Versuch eines byzantinischen Kaisers, die christologischen Parteien miteinander zu versöhnen, nicht zur Verständigung, wohl aber zur weiteren konfes-sionellen Entzweiung im Orient geführt.

d) Der Bilderstreit und die 7. Ökumenische Synode

In der ersten Hälfte des 8. Jahrhunderts entbrannte in der Reichskirche ein von beiden Seiten heftig und grundsätzlich geführter Streit um die Legitimität bildlicher Darstellungen im kirchlichen Bereich, der sich über mehr als ein Jahrhundert hinziehen sollte. Schon im 3. und 4. Jahrhundert hatten christliche Theologen (*Klemens von Alexandria, Tertullian, Euseb von Cäsarea, Epiphanius von Salamis*) an das alttesta-mentliche Bilderverbot erinnert, und auch die Synode von *Elvira* (ca. 306) hatte Malereien in Kirchen und Privathäusern verboten. Aber die Volks-frömmigkeit hatte sich nicht daran gehalten, wie die (uns bekannten ältesten) Bilder in den Katakomben Roms (1. Hälfte des 3. Jh.) und in der Hauskirche zu Dura Europos am Euphrat (Mitte des 3. Jh.) zeigen. Jetzt, im frühen 8. Jahrhundert, wandten sich kleinasiatische Bischöfe aus ihrer seelsorgerlichen Verantwortung heraus gegen die Verehrung von Bildern *(Ikonen)* in ihren Gemeinden; und das wurde nun zur „Staatsaktion", da der Kaiser selber sich dieser Sache annahm. *Leon III.* entfernte 726 zum programmatischen Auftakt seiner Bilderfeindschaft *(Ikonoklasmus)* die „wundertätige Christus-Ikone" am Chalke-Tor seines Palastes zu Konstantinopel, predigte gegen die Bilder und befahl in einem *Edikt* (730) ihre Beseitigung aus allen Kirchen: Nur das schlichte Kreuz war erlaubt. Zugleich ersetzte er den bilderfreundlichen Patriarchen seiner Hauptstadt durch einen Bilderfeind, wie dann auch im weiteren Verlauf des Streites die Initiative stets beim Kaiser liegen sollte.

Man hat vermutet, Leon III. sei zu seiner Aktion durch die Bilderfeindschaft des Islam (vgl. u. S. 47) inspiriert worden. Es gibt indessen keinen zwingenden Grund zum Zweifel an seinem Selbstverständnis: der kaiserlichen Pflicht dem Willen Gottes gegenüber, wie er ihn im Bilderverbot des Alten Testaments erkannte. Leon verstand sich als „neuer Mose" und „neuer Josia" (2 Kön 23), sein Ikonoklasmus war also (im Einklang mit den oben genannten älteren Theologen) biblisch begründet.

Widerstände in der Hierarchie konnte der Kaiser brechen oder (wo sie sich in breiten Teilen des Volkes fanden und auf das Mönchtum stützten) niederhalten. Widerspruch kam aber auch aus dem Westen.

10 *Papst Gregor II. an den Kaiser Leon III. (?, s.u.):* „Ihren Schmuck erhalten (die Kirchen) erst durch die Bilder und Darstellungen der Wunder und Leiden des Herrn, seiner heiligen und gepriesenen Mutter, seiner heiligen Apostel ... Männer und Frauen bringen auf ihren Armen die kleinen, eben getauften Kinder herbei, junge Leute kommen, oder Neubekehrte aus dem Heidentum: und alle zeigen mit den Fingern auf die Bilder der Heiligen Geschichte, erbauen sich daran und erheben Sinn und Herz empor zu Gott. Ihr aber habt dies alles dem schlichten Volk verboten. Statt dessen sucht Ihr sein leeres Herz auszufüllen mit öden Predigten und unnützem Unterricht, mit Zitherspiel und Klapperschellen und Paukengedröhn."

Es ist in der neueren Forschung umstritten, ob dieser Brief wirklich von Gregor II. selbst und aus der Zeit Leons III. stammt. Immerhin verdeutlicht er die für das Abendland charakteristische Position, die an dem Problem der Bilder*verehrung* (die den Ikonoklasmus in Gang gesetzt hatte) vorbeigeht und ein ganz anderes Interesse verfolgt: Bilder in den Kirchen dienen nicht der *Anbetung,* sondern der *Belehrung.* Im übrigen beantwortete der Kaiser die hartnäckige Opposition des Westens damit, daß er den Amtsbereich des Patriarchats Rom verkleinerte (vgl. u. S. 157).

Seinen Höhepunkt erlebte der Ikonoklasmus unter Leons III. Sohn und Nachfolger *Konstantin V.*, der theologisch weiterdachte und dem Angriff gegen die Bilder eine neue Qualität gab. Nach eigenen literarischen Vorarbeiten ließ er im Jahre 754 eine Synode zu *Hiereia* (Schlußsitzung in *Konstantinopel*) den Ikonoklasmus theologisch tiefer begründen.

11 *Synode von Hiereia/Konstantinopel (754), 3:* „*(Der Ikonenmaler)* hat ein Bild hergestellt und nennt es ,Christus'; der Name ,Christus' meint aber ,Gott und Mensch'. Folglich ist es ebenso ein Bild Gottes wie des Menschen; und folglich hat *(der Maler)* ... das nicht Malbare der Gottheit zugleich mit dem Malbaren des geschaffenen Fleisches dargestellt, bzw. jene unvermischbare Vereinigung vermischt ..., hat also der Gottheit durch das Abmalen und Vermischen eine doppelte Lästerung angetan ... *(Sagt man aber:)* ,Allein des Fleisches, das wir schauten, betasteten und mit dem wir Gemeinschaft hatten: dessen Bild geben wir wieder', so ist das gottlos und eine Erfindung von *nestorianischer* Tollheit ... Gleich fern von uns aber sei des *Nestorius (Naturen-)Trennung* wie des ... *Eutyches* und *Severus (Naturen-)Vermischung:* die einander gegenüberstehenden Übel von gleicher Gottlosigkeit ... *(Das allein legitime Abbild Christi findet sich in der Eucharistie:)* Wie das von Gott bereitete Bild seines *(Christi)* Fleisches, so ist (auch) das geweihte Brot erfüllt vom Heiligen Geist zusammen mit dem Kelch des lebenspendenden Blutes aus seiner Seite. Dieses also erweist sich als das untrügliche Bild der Fleischwerdung Christi, unseres Gottes, wie es geboten ist: Der wahre Schöpfer der Natur selber hat es uns mit eigenen Worten überliefert."

Die Synode (die sich offiziell als die „7. Ökumenische" verstand) stellte die Bilderfrage also nun in den Rahmen der christologischen Auseinandersetzungen und sah sich als Verteidigerin der christologischen Definition von Chalzedon (451). Die Bilderfreunde (die sich selber natürlich ebenfalls als Chalzedonenser verstanden) machte sie damit zu christologischen „Häretikern", bestritt also ihre Zugehörigkeit zur orthodoxen Reichskirche. Ein bemerkenswerter Gedanke in diesem Zusammenhang ist der vom (allein legitimen) „Bild Christi" in den eucharistischen Elementen des Abendmahls.

Der Bilderstreit, den die Synode ein für allemal hatte beenden wollen, ging indessen weiter, weil Konstantins V. Sohn *Leon IV.* mit einer tatkräftigen Bilderfreundin verheiratet war: der Kaiserin *Eirene*, die jetzt die Kirchenpolitik ihres Gemahls, ihres Sohnes *Konstantin VI.* und dann als Alleinherrscherin bestimmte. Auf ihre Initiative hin trat nun die Synode zusammen, die die Bilderverehrung gebot und theologisch legitimierte.

12 *7. Ökumenische Synode von Nizäa (787):* „Wir bestimmen ..., daß ebenso wie das Bild des ehrwürdigen und lebenspendenden Kreuzes auch die erhabenen und heiligen Bilder aufgestellt werden sollen. Dabei ist es gleichgültig, ob sie aus Farben, Mosaiksteinen oder einem anderen geeigneten Material bestehen, ob sie sich in den heiligen Kirchen Gottes, an geweihtem Gerät oder Gewändern, an

Wänden oder auf Tafeln, in Häusern oder an Wegen befinden und ob es sich um Bilder unseres Herrn und Gottes, des Heilandes Jesus Christus, ... der heiligen Gottesgebärerin, der ehrwürdigen Engel oder aller Heiligen und Seligen handelt ... Und diesen soll *Kuß und Verehrung* zuteil werden, nicht aber die glaubensgemäße *wahre Anbetung,* die allein der göttlichen Natur zukommt ... Denn *die dem Bild gewährte Ehre geht auf das Abgebildete über,* und wer das Bild verehrt, verehrt in ihm das dargestellte Wesen."

Diese Synode (die jene zu Hiereia/Konstantinopel verurteilte) war nun selber und blieb die „7. Ökumenische": die letzte nach der Zählung der östlichen Orthodoxie. Auf ihre Definition, hinter der als theologische Autorität *Johannes von Damaskus* (vgl. u. S. 27f.) steht, stützt sich die Ikonen-Frömmigkeit bis heute, legitim freilich nur insofern, als sie die säuberliche Unterscheidung zwischen (erlaubter) „Verehrung" und (Gott allein vorbehaltener) „Anbetung" beachtet.

Wohl folgten auch jetzt noch einmal Kaiser (813–842), die zum Ikonoklasmus tendierten, aber der Sieg blieb den Bilderfreunden, und 843 beendete eine feierliche Prozession den jahrzehntelangen Bilderstreit endgültig.

13 *Aus einer Legende zu Ehren der bilderfreundlichen Kaiserin Theodora:* „So wurden die heiligen Ikonen in der Kirche Gottes wieder eingeführt zur Ehre und zur Verehrung seitens aller Gläubigen. Und die Herrscher ... samt dem Patriarchen ..., den Metropoliten und den heiligen Asketen erließen ein Dekret, wonach dieses heilige und ehrwürdige Fest jeden ersten Fastensonntag feierlich zu begehen sei."

3. Das Mönchtum

Das Leben als Mönch in der kontemplativen Gottesschau entsprach ganz allgemein byzantinischem Lebensideal. So spielte gerade in der Geschichte von Byzanz das Mönchtum eine wichtige Rolle, das man in seiner doppelten Gestalt (als Klostermönchtum und Eremitentum) aus dem Orient übernommen hatte (vgl. Bd. 3, Kap. IV).

Das *Klostermönchtum* hatte seine besondere griechische/byzantinische Prägung im 4. Jahrhundert durch *Basilius von Cäsarea* erhalten (vgl. Bd. 3, S. 77).

Dieses Mönchtum wurde von der 4. Ökumenischen Synode (Chalzedon 451) stärker in die Kirchenorganisation eingebunden (vgl. Bd. 3, S. 111): durch die Unterstellung der Einzelklöster unter den jeweiligen Lokalbischof, der auch einer Neugründung zustimmen mußte. Daneben griff aber auch der Kaiser in seiner kirchlich herausgehobenen Stellung (vgl. Kap. I, 1) immer wieder unmittelbar ein: durch Klostergründungen in eigener Macht, durch die Erteilung von Privilegien (die von der bischöflichen Jurisdiktion befreiten) und in seiner Sorge um das klösterliche Leben allgemein.

Eine weitreichende Reform erfuhr nun das basilianische Klostermönchtum durch *Theodor Studites* (gest. 826), den Archimandriten (Abt) des „Studios-Klosters" in Konstantinopel, das er in einer seiner zahlreichen *Jamben* (kurzen Gedichte) Worte sagen läßt, die sein eigenes Mönchsideal erkennen lassen:

14 *Theodor Studites, Jamben, 25:* „Der Vorhof bin ich einer glücklichen Herde – ich gehöre nämlich dem bedeutendsten *Vorläufer des Lichts* – einer Herde, die voll ist von denkenden Schafen, deren Leben ehelos, deren Stadt der Gipfel des Himmels ist; von denen *alle einer und einer alle sind* durch die Liebe; denen aller Besitz gemeinsam ist, denn Besitz ist ihnen einzig die Liebe Gottes. Wie sicher, wie edel wird der Weg vollendet derer, die *ganz und gar ein gemeinsames Leben* führen."

Theodor spielt darauf an, daß sein Kloster dem „Vorläufer" Christi (Johannes dem Täufer) geweiht ist. Es soll ganz in des Basilius Nachfolge ein Leben im strengen *Koinobion*, in einer alles Individuelle zurückstellenden *Gemeinschaft*, beherbergen. Im Sinne des Basilius bedeutet das aber zugleich ein tätiges Leben zum Wohle gerade der Menschen außerhalb des Klosters, denen die erwirtschafteten Einkünfte voll zugute kommen sollen: Auch daran knüpfte Theodor programmatisch an und verpflichtete seine Mönche zur körperlichen Arbeit bis zu acht Stunden am Tag.

Theodors Reform des Koinobitentums, mit der er (nach fast einem halben Jahrtausend) wieder an die Anfänge des basilianischen Mönchtums erinnerte, wirkte weit über das „Studios-Kloster" hinaus und machte das byzantinische Mönchtum zur sozialen Institution der Gesellschaft schlechthin.

Ein beeindruckendes Beispiel für dieses dem Allgemeinwohl dienende Mönchtum bot bald das „Pantokrator-Kloster" in Konstantinopel. Es unterhielt neben anderem ein Krankenhaus mit 50 Betten (für unterschiedliche Krankheiten in fünf Stationen gegliedert) und versorgte es mit zehn Ärzten, zehn Assistenten und 60 Pflegern; dazu kam eine weitere Abteilung für Epileptiker und ein Heim für Altersschwache (mit etwa 25 Plätzen). Damit trug das Kloster die bedeutendste Sozialeinrichtung des christlichen Mittelalters überhaupt, wie dann auch die medizinischen und therapeutischen Kenntnisse in Byzanz denen im Abendland weit überlegen waren.

Theodors Bedeutung läßt sich indessen erst voll angesichts des ganz anderen Mönchsideals ermessen, das ebenfalls (wenn auch lange als

Unterströmung) unter den Byzantinern fortlebte: als *eremitisch* geprägtes Mönchtum des Einzelnen, der seiner Frömmigkeit im ganz *individuellen Lebensrhythmus (idiorrhythmisch)* lebte, der also (auch wenn er im Kloster wohnte) jede aufgezwungene Ordnung prinzipiell ablehnen mußte. Ein Mönchtum dieser Art vertrat *Symeon der Neue Theologe.*

Auch Symeon (gest. 1022) hatte zunächst im „Studios-Kloster" gelebt, verließ dann aber das Koinobitentum und wurde zu einem der großen Mystiker der Ostkirche. Sein Ziel war die Schau des „inneren Lichts"; und diese Schau zu erreichen, bedurfte es einer bestimmten Gebets-*Methode.*

15 *Über die Gebetsmethode (12. Jh.):* „Schließ die Tür ab und erhebe deinen Geist über alles Nutzlose und Zeitgebundene. Stütze dann den Bart auf die Brust und bewege dein Auge samt dem Geist rund um deinen Bauch, beziehungsweise deinen Nabel. Und jetzt kontrolliere die Atemluft, die durch die Nase eindringt ... Erforsche dann mit deinem Geist das Innere der Eingeweide, um den Ort des Herzens zu finden, wo alle Kräfte der Seele beheimatet sind ... In dem Augenblick, in dem der Geist den Ort des Herzens gefunden hat, versteht er, was er bisher nie erfahren hat. Er erblickt die Luft mitten im Herzen und sich selbst, *ganz in Licht getaucht* ... Setze dich also in deiner Zelle nieder, und die Zelle wird dich alles lehren."

Das „Licht", das der Mystiker schaut, ist das „Tabor-Licht" vom Berg der Verklärung Jesu (Mt 17,1-9); zur Atemtechnik aber gehört (was hier nicht ausdrücklich gesagt wird) das ständig wiederholte, geatmete, mit dem Pulsschlag gefühlte und sich schließlich im Unbewußten selber betende *Jesusgebet* („Herr Jesus Christus, Sohn Gottes, erbarme dich meiner"): Das ist der Inbegriff der mystischen Frömmigkeit des *Hesychasmus,* die der *Ruhe (hêsychia)* bedarf und somit ein *idiorrhythmisches* Leben erfordert.

Die hesychastische Frömmigkeit erlebte ihren Höhepunkt im 14. Jahrhundert und setzte sich in der spätbyzantinischen Zeit im Mönchtum durch: Weithin wandelten sich die koinobitischen Klöster zu idiorrhythmischen, und aus den Klostergemeinschaften basilianischer Ordnung wurden nun Ansammlungen von Individualisten, die nebeneinander und jeder für sich ihrer Frömmigkeit lebten. Auch das berühmteste Zentrum des byzantinischen Mönchtums, der *Athos,* nahm an dieser Entwicklung teil.

Seine Mönchsgeschichte begann 961 mit der Gründung des ersten Klosters („Megisti Lavra") durch *Athanasios Athonites;* aber erst 963 (dieses Jahr gilt nun als offizieller Beginn des Athosmönchtums) ordnete der Kaiser das Leben in diesem neuentdeckten und rasch wachsenden Mönchsland: mit Hilfe des Archimandriten des „Studios-Klosters" und damit ganz im Sinne des basilianischen Koinobitentums. Doch schon bald drang auch hier die hesychastische Frömmigkeit ein und konnte sich bis zum Ende des 14. Jahrhunderts ganz durchsetzen. So wurde dann der Athos letztlich (und bis in die neueste Zeit) zum Zentrum der Idiorrhythmie.

Beide Formen des byzantinischen Mönchtums wirkten auch auf die slawische Christenheit ein: Als Vorbild für ein *idiorrhythmisches* Klosterleben nahm man sich den Athos, als Muster aber für ein strenges *Koinobion* das „Studios-Kloster" in Konstantinopel (vgl. u. S. 154).

Byzantinisches Mönchtum gab es auch im Bereich der drei östlichen Patriarchate, die im 7. Jahrhundert unter islamische Herrschaft gerieten (vgl. u. S. 44). Hier war vor allem das „Sabas-Kloster" im Kidrontal (südöstlich von Jerusalem) berühmt, in dem im 8. Jahrhundert der Mönch und Theologe *Johannes von Damaskus* lebte.

Al-Mansur ibn Sardschun ibn al-Mansur (so sein eigentlicher Name) entstammte einer christlich-arabischen Familie, die unter den Byzantinern und zunächst auch in islamischer Zeit hohe Staatsämter innehatte. Auch „Johannes" (wie er sich wohl als Mönch nannte) hatte, bevor er ins Kloster ging, dem Kalifen in Damaskus als Sekretär gedient (vgl. u. S. 47). Er starb vor 754 als der bedeutendste Theologe des 8. Jahrhunderts und blieb in der orthodoxen Kirche einer der größten überhaupt.

Im Bilderstreit seiner Zeit konnte er sich, vor dem Zugriff des Kaisers sicher, frei äußern. Er tat es in seinen *Drei Reden gegen die Bilderfeinde,* in denen er die theologische Basis für die Bilderverehrung legte, auf die dann die 7. Ökumenische Synode (787) zurückgreifen konnte (vgl. o. S. 24).

Seine Bilderlehre fußt (platonisch beeinflußt) auf der Entsprechung von *Vorbild/ Urbild* und *Abbild,* und er legitimiert die Ikonenverehrung bei strenger Unterscheidung von (gebotener) *Verehrung* und (Gott allein vorbehaltener) *Anbetung.*

16 *Johannes von Damaskus, Erste Rede gegen die Bilderfeinde (726/30), 9:*
„Ein *Bild (eikôn)* ist eine Nachbildung, die ein *Vorbild (prôtotypos)* mit einer gewissen Abweichung wiedergibt. Denn das Bild ist nicht in jeder Hinsicht dem *Urbild (archetypos)* gleich."

14: „Die *Verehrung (proskynêsis)* ist ein Zeichen der Unterwerfung und Ehrerbietung; wir kennen verschiedene Arten. Die erste in Form der *Anbetung (latreia),* die wir nur Gott erweisen, dem von Natur aus Verehrung gebührt. Ferner die *Verehrung (proskynêsis),* die wir um Gottes willen ... seinen Freunden und Dienern erweisen ... oder den Örtlichkeiten Gottes ... und den von ihm geweihten Gegenständen."

21: „Ich *verehre* das Bild Christi als das des fleischgewordenen Gottes, (das Bild) ... der Gottesgebärerin als das der Mutter des Gottessohnes, (das Bild) der Heiligen als das der Gottesfreunde ... Denn ‚die dem Bild erwiesene Ehre geht auf das *Vorbild (prôtotypos)* über', wie der göttliche *Basilius (von Cäsarea)* sagt."

Unter seinen zahlreichen anderen Schriften ragt sein dogmatisches Hauptwerk, *Die Quelle der Erkenntnis,* hervor.

Es enthält einen ausführlichen Häretiker-Katalog (der auch den Islam als christliche Häresie wertet) und danach eine systematische Gesamtdarstellung der orthodoxen Lehre in der Reihenfolge: Gott – Schöpfung – Mensch (Anthropologie) – Christus (Christologie) – Erlösung (Soteriologie) – Letzte Dinge (Eschatologie). In der Absicht, dabei nichts Eigenes zu bieten, sondern die überkommene Vätertradition zusammenzustellen, verknüpft er vor allem christlichen Neuplatonismus (zumal in der Gotteslehre nach *Dionysius Areopagita;* vgl. u. S. 31) mit aristotelischer Dialektik. Damit (und durch Übersetzungen seines Werks in viele christlich-orientalische Sprachen wie auch ins Slawische) wurde er zum „Thomas von Aquin des Ostens", wobei freilich zu bemerken ist, daß die abendländische Scholastik ihrerseits auch unter dem Einfluß des Johannes von Damaskus stand.

II. Das Christentum im Orient und der Islam

1. Die non-chalzedonensische Christenheit

a) Die diplophysitische Christologie

Die Opposition, die in Ägypten und Syrien mächtig der christologischen Definition der Reichssynode von Chalzedon widersprach (vgl. o. S. 15), hatte ihren führenden Theologen in *Severus von Antiochia* (Patriarch dort 512–518, gest. 538). In seinen dogmatischen und polemischen Schriften, in Predigten und zahlreichen Briefen verteidigte er die Lehre von der nur *einen Natur* in Christus *(Mono-physitismus).*

17 *Severus von Antiochia, Philalethes, 42:* „Denn nur deshalb, weil wir in einer genauen Betrachtung die Elemente erforschen, *von denen her* der Emmanuel konstituiert ist, sagen wir, daß es *zwei* Naturen gibt, die sich vereinigt haben; indem wir anderseits in unserem Geist die Idee der *Vereinigung* hinzunehmen, folgern wir daraus, daß eine *einzige fleischgewordene Natur des Gott-Logos* gebildet worden ist ... In der Tat nämlich subsistieren diese Elemente, die sich der Natur nach geeinigt haben, nicht mehr in der Isolierung ihrer *eigenen* Subsistenz, sondern sind offensichtlich in *einer einzigen Natur und einer einzigen Hypostase.* "

Um die *Vereinigung* der beiden Naturen in Christus sicherzustellen, widerspricht Severus der *Zwei-Naturen*-Lehre von *Chalzedon* und des *Lehrbriefes (Tomus) Leos* von Rom, weil ihm dort die Abgrenzung von der antiochenischen („nestorianischen") *Trennungschristologie* zu vage ist. Er weiß sich dagegen der anti-nestorianischen Polemik *Kyrills von Alexandria* verpflichtet und zitiert auch dessen (unwissentlich von *Apollinaris von Laodizäa* übernommene) Formel: „eine fleischgewordene Natur des Gott-Logos" (zum dogmengeschichtlichen Hintergrund vgl. Bd. 3, Kap. VI).

Diese (gegen Chalzedon gehaltene) Ein-Naturen-Lehre grenzte Severus indessen auch zur anderen Seite hin ab: gegen einen konsequenten, die menschliche Natur verwässernden Monophysitismus, wie ihn *Julian von Halikarnass* (gest. nach 527) lehrte. Dieser vertrat, da des Menschen Tod als Frucht der Sünde gilt, Christus jedoch einen sündlosen Leib angenommen hatte, folgerichtig nun die *Unverweslichkeit* und *Unverderbtheit* des Leibes Christi und argumentierte:

18 *Julian von Halikarnass, 7. Anathematismus:* „(Wer) den Herrn dem *Fleisch* nach als ‚natürlich verderbt‘, dem *Geist (d.h. der Gottheit)* nach als ‚unverderbt‘ ... (hinstellt), der führt dadurch eine *Zweiheit* der Christusse, der Naturen, der Eigenschaften und der Söhne ein: der eine ist (Sohn) von Natur aus, der andere nur im übertragenen Sinn. (Wer so lehrt), sei mit dem *Anathema* belegt, da er den fleischgewordenen Herrn bekämpft, der von sich gesagt hat, er sei vom Vater geboren und besitze alles, was der Vater besitze.“

„*Aphthartodoketismus*“ nennt man diese Lehre, weil die Behauptung der Unsterblichkeit und *Unverderbtheit (aphtharsia)* der menschlichen Natur Christi letztlich zur Annahme eines *Scheinleibes (Doketismus)* führte. Zu dieser Konsequenz gelangte offenbar erst der „Julianismus“ nach Julian, aber schon diesem konnte Severus vorhalten, daß er mit seiner Lehre den *Unterschied* der beiden Naturen in Christus aufhob und damit ihre *Vermischung* hinnahm.

19 *Severus von Antiochia, Gegen Julian, 21:* „Die *Verschiedenheit* (der Naturen) erweist sich gerade an der Tatsache, daß die *Gottheit* des eingeborenen Logos und die *Menschheit,* die er sich substantiell geeint hat, nicht dieselbe Wesenheit sind: Die eine ist nicht die Wesenheit des anderen; nachdem freilich beide auf eine unaussprechliche Weise geeint sind, stellen sie *eine* Hypostase und *eine* Natur, die des Logos selbst, dar, aber als *inkarnierte.* Du aber bringst die nicht-verschiedene Verschiedenheit schon ins Gespräch für die Elemente, *aus denen* die Einheit (resultiert) und stürzt dich in den Schmutz der *Vermischung.*“

Demgegenüber hält Severus an der unverminderten Menschheit der menschlichen Natur Christi fest:

20 *Severus von Antiochia, Homilien, 70:* „Denn diese Elemente, die in der Union die Funktion haben, Teil zu sein, um eine einzige Hypostase zu bilden, verlieren nicht die ihnen *eigene Integrität,* weil sie *ohne Mischung und Minderung* miteinander verbunden sind.“

Im Rahmen seiner *Ein-Naturen*-Lehre entspricht Severus mit seinem Interesse an der „wahren Menschheit“ neben der „wahren Gottheit“ in Christus der Sache nach durchaus der chalzedonensischen Intention; nur hatte man dort dasselbe mit der (den Gegnern als „nestorianisch“ verdächtigen) *Zwei-Naturen*-Lehre sicherstellen wollen. Des Severus *Monophysitismus* (an dem er gegen den chalzedonensischen *Dyophysitismus* festhielt) lief also auf einen *Diplophysitismus (Doppel-Naturen-Lehre)* hinaus.

Ausdrücklich *diplophysitisch* äußerte sich freilich erst sieben Jahrhunderte später der westsyrische Theologe *Gregorius Barhebräus* (gest. 1286), indem er nun, des Severus Position aufnehmend, von der „wahren Gottheit" und der „wahren Menschheit" in der „einen *doppelten* Natur" sprach: auch er auf dem Boden der Ein-Naturen-Lehre und ebenfalls in Opposition zum *echten* Monophysitismus *eutychianischer* (vgl. Bd. 3, S. 109) und *julianistischer* Prägung (den er ausdrücklich als „häretisch" bezeichnete), wie natürlich auch im Widerspruch zur chalzedonensischen Zwei-Naturen-Lehre, die er (da sie zugleich nur eine einzige Hypostase voraussetzte) zwar für inkonsequent hielt, nicht aber für „häretisch", da er ihre *Intention* („*wahre* Gottheit" und „*wahre* Menschheit" in dem *einen* Christus) würdigte.

Dieser gemäßigte Monophysitismus *diplophysitischer* Prägung näherte sich also den Chalzedonensern, so wie diese sich mit dem *Neuchalzedonismus* der 5. Ökumenischen Synode (vgl. o. S. 19) ihrerseits genähert hatten. Zur förmlichen gegenseitigen Verständigung darüber, daß man mit den unterschiedlichen Formeln *in der Sache* dasselbe meinte, kam es dann freilich erst am Ende des 20. Jahrhunderts (vgl. u. S. 35).

Etwa zur Zeit der Auseinandersetzung des Severus von Antiochia mit Julian von Halikarnass (oder noch im späten 5. Jahrhundert) entstanden auch die Schriften des *(Pseudo-)Dionysius Areopagita.*

Dieser uns außerhalb seiner Schriften gänzlich Unbekannte nennt sich „ *Dionysius Presbyter* " und wurde fälschlich mit dem von Paulus nach der Areopag-Rede bekehrten Athener Ratsherrn (Apg 17,34) identifiziert. Auch er äußerte sich zum Problem der Gottheit und Menschheit in Christus.

21 *(Pseudo-)Dionysius Areopagita, Briefe, 4:* „Um es zusammenfassend zu sagen: (Jesus) war weder Mensch noch wie ein Nicht-Mensch, sondern wie von den Menschen, jenseits der Menschen, und ein über einen Menschen hinaus wahrhaft Mensch Gewordener. Und im übrigen vollbrachte er nicht als Gott das Göttliche und nicht das Menschliche als Mensch, sondern als *menschgewordener Gott* vollführte er eine neue *gott-menschliche* Tätigkeit unter uns."

Den zuletzt genannten Halbsatz konnte auch *Severus von Antiochia* zustimmend zitieren; und tatsächlich muß man Dionysius dem Kreis der gemäßigten Monophysiten zurechnen. Aber auch die Chalzedonenser konnten sich auf ihn berufen: nicht nur wegen seiner vermeintlichen apostolischen Autorität, sondern auch wegen seiner gänzlich unpolemischen Diktion, die (wie das Zitat zeigt) die strittigen Begriffe („Natur", „Hypostase") vermeidet. Denn des Dionysius Intention ist eine ganz andere.

In seinen vier Schriften *(Über die himmlische Hierarchie, Über die kirchliche Hierarchie, Über die göttlichen Namen, Über die mystische Theologie)* und in seinen Briefen vertritt er (im Rahmen eines christlichen *Neuplatonismus;* vgl. Bd. 2, S. 103f.) eine *mystische* Theologie, zu der auch die Hochschätzung des bischöflichen Amtes gehört: des *Hierarchen,* des irdischen Repräsentanten der himmlischen Hierarchie, der allein das *Myron (heilige Öl)* weiht, ohne dessen Beimischung alle von der Kirche gespendeten Sakramente *(Mysterien)* wirkungslos bleiben. Als Mystiker hat Dionysius mit seinen Schriften (die im 9. Jahrhundert aus dem Griechischen in das Lateinische übersetzt wurden; vgl. u. S. 104) dann stark auf die spätere abendländische Mystik eingewirkt; ihr pseudepigraphischer Charakter wurde zwar schon im 15. Jahrhundert erkannt, aber erst im 19. Jahrhundert endgültig erwiesen.

b) Die orientalischen Nationalkirchen

Die überwiegende Mehrheit der anti-chalzedonensischen Opposition stand auf seiten des diplophysitischen *Severianismus,* konnte sich zunächst weithin in den orientalischen Patriarchaten und Bistümern behaupten, mußte sich dann aber (als die Reichspolitik endgültig chalzedonensisch geworden war; vgl. o. S. 17) kirchlich selbständig organisieren. Heute vertreten den Diplophysitismus: die (in ihrer jeweiligen Selbstbezeichnung) *Syrisch-Orthodoxe, Koptisch-Orthodoxe, Äthiopisch-Orthodoxe, Armenisch-Apostolische Kirche* und die *Malankarische Orthodoxe Syrische Kirche;* untergegangen ist die *Kirche Nubiens.*

Im Patriarchat *Antiochia* wurden seit 518 die anti-chalzedonensischen Bischöfe (mitsamt dem Patriarchen Severus) durch Chalzedonenser ersetzt. So schuf nun in der zweiten Hälfte des 6. Jahrhunderts, unterstützt durch die Kaiserin *Theodora* (vgl. o. S. 17), der Mönch und Bischof *Jakobus Baradäus* als unermüdlicher Organisator die diplophysitische *Syrisch-Orthodoxe (westsyrische, Jakobitische) Kirche* unter einem eigenen „Patriarchen von Antiochia". Diese Gegenkirche zum reichskirchlichen Patriarchat, die ihren Rückhalt vor allem im syrischen Mönchtum hatte, konnte erst in islamischer Zeit aufblühen (vgl. u. S. 49) und ihr Kirchengebiet nun auch auf Teile des ehemaligen Perserreiches ausdehnen; und nicht weniger als die Ostsyrer (vgl. u. S. 38 u. 48) trugen diese Westsyrer Bedeutendes zur syrischen Literaturgeschichte bei. Vom Niedergang des orientalischen Christentums seit dem späten 13. Jahrhundert (vgl. u. S. 49f.) blieb auch diese Kirche nicht verschont; ihr Patriarch residiert heute in Damaskus.

Dem syrisch-orthodoxen Patriarchat hatte sich im 17. Jahrhundert etwa die Hälfte der indischen *Thomaschristenheit* unterstellt, die insgesamt im Mittelalter eine Kirchenprovinz der „Apostolischen Kirche des Ostens" gebildet hatte (vgl. u. S. 40). Nach langen Auseinandersetzungen der Diplophysiten Indiens mit dem Patriarchat aber kam es 1975 zur inneren Spaltung, aus der die nun selbständige *Malankarische Orthodoxe Syrische Kirche* (unter ihrem Katholikos in Kottayam, Südindien) hervorging.

Im Patriarchat *Alexandria* hatte sich der letzte Anti-Chalzedonenser bis 535 halten können (er ging nach Konstantinopel ins Exil; vgl. o. S. 17), und wie in Syrien bildeten fortan auch hier die Gegner der chalzedonensischen Reichs-

Die orientalische Christenheit

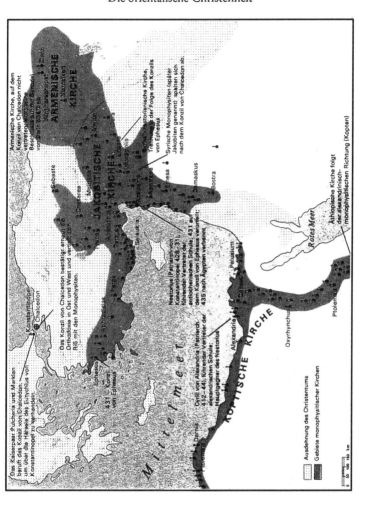

ARMENISCHE KIRCHE

Armenische Kirche, auf dem Konzil von Chalcedon nicht vertreten.

Beschluß auf der Synode von Dwin (525/27).

JAKOBITISCHE KIRCHE

Nach Chalcedon erfolgte Trennung in der/Folge des Konzils von Ephesus.

Syrische Monophysiten (später Jakobiten genannt) spalten sich nach dem Konzil von Chalcedon ab.

KOPTISCHE KIRCHE

Nestorius (Patriarch von Konstantinopel 428/31), auf dem Konzil von Ephesus verurteilt; führender Vertreter der antiochenischen Schule 431; auf dem Konzil von Ephesus verurteilt; 435 nach Ägypten verbannt.

Cyrill von Alexandria (Patriarch 412–44), führender Vertreter der alexandrinischen Schule, Hauptgegner des Nestorius.

431 – Konzil von Ephesus

Das Konzil von Chalcedon bestätigt erneut die Orthodoxie in Ost und West und verhindert den Riß mit den Monophysiten.

Das Kaiserpaar Pulcheria und Marian beruft das Konzil von Chalcedon, um über die Häresie des Eutychius von Konstantinopel zu verhandeln.

Äthiopische Kirche folgt der alexandrinisch-monophysitischen Richtung (Kopten)

Rotes Meer

Mittelmeer

Ausdehnung des Christentums

Gebiete monophysistischer Kirchen

0 50 100 150 km

Konstantinopel · Chalcedon · Ephesus · Caesarea · Sebaste · Melitene · Edessa · Damaskus · Bostra · Alexandria · Pelusium · Oxyrhynchus · Ptolemais kirche ihre selbständige *Koptisch-Orthodoxe Kirche* unter ihrem „Patriarchen von Alexandria" (der seit dem 11. Jahrhundert in Kairo residiert). Diese Kirche stützte sich auf den weit überwiegenden Teil der Bevölkerung Ägyptens, konnte sich aber auch hier erst richtig entfalten, nachdem die byzantinische Herrschaft im 7. Jahrhundert durch die muslimischen Araber beendet worden war. Nach einer jahrhundertelangen, wechselhaften Geschichte unter dem Islam, der den Übertritt nur zur eigenen Religion erlaubte (vgl. u. S. 47), hat auch diese Kirche ihre einstige Größe verloren, hält im heutigen Ägypten aber noch einen beachtlichen Bevölkerungsanteil, der (angesichts unterschiedlicher staatlicher, bzw. kirchlicher Angaben) schwer zu bestimmen ist, vielleicht aber noch an die 10% heranreicht.

Abhängig vom koptischen Patriarchat war die außerhalb des Byzantinischen Reiches (im heutigen Sudan) gelegene *Kirche Nubiens,* das (mit Missionsanfängen im 5. Jahrhundert) im Mittelalter ein christliches Land war, bis hier im 15. Jahrhundert der Islam vollständig siegte.

Des islamischen Drucks erwehren konnte sich dagegen die *Äthiopisch-Orthodoxe Kirche,* die bereits im 4. Jahrhundert Staatskirche unter christlichen Herrschern geworden war und im 6. Jahrhundert während einer fünfzigjährigen äthiopischen Besetzung Südarabiens auch das dortige Christentum stützen konnte (vgl. u. S. 39). Sie unterstand bis in die Gegenwart ebenfalls dem koptischen Patriarchen in Ägypten und folgte damit (und aufgrund früher Kontakte auch zu den Westsyrern) dem diplophysitischen Bekenntnis. Selbständig (autokephal) unter eigenem Patriarchen (in Addis Abeba) wurde die Kirche erst 1959; sie ist heute die größte unter den orientalischen Kirchen, verlor aber mit der Absetzung des letzten christlichen Kaisers (1974) ihren Charakter als Staatskirche.

Die *Armenisch-Apostolische (Gregorianische) Kirche* war durch den Missionserfolg *Gregors des Erleuchters* schon um 300 als Staatskirche des Königreiches Armenien entstanden (vgl. Karte in Bd. 2, S. 162f.), das aber noch vor Ende des 4. Jahrhunderts seine Selbständigkeit verlor und zwischen Ostrom und Persien aufgeteilt wurde. Zur Zeit der Synode von Chalzedon (451) und in den folgenden Jahrzehnten hatten die Armenier auf ihrem persisch besetzten Boden lange um den Erhalt ihres Christentums zu kämpfen und konnten erst auf einer Synode zu Dwin (505/06) Position im christologischen Streit beziehen. Sie schlossen sich dem jetzt in der Reichskirche geltenden *Henotikon* an (vgl. o. S. 16), interpretierten es anti-chalzedonensisch, und sie blieben (als sich die byzantinische Kirchenpolitik nach 518 änderte) diesem Bekenntnis treu, grenzten sich damit freilich zugleich von der benachbarten (und gleichhalten) *Georgisch-Orthodoxen Kirche* ab, die Chalzedon folgte. Als einzige der orientalischen Kirchen vertrat die armenische zunächst sogar den *julianistischen* Monophysitismus (vgl. o. S. 29f.), bis die lebensnotwendige Verständigung mit der Syrisch-Orthodoxen Kirche sie im 8. Jahrhundert doch dazu zwang, ebenfalls zum gemäßigt-monophysitischen (diplophysitischen) *Severianismus* überzuwechseln. Diese Kirche wurde im Mittelalter zum Einheitsband des über viele Herrschaftsgebiete verstreuten Armeniertums, auch wenn die ursprünglich einheitliche Hierarchie darunter zerbrach. Heute leiten die Armenisch-Apostolische Kirche der „Katholikos aller Armenier" (in Edschmiadzin bei

Erewan, als *primus inter pares*), der „Katholikos von Sis" (in Antelyas bei Beirut) und zwei Patriarchen (in Jerusalem und Konstantinopel).

Diese diplophysitischen Kirchen, die also (wie die westsyrische und koptische) als konfessionelle Gegenkirchen entstanden oder aber als schon bestehende Nationalkirchen dann diesem Bekenntnis folgten (und insgesamt heute im Ökumenischen Weltrat der Kirchen vertreten sind), haben sich nach jahrhundertelangem Streit in der Gegenwart (1990) mit der chalzedonensischen Orthodoxen Kirche versöhnt: im Bewußtsein des (wenn auch mit unterschiedlichen Formeln definierten) gemeinsamen Bekenntnisses Christi als des „wahren Gottes" und „wahren Menschen" (vgl. o. S. 31).

2. Die Apostolische Kirche des Ostens

Diese einst mächtige und bedeutende Kirche wurde mit dem ihr eigenen Bekenntnis zur „nestorianischen Kirche", und mit ihren Missionserfolgen auf dem asiatischen Kontinent erwarb sie sich den Ehrentitel der „Missionskirche" des Mittelalters schlechthin.

a) Die „nestorianische Kirche"

Schon früh waren christliche Gemeinden auch jenseits der römischen Ostgrenze entstanden: im Reich der Parther, deren Herrschaft dann im 3. Jahrhundert die persischen Sassaniden übernommen hatten (vgl. Karte in Bd. 2, S. 162/163).

Auch hier war es ein Christentum syrischer Sprache, das sich vor allem auf die *aramäische* Bevölkerung stützte; eine kleine Gruppe *griechischer* Christen, die der persische Großkönig auf einem seiner Feldzüge aus dem Römerreich deportiert hatte, wurde bald assimiliert. Sprachlich integriert wurden auch die in kleinerer Zahl für das Christentum gewonnenen *Iraner*, die freilich, weil sie die zoroastrische Staatsreligion verlassen hatten, christenfeindliche Reaktionen hervorriefen. Es gab also auch im Perserreich Märtyrer; doch blieben solche Verfolgungen zunächst lokal begrenzt, so daß die Lage der Christen hier noch erträglicher war als unter den Christenverfolgungen auf römischem Boden, vor denen sich viele in das Perserreich retteten. Um religiöse Minderheiten prinzipiell dulden zu können, erwies sich der Zoroastrismus der Sassaniden als kräftig genug, und ihm auf Dauer gar den Rang als Staatsreligion streitig zu machen, war für das Christentum Persiens ein unvorstellbarer Gedanke: Die Verhältnisse waren hier also gänzlich andere als im benachbarten Reich der Römer mit seiner

„konstantinischen Wende". Von eben dieser aber blieben auch die Christen unter persischer Herrschaft nicht unberührt, da sie nun als Glaubensgenossen des fremden Kaisers politisch verdächtig wurden, und das um so mehr, als sich *Konstantin der Große* in einem Brief an *Schapur II.* (309–379) auch ausdrücklich für sie einsetzte (vgl. Bd. 2, S. 185). Der Großkönig beantwortete also die religionspolitische Wende im Römerreich mit einer großangelegten und nun erstmals zentral gesteuerten Christenverfolgung, die sich über mehrere Jahrzehnte hinzog.

Auf diese völlig neue Situation mußte die Christenheit Persiens im Interesse des eigenen Überlebens antworten, und sie tat es im 5. Jahrhundert in mehreren Schritten. Bislang noch nicht einheitlich organisiert, konstituierte sie sich zunächst auf einer Synode in der persischen Hauptstadt *Seleucia-Ktesiphon* (410) als selbständige Kirche, indem sie ihre einzelnen (bislang nur lose nebeneinanderstehenden) Bistümer zu sechs Kirchenprovinzen (Metropolien) zusammenfaßte und an ihre Spitze den Bischof der Hauptstadt als gemeinsames Oberhaupt stellte.

Damit war die „Apostolische Kirche des Ostens" entstanden; und daß man das politische Zentrum auch zum Sitz des kirchlichen Oberhauptes (des „Katholikos des Ostens") machte, entsprach durchaus dem Brauch, den man auch im Römischen Reich kannte (vgl. Bd. 3, Kap. V). Den nächsten Schritt zur Trennung vom Westen vollzog die Apostolische Kirche des Ostens alsbald auf einer zweiten Synode (424), die die (zunächst zugelassene) Appellation an den reichskirchlichen Patriarchen von Antiochia verbot:

22 *Synode von Seleucia-Ktesiphon (424):* „Wir bestimmen, daß die Orientalen *(die Bischöfe der Apostolischen Kirche des Ostens)* nicht befugt sind, an die westlichen Patriarchen gegen ihren eigenen Patriarchen zu appellieren ... Und aus keinem einzigen Grund kann man meinen und sagen, daß der Katholikos des Ostens durch die gerichtet würde, die unter ihm stehen, oder durch einen Patriarchen gleich ihm. Vielmehr soll er der Richter über alle sein, die unter ihm stehen; und sein eigenes Gericht soll Christus vorbehalten sein, der ihn erwählt, erhoben und zum Haupt seiner Kirche eingesetzt hat."

Die Apostolische Kirche des Ostens hatte sich also in aller Form für selbständig (autokephal) erklärt, was sich auch darin ausdrückte, daß ihr Oberhaupt bald offiziell den Titel eines „(Katholikos-)*Patriarchen*" annahm. Das Wohlwollen des persischen Großkönigs, das den Prozeß der kirchlichen Abgrenzung vom Westen begleitete, bestätigte dann auch die Richtigkeit dieser Entscheidungen: als Grundlage für nun wieder erträgliche Lebensbedingungen einer Christenheit, für die es im eigenen Lande keine „konstantinische Wende" geben konnte und auch für alle Zukunft nicht geben sollte.

Die Apostolische Kirche des Ostens traf schließlich ebenfalls noch im 5. Jahrhundert die Entscheidung, mit der sie sich nun auch *dogmatisch* (und damit in letzter Konsequenz) von der römischen Reichskirche distanzierte.

23 *Ostsyrische Synode von 486:* „Im Blick auf die Fleischwerdung Christi soll unser Glaube auf dem Bekenntnis der *zwei Naturen* der Gottheit und der Menschheit stehen, wobei keiner von uns Vermischung oder Vermengung oder Verwirrung in die *Unterschiede* dieser beiden Naturen einzuführen wagen soll; sondern wir vereinen (sie), wobei die Gottheit in ihrer Eigenart erhalten und bewahrt bleibt und die Menschheit in ihrer Eigenart, zu einer Majestät und zu einer Verehrung ... aufgrund der vollkommenen und untrennbaren Verbindung der Gottheit mit der Menschheit."

Dieser *Dyophysitismus (Zwei-Naturen-Lehre)* sollte nicht etwa das christologische Bekenntnis der Reichssynode von Chalzedon (451) aufnehmen, das zwar auch von *zwei Naturen,* dabei aber nur von *einer Hypostase* sprach (vgl. Bd. 3, S. 111f.). Die Ostsyrer dachten konsequenter dyophysitisch, indem sie (wie es einer der Ihren im 7. Jahrhundert deutlicher sagte) *zwei Hypostasen* vertraten: neben der göttlichen des Logos auch die des Menschen, den er angenommen hatte.

24 *Rabban Henanischo', Disputation gegen die Häretiker (7. Jh.):* „Es ist Unsinn, von einer *Natur* ohne *Hypostase* zu sprechen ... Wenn jede Natur, die existiert, eine eigene Hypostase hat, wie kannst du sie dann dem Leib (Christi) nehmen? ... Wenn der Logos nicht einen *vollständigen* (nämlich aus *Natur* und *Hypostase* bestehenden) Menschen annahm, inwiefern ist unser Herr dann *wahrer Mensch?"*

Die Ostsyrer (denen *Theodor von Mopsuestia* als Autorität galt) folgten damit der *antiochenischen* Christologie, die auf der Reichssynode von Ephesus (431) als „Nestorianismus" verurteilt worden war (vgl. Bd. 3, S. 102-107); und antiochenische Theologen, die auf persisches Gebiet ausgewichen waren, hatten diese Entscheidung vorbereitet. Als „Nestorianer" waren die Ostsyrer für die Reichskirche jetzt „Häretiker". Daß sie aber als solche (und erst jetzt) aus der Gesamtkirche ausgeschlossen worden wären, entspricht nicht den Tatsachen; denn „Nestorianer" waren sie erst geworden, nachdem sie sich längst (aus politischen Gründen) kirchlich vom Westen abgegrenzt hatten. Nicht „Häresie", sondern die „konstantinische Wende" hatte letztlich die Spaltung verursacht.

Die nun nestorianische Kirche des Ostens blieb (ohne konfessionelle Schwesterkirchen) dogmatisch isoliert und bietet, da sie auch niemals zur Staatskirche wurde, als einzige bis zur Gegenwart das Gegenbild zu einer Kirche im christlichen Staat. Seit dem 7. Jahrhundert unter islamischer

Herrschaft, konnte sich die Kirche in den ihr vom Staat gesetzten Grenzen (vgl. dazu Kap. II, 3b) entfalten und dabei auch ein blühendes geistiges Leben hervorbringen, von dem die Muslime selber profitierten (vgl. u. S. 48). Zum Zeichen eines im allgemeinen guten Einvernehmens mit der islamischen Obrigkeit hatte dann auch der Katholikos-Patriarch im 8. Jahrhundert seinen Sitz nach Bagdad, die neugegründete Hauptstadt der Abbasiden-Kalifen, verlegt, und diese Stadt wurde zum Zentrum einer Kirche, die sich bis China erstreckte.

b) Die „Missionskirche"

Im Blick auf die geographische Weite ihrer Missionsfelder übertrumpfte die ostsyrische Christenheit alle anderen Kirchen des Mittelalters (zur allgemeinen Übersicht vgl. Karte in Bd. 2, S. 154/155).

Diesem allgemeinen Urteil widerspricht es nicht, daß auch Gläubige aus anderen orientalischen Kirchen (Westsyrer, Armenier) auf den alten Handelswegen nach Südarabien, Zentral- und Ostasien gelangten, daß im 13. und 14. Jahrhundert auch abendländische Franziskaner bis China kamen und hier sogar eine kurzlebige lateinische Hierarchie mit dem Zentrum in Peking entstand. Aber mit ihren Missionserfolgen in der angestammten Bevölkerung selbst und mit der Dichte ihrer Präsenz ließ die Apostolische Kirche des Ostens alle anderen Kirchen zusammen doch weit hinter sich zurück.

Als die Apostolische Kirche des Ostens im 5. Jahrhundert entstand, hatte die ostsyrische Mission vom Bistum Merw aus bereits den Oxus/Amu Darya überschritten und in Transoxanien unter *Sogdern* und *Türken* Fuß gefaßt; und sie hatte auch schon die *Malabarküste* Südindiens erreicht. Sie folgte also der alten „Seidenstraße", die über Merw durch Zentralasien nach China führte, wie auch der Seeroute, die den Persischen Golf mit dem fernen Osten verband, und auf diesen Handelswegen drang das nestorianische Christentum nun immer weiter vor. Das fernste Ziel, das *Reich der Mitte* selbst, erreichte (wie ein chinesischer Gedenkstein von 781 berichtet) schon 635 der erste Missionar auf dem Landweg: der Mönch *A-lo-pen* (so die chinesische Form seines uns sonst unbekannten Namens) aus Westasien („Ta-chin"), der in Si-an-fu, der damaligen Hauptstadt der T'ang-Dynastie, mit kaiserlichem Wohlwollen empfangen wurde. Diesem Wohlwollen gab ein *Edikt,* das der Kaiser 638 erließ, Ausdruck:

25 *Stele von Si-an-fu (781):* „A-lo-pen aus dem Reich Ta-chin, der mit sich *Sutras (heilige Schriften)* und Bilder brachte, kam von ferne herbei und legte sie in Unserer Hauptstadt vor. Nach sorgfältiger Prüfung des Umfangs seiner

Lehre erkennen wir sie als geheimnisvoll geistlich und von stiller Wirkung. Wir haben ihre hauptsächlichen und wichtigsten Aussagen wahrgenommen und sind zu der Überzeugung gekommen, daß sie alles umgreifen, was im Leben höchst bedeutsam ist ... Diese Lehre ist hilfreich für alle Geschöpfe und vorteilhaft für jedermann. So möge sie freie Bahn haben im Reich."

Das war ein verheißungsvoller Anfang für eine Mission, der freilich keine lange Dauer beschieden war. Wohl gab es bald über das ganze Reich hin mehrere Klöster, und es entstand eine christlich-chinesische *Missionsliteratur* (von der uns manches erhalten blieb), aber tiefer greifende Missionserfolge blieben aus, und so verschwand das Christentum wieder, als sich in der Mitte des 9. Jahrhunderts die kaiserliche Politik wendete und alle Fremden aus China vertrieben wurden.

Mit größerem Erfolg hatte das Christentum in diesen Jahrhunderten auf der *Arabischen Halbinsel* Fuß fassen und in das Arabertum selbst eindringen können, bis es hier der Konkurrenz des Islam erlag.

In vorislamischer Zeit gab es (seit dem 4. Jahrhundert) Christen an verschiedenen Orten: unter einzelnen *Beduinenstämmen,* in der *Oase Nadschran,* im Handelszentrum *Mekka* und im jemenitischen Reich von *Himyar.* Es war ein konfessionell buntes Christentum, eingebracht durch Missionare und Kaufleute verschiedener Herkunft und im 6. Jahrhundert vor allem gefördert unter der Herrschaft der diplophysitischen Äthiopier in Südarabien (vgl. o. S. 34). Der Anteil der *Ostsyrer* ist in diesem Rahmen schwer abzuschätzen; doch wuchs ihr Einfluß im Gefolge der Perser, die gegen Ende des 6. Jahrhunderts die Äthiopier aus Südarabien verdrängten, und es gab nun mehrere nestorianische Bistümer (z.B. *Sana, Insel Sokotra*). Dieses Christentum blieb nicht ohne Wirkung auf *Muhammad* (vgl. u. S. 41), konnte sich gegen den Islam aber nicht lange halten; letzte (sichere) Zeugnisse von seinen Resten in Südarabien entstammen dem 10. (auf Sokotra dem 15./16.) Jahrhundert.

Ihren größten Missionserfolg hatte die Apostolische Kirche des Ostens jedoch in *Zentralasien,* wo sie im frühen 11. Jahrhundert gerade die *turko-tatarischen* Stämme (ganz oder teilweise) gewinnen konnte, die den Kern des zwei Jahrhunderte später mächtig ausgreifenden Mongolenreiches bilden sollten. So fanden sich in diesem Reich nun nestorianische Mongolen in einflußreichen Positionen, und nach der Eroberung *Chinas* kehrte mit ihnen das Christentum auch dorthin wieder zurück. Mit einer Kette von Metropolien, die sich durch Zentralasien bis Peking erstreckte, erreichte die Apostolische Kirche des Ostens jetzt ihre größte Ausdehnung, und in Bagdad selbst wurde ein Mongole, *Yahballaha III.* (1281–1317), Katholikos-Patriarch.

Nestorianisches Christentum drang bis in die mongolische Herrscherfamilie vor: Prinzessinnen aus jenen früh missionierten Stämmen wurden kaiserliche

Gemahlinnen, und die Großkhane *Möngke* (1251–1259) und *Qubilai* (1260–1294), den *Marco Polo* besuchte, hatten eine gemeinsame christliche Mutter. Das Christentum erfreute sich also höchsten Wohlwollens, ohne doch etwa zur „Staatsreligion" der Mongolen zu werden. Denn die Großkhane selber (auch der wohl getaufte *Güyük*, 1246–1248) zeigten sich im Geist des vorherrschenden *Schamanismus* allen Religionen gegenüber tolerant, so daß im *Konfuzianismus* und *Buddhismus*, vor allem aber im *Manichäismus* (vgl. Bd. 2, S. 156) einflußreiche Konkurrenten entstanden. So bildete das Christentum, weit über den Kontinent verstreut, insgesamt nur eine kleine Minderheit, die sichtbar unter der Weite des Missionsfeldes wie auch unter der großen Entfernung von der Mutterkirche litt. Das lassen die Eindrücke des Franziskaners *Wilhelm von Rubruk* deutlich genug erkennen, der um die Mitte des 13. Jahrhunderts bis Qaraqorum (südlich des Baikal-Sees) gelangte.

26 *Wilhelm von Rubruk, Reisebericht (1253–1255):* „Die Nestorianer sind hierzulande unwissend. Sie sprechen ihre Liturgie und haben ihre heiligen Bücher in *syrischer* Sprache, verstehen sie aber nicht ... Nur selten besucht ein Bischof jene Gegend, in fünfzig Jahren kaum einmal. Dann lassen sie alle Knaben, selbst solche, die noch in der Wiege liegen, zu Priestern weihen. Daher sind fast alle Männer bei ihnen Priester ... Sie sind alle *Simonisten;* denn sie spenden kein Sakrament unentgeltlich. Ihre einzige Sorge gilt ihren Frauen und Kindern, so daß sie ihr Augenmerk nicht auf die Ausbreitung des Glaubens, sondern nur auf die eigene Bereicherung richten. So geschieht es, daß einige von ihnen als Erzieher von Söhnen vornehmer Mongolen wirken, diese wohl das Evangelium und das Glaubensbekenntnis lehren, sie aber doch durch ihren schlechten Lebenswandel und ihre Habgier der christlichen Religion eher entfremden, weil die Lebensweise der Mongolen ... unbescholtener als ihre eigene ist."

Als das Mongolenreich in der zweiten Hälfte des 14. Jahrhunderts verfiel, und damit auch die kirchlichen Kontakte zum Patriarchat in Bagdad abbrachen, konnte sich das Christentum im fernen Asien nicht lange halten. Im Osten überlebte allein die *Thomaschristenheit* Indiens; aber sie hatte nun in der Neuzeit ihre eigene Geschichte und ging der Apostolischen Kirche des Ostens ebenfalls verloren (erst im 19. Jahrhundert konnte diese einen kleinen Teil von ihr zurückgewinnen). Die Apostolische Kirche des Ostens schrumpfte indessen unter dem Druck der hier jetzt muslimisch gewordenen Mongolen (vgl. u. S. 49f.) auch in ihrem eigenen Mutterland, ging aber nicht gänzlich unter. Der kleine Rest (mit wohl knapp 200.000 Gläubigen) einer einst großen Kirche gehört ebenfalls heute dem Ökumenischen Weltrat der Kirchen an.

3. Christentum und Islam

a) Muhammad und die Christen

Der arabische Kaufmann *Muhammad ibn Abdallah* (ca. 570–632) stammte aus einer vornehmen Familie in Mekka. Seit seinem vierzigsten Lebensjahr etwa stand er unter dem Eindruck göttlicher Offenbarungen (gesammelt im *Koran*) und wußte sich zum „Gesandten Gottes" berufen: in einer arabischen Umgebung, die vorwiegend noch vom polytheistischen Heidentum geprägt war, in der es aber auch schon Ansätze zum *Monotheismus* gab.

Dieser wurde hier von *Juden* vertreten, aber auch von *Christen* unterschiedlicher Konfession, die sich inzwischen unter den Arabern fanden (vgl. o. S. 39). Zudem traf Muhammad auf seinen Handelsreisen in den Vorderen Orient auf Christen aller Art, wobei ihn offenbar die *Mönche* besonders beeindruckten. Ihre Gebetsübungen unter ständigen tiefen Verbeugungen, wie sie einst *Symeon der Stylit* in asketischer Übertreibung praktiziert hatte (vgl. Bd. 3, S. 76), nahm er sich dann später zum Vorbild für den Gebetsritus seiner eigenen Gemeinde, für den er auch die Bezeichnung *(„salât", „Gebet")* aus dem Christlich-Syrischen entlehnte. So erfuhr Muhammad mancherlei Einflüsse von den Anhängern der beiden großen Buchreligionen (den „Leuten der Schrift", nämlich der *Tora,* bzw. des *Evangeliums*), mit denen er sich im Gegenüber zum altarabischen Heidentum zunächst im Einklang wußte.

Von *christlicher* Seite begegnete man dem Propheten des *einen* Gottes anfangs mit Wohlwollen; und nach islamischer Tradition war schon der Allererste, der die Wahrheit des Prophetentums Muhammads vertrat, ein Christ.

27 *Ibn Ishaq/Ibn Hischam, Leben des Propheten (8./9.Jh.): (Als Muhammad seiner Frau Chadidscha von seiner ersten Offenbarung berichtet hatte)* „begab sie sich zu ihrem Vetter *Waraqa ibn Naufal,* der Christ geworden war, die Heiligen Schriften las und von den Anhängern der Tora und des Evangeliums gelernt hatte. Ihm erzählte sie von den Worten Muhammads, und Waraqa rief aus: ‚Heilig! Heilig! Bei dem, in dessen Hand meine Seele liegt! Wahrlich, Chadidscha, wenn du mir die Wahrheit gesagt hast, so ist wahrhaftig der Engel Gabriel zu ihm gekommen, wie er zu Mose kam, und er ist wahrlich der Prophet dieses Volkes! Sag ihm, er soll standhaft bleiben!'"

Die Verkündigung, mit der Muhammad jetzt an die Öffentlichkeit trat, stand (wie der Tenor der ältesten Koran-Suren zeigt) ganz unter dem Eindruck christlicher Bußpredigten, wie er sie einst etwa von *Quss ibn Sa'ida,* einem arabischen Prediger (oder Bischof), gehört hatte, den er zeitlebens hoch verehrte und an dessen Worte er sich auch später noch, als er längst seinen eigenen Weg gegangen war, gern erinnerte.

28 *Al-Isfahani (gest. 967), Buch der Lieder:* „Mir ist es *(so läßt er Muhammad sagen),* als wenn ich ihn *(Quss ibn Sa'ida)* vor mir sähe auf dem Markte von Ukaz auf seinem aschfarbenen Kamel, wie er eine zündende Predigt hält *(die sich Muhammad von einem Gefährten stichwortartig noch einmal vergegenwärtigen läßt):* ,Ihr Leute, hört und behaltet es! Wer gelebt hat, ist gestorben, und wer gestorben ist, ist dahin. Alles, was kommen soll, kommt: finstere Nacht und ein Himmel voller Vorzeichen, Meere, die anschwellen, und Himmelskörper, die aufleuchten, Licht und Finsternis, Frömmigkeit und Sünde, Speise und Trank, Kleidung und Besitz. Warum sehe ich die Menschen dahingehen und nicht zurückkehren?'"

Seine Bekanntschaft mit Elementen der jüdischen und christlichen Tradition prägte dann auch das Selbstverständnis des neuen Propheten.

Muhammad war davon überzeugt, in der Nachfolge der alttestamentlichen Propheten und Jesu zur Verkündigung der wahren „Abraham-Religion" berufen und als Abschluß und „Siegel der Propheten" der von Jesus (Joh 15,26) angesagte *Paraklet* zu sein.

Daß Muhammad sich als der Gesandte des einen Gottes anfangs mit den Juden und Christen in grundsätzlichem Einverständnis wußte, läßt der Koran an einzelnen Stellen noch deutlich erkennen.

29 *Koran, Sure 57,26:* „Und wir haben doch *Noah* und *Abraham* gesandt und in ihrer Nachkommenschaft die Prophetie und die Schrift (heimisch) gemacht. Etliche von ihnen waren rechtgeleitet. Aber viele von ihnen waren Frevler. Hierauf ließen wir hinter ihnen her unsere (weiteren) Gesandten folgen. Und wir ließen *Jesus, den Sohn der Maria,* folgen und gaben ihm das *Evangelium,* und wir ließen im Herzen derer, die sich ihm anschlossen, Milde Platz greifen, Barmherzigkeit und Mönchtum. – Sie brachten es *(das Mönchtum)* (von sich aus) auf. Wir haben es ihnen nicht vorgeschrieben. (Sie haben es) vielmehr im Streben nach Gottes Wohlgefallen (auf sich genommen). Doch hielten sie es nicht richtig ein. – Und wir gaben denjenigen von ihnen, die glaubten, ihren Lohn. Aber viele von ihnen waren Frevler."

Sure 29,46: „Und streitet mit den *Leuten der Schrift* nie anders als auf eine möglichst gute Art – mit Ausnahme derer von ihnen, die Frevler sind! Und sagt: ,Wir glauben an das, was (als Offenbarung) zu uns und was zu euch herabgesandt worden ist. Unser und euer Gott ist *einer.* Ihm sind wir ergeben.'"

Von den einflußreichen Familien Mekkas angefeindet, war Muhammad mit seinen Anhängern nach Yathrib/Medina übergesiedelt (*Hidschra* 622: mit diesem Jahr beginnt die muslimische Zeitrechnung), hatte an diesem Ort das erste islamisch geprägte Staatswesen begründet, entzweite sich aber mit den hier stark vertretenen Juden. So gewann seine Verkündigung jetzt einen *judenfeindlichen* Ton, während sie dem

Christentum gegenüber noch freundlich blieb, zwischen den verschiedenen *Leuten der Schrift* also nun einen deutlichen Unterschied machte.

30 *Koran, Sure 5,82:* „Du wirst sicher finden, daß diejenigen Menschen, die sich den Gläubigen gegenüber am meisten feindlich zeigen, die *Juden* und die *Heiden* sind. Und du wirst sicher finden, daß diejenigen, die den Gläubigen in Liebe am nächsten stehen, die sind, welche sagen: ‚Wir sind *Christen*‘. Dies deshalb, weil es unter ihnen Priester und Mönche gibt, und weil sie nicht hochmütig sind.“

Auf die Dauer aber mußte Muhammad erkennen, daß sein kompromißloser Monotheismus, die Verkündigung des majestätisch fernen Gottes, dessen Menschwerdung ihm als lästerlicher Gedanke erschien, gerade dem christlichen Glauben im Kern widersprach. So richtete sich seine Verkündigung schließlich gegen die *Leute der Schrift,* Christen wie Juden, insgesamt.

31 *Koran, Sure 9,30:* „Die *Juden* sagen: ‚Esra ist der Sohn Gottes‘. Und die *Christen* sagen: ‚*Christus* ist der Sohn Gottes‘. So etwas wagen sie offen auszusprechen. Sie tun es denen gleich, die früher ungläubig waren. Diese Gottverfluchten! Wie können sie nur so verschroben sein! *(31)* Sie haben sich ihre Gelehrten und Mönche sowie Christus, den Sohn der Maria, an Gottes Statt zu Herren genommen. Dabei ist ihnen nichts anderes befohlen worden, als einem *einzigen* Gott zu dienen, außer dem es keinen Gott gibt. Gepriesen sei er! (Er ist erhaben) über das, was sie (ihm) *beigesellen.*“

„Beigesellung“ ist der eigentliche Frevel, den Muhammad den Christen mit ihrem *trinitarischen* Bekenntnis vorwirft:

32 *Koran, Sure 5,17:* „Ungläubig sind diejenigen, die sagen: ‚*Gott* ist Christus, der Sohn der Maria‘ ... *(73)* Ungläubig sind diejenigen, die sagen: ‚Gott ist einer von *dreien*‘. Es gibt keinen Gott außer einem *einzigen* Gott ... *(116)* Jesus, Sohn der Maria! Hast du zu den Leuten gesagt: ‚Nehmt euch außer Gott mich und *meine Mutter* zu Göttern‘? Er sagte: ‚Gepriesen seist du! Ich darf nichts sagen, wozu ich kein Recht habe.‘“
Sure 4,171: „Ihr *Leute der Schrift!* Treibt es in eurer Religion nicht zu weit und sagt gegen Gott nichts aus, außer der Wahrheit! Christus Jesus, der Sohn der Maria, ist nur der *Gesandte Gottes* und sein *Wort,* das er Maria eingegeben hat, und *Geist* von ihm. Darum glaubt an Gott und seine Gesandten und sagt nicht: ‚*drei*‘! ... Gott ist nur ein *einziger* Gott. Gepriesen sei er! (Er ist darüber erhaben) ein Kind zu haben.“

Daß in dieser Deutung der christlichen Trinität *Maria* den Platz des *Heiligen Geistes* einnimmt, ist wohl nicht als polemische Überspitzung gemeint, sondern Ausdruck vulgärer christlicher Frömmigkeit, wie Muhammad sie in seiner Umgebung kennenlernte.

So wurde der *Islam* dann doch zu einer eigenen Religion neben Judentum und Christentum, weil er in den Juden und Christen die vom rechten Gottesglauben Abgefallenen sah. Mit seiner knappen Bekenntnisformel („Es gibt keinen Gott außer Gott, und Muhammad ist der Gesandte Gottes") versteht sich der Islam als die Religion der wahren Gottesverehrung auf dem Boden der Tora und des „unverfälschten" Evangeliums: im Gegenüber nicht nur zum altarabischen Heidentum (und zu jeder Art von Polytheismus), sondern auch gegenüber den *Leuten der Schrift,* die sich mit ihrem Widerspruch gegen die Botschaft des „Gesandten Gottes" und „Siegels der Propheten" letztlich als „Ungläubige" erweisen.

b) Die Lebensbedingungen unter islamischer Herrschaft

Nach Muhammads Tod (632) griffen die muslimischen Araber auf unaufhaltsamen Eroberungszügen weit über die Arabische Halbinsel hinaus.

Sie nahmen Damaskus (635), Antiochia und Aleppo (637) ein und eroberten Ägypten (640–642), Nordafrika und das Westgotenreich in Spanien (711). Damit hatte Byzanz seine Ostprovinzen (mit den Reichspatriarchaten Alexandria, Antiochia und Jerusalem) verloren, während sein alter Rivale im Osten, das Reich der persischen Sassaniden, bis 651 ganz an die Araber gefallen war. Den Orient mit weiten Teilen der Mittelmeerwelt umspannte jetzt das islamische Großreich. Es stand unter der Herrschaft zunächst der *rechtgeleiteten Kalifen* (632–661: *Abu Bakr, Umar, Uthman, Ali*), dann der Kalifen aus der Dynastie der *Umayyaden* in Damaskus (661–750) und der *Abbasiden* in Bagdad (750–1258).

Christen der verschiedenen Konfessionen, *Orthodoxe* der byzantinischen Reichskirche *(Melkiten), Diplophysiten* (Syrer wie Kopten) und *Nestorianer,* fanden sich nun als beachtliche Bevölkerungsgruppe gemeinsam unter nichtchristlicher Herrschaft. Diesen *Leuten der Schrift* begegneten die Muslime nun so, wie es ihnen der Koran vorgab:

33 *Koran, Sure 9,29:* „Kämpft gegen diejenigen, die nicht an Gott und den jüngsten Tag glauben und nicht für verboten erklären, was Gott und sein Gesandter verboten haben, und nicht der wahren Religion angehören – von denen, die die *Schrift* erhalten haben – (kämpft gegen sie), bis sie kleinlaut aus der Hand (*oder:* willig?) Tribut entrichten!"

Die *Leute der Schrift* sollten also nicht zur Annahme des Islam gezwungen werden, waren aber als Untertanen minderen Rechts zu behandeln. Wie das in die Tat umgesetzt wurde, erfuhren die Christen der bislang

Das arabisch-islamische Reich

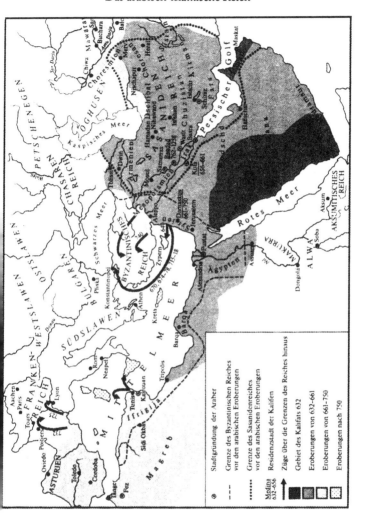

Stadtgründung der Araber

Grenze des Byzantinischen Reiches
vor den arabischen Eroberungen

Grenze des Sasanidenreiches
vor den arabischen Eroberungen

Medina
632–656   Residenzstadt der Kalifen

Züge über die Grenzen des Reiches hinaus

Gebiet des Kalifats 632

Eroberungen von 632–661

Eroberungen von 661–750

Eroberungen nach 750

byzantinischen Stadt *Jerusalem,* vor der die Araber 638 erschienen, auf diese Weise:

34 *Eutychius von Alexandria, Annalen (nach 938): „Sophronios,* der *(griechische)* Patriarch ..., ging heraus zu *(dem Kalifen) Umar ibn al-Chattab;* und Umar gewährte ihm Frieden und stellte ihnen eine Urkunde aus *(vgl. Text* **35***)* ... Und er *(Sophronios)* öffnete ihm das Stadttor. Da betrat Umar mit seinen Gefährten die Stadt und setzte sich in den Hof der *Grabeskirche.* Als aber für ihn die Gebetszeit gekommen war, sagte er zum Patriarchen Sophronios: ‚Ich will beten!' Da sagte der Patriarch zu ihm: ‚Beherrscher der Gläubigen, bete (hier) an deinem Platz'. Aber Umar sagte zu ihm: ‚Hier bete ich nicht'. Da führte ihn der Patriarch hinaus zur *Kirche Konstantins* und legte für ihn eine Matte in die Mitte der Kirche. Aber Umar sagte zu ihm: ‚Nein, auch hier bete ich nicht', sondern ging ... hinaus zu der Treppe ... am Kirchenportal ... und betete allein auf der Treppe... Dann sagte Umar zu ihm: ‚Wenn ich im Inneren der Kirche gebetet hätte, wäre sie für dich unbenutzbar geworden und deiner Hand entglitten, denn die Muslime hätten sie nach mir von dir genommen und hätten dazu gesagt: ‚Hier hat Umar gebetet'... Ich habe (aber) dir gegenüber ein Recht und einen Anspruch: gib mir deshalb einen Ort, an dem ich eine Moschee errichte. Da sagte der Patriarch zu ihm: ‚Ich gebe dem Beherrscher der Gläubigen einen Ort, an dem er eine Moschee bauen kann ..., und zwar ist es der Felsen, auf dem Gott mit Jakob sprach ... und wo der *Tempel für die Israeliten* war ...: unter der Bedingung, daß du mir eine Urkunde ausstellst, daß in Jerusalem keine andere Moschee gebaut wird als diese allein'. Darauf stellte Umar ibn al-Chattab ihm darüber eine Urkunde aus und gab sie ihm."

Dieser Bericht aus christlicher Feder zeigt die auch sonst gerühmte Bescheidenheit dieses Kalifen, mit der er sich von den früheren, byzantinischen Herren deutlich abhob. Er zeigt aber zugleich, daß die Christen Platz für Moscheen einräumen mußten (zumeist waren es Kirchen, die umgewandelt wurden), daß im übrigen aber ihre Kirchen, zumal die ihnen heiligsten, geschützt waren. Die Tatsache freilich, daß im Verlauf der folgenden Jahrhunderte (wegen des ständig wachsenden Bevölkerungsanteils der Muslime, nicht selten aber auch aus feindseligen Gründen) immer weitere Kirchen zu Moscheen gemacht wurden, erinnerte die Christen stets daran, nicht mehr als nur eine *geduldete* Minderheit zu sein.

Rechte und Pflichten der *Leute der Schrift* im Gebiet des nun herrschenden Islam regelten Verträge nach der Art der Urkunde, wie Umar sie den Christen Jerusalems ausstellte.

35 *Kalif Umar, Kapitulationsvertrag mit Jerusalem (638): „*Im Namen Gottes, des barmherzigen Erbarmers. Schutzbrief für die Bewohner von *Aelia (Jerusalem)* vom Diener Gottes, Umar, dem Beherrscher der Gläubigen. Er verleiht ihnen den Schutz für ihre Person, ihren Besitz, ihre Kirchen, ihre Kreuze ... und für ihren Gottesdienst allgemein ... Kein Zwang soll gegen sie ausgeübt werden in Sachen der Religion ... Die Bewohner von Aelia müssen in gleicher Weise die

Steuer entrichten wie die Bewohner der anderen Städte ... Dieser Vertrag steht unter der Garantie Gottes und unter dem Schutz des Propheten, der Kalifen und der Gläubigen unter der Bedingung, daß die Bewohner von Aelia die ihnen obliegende Steuer entrichten.«

Solche Einzelverträge mit den eroberten oder freiwillig übergebenen Städten wurden dann bald durch ein allgemeines *Vertragssystem* abgelöst, das in den Einzelbestimmungen detaillierter war, im Verlauf der Jahrhunderte immer wieder modifiziert wurde, im Prinzip aber bis zur Auflösung des Osmanischen Reiches (nach dem 1. Weltkrieg) gültig blieb. Nachteilig für die Christen war es dabei freilich, daß sie nicht gleichrangige Vertragspartner waren, weil alles vom Wohlwollen der *muslimischen* Seite abhing, der die vor keiner neutralen Instanz zu verantwortende Macht gehörte. Es kam also in der langen Geschichte dieses Vertragswesens nicht selten zu vertragswidrigen Einschränkungen und Übergriffen: so bereits im 8. Jahrhundert, als der Kalif sich durch das islamische *Bilderverbot* dazu veranlaßt sah, eine Aktion gegen die Bilder und Kreuze der Christen durchzuführen. (Zur gleichzeitigen bilderfeindlichen Stimmung im christlichen Byzanz vgl. o. S. 22).

Die *Leute der Schrift* lebten also unter Bedingungen, die ihnen im allgemeinen *Rechtssicherheit* gewährten, die Ausübung ihres *Gottesdienstes* (auch mit Prozessionen) garantierten, sie andererseits aber zur Zahlung einer *Sondersteuer* verpflichteten und ihnen gewisse *Einschränkungen* auferlegten.

Dazu gehörten besondere Kleidervorschriften (um sie auch äußerlich kenntlich zu machen), das Verbot, Waffen zu tragen oder zu den muslimischen Gebetszeiten die öffentlichen Bäder zu besuchen, und anderes mehr, was sie eben zu nur geduldeten Untertanen minderen Rechts machte. Der Einzelne konnte sich diesem Status jederzeit durch den leicht gemachten Übertritt zum Islam entziehen, hatte dann aber keine Möglichkeit mehr, diesen Schritt zu revidieren. Denn der Übertritt vom Islam zu einer anderen Religion war bei Todesstrafe verboten, die ebenso den traf, der für einen solchen Übertritt geworben hatte. Missionieren konnten die *Leute der Schrift* ungestraft also nur untereinander oder aber (was dann auch ausgiebig geschah; vgl. o. S. 39f.) in den Gebieten jenseits des islamischen Machtbereichs.

Den *Leuten der Schrift* verschlossen waren prinzipiell solche Positionen, die sie zu Vorgesetzten von Muslimen gemacht hätten. Dennoch fanden sich in den ersten Jahrzehnten (solange die hier ungeübten Muslime zur Verwaltung der eroberten Provinzen noch nicht selber fähig waren) durchaus Christen auch in höheren Staatsämtern. Das bekannteste Beispiel dafür bietet der Theologe *Johannes von Damaskus* (vgl. o. S. 27), der vor seinem Eintritt ins Kloster dem Kalifen in Damaskus als Sekretär gedient hatte und in diesem Amt seinem Vater nachgefolgt war. Später, zur Zeit der Abbasiden in Bagdad, waren die *Leibärzte* der Kalifen nestorianische Christen, deren medizinische Schulwissenschaft in hohem Ansehen stand. Ost- und Westsyrer pflegten das *antike griechische Erbe* und machten es durch Übersetzungen ins Arabische auch den Muslimen bekannt. Große Berühmtheit wegen seiner umfangreichen Übersetzungstätigkeit erlangte hier im 9. Jahrhundert der Nestorianer *Hunayn ibn Ishaq,* der über seine Arbeitsweise (an einer Schrift des antiken Mediziners *Galen*) selber berichtet:

36 *Hunayn ibn Ishaq, Sendschreiben (856), 3:* „Vor mir hatte sie *(Galens Schrift)* bereits ein Mann namens *Ibn Sahda* ... ins Syrische übersetzt, aber er war schwach im Übersetzen. Darauf habe ich sie ... für einen Arzt ... übersetzt aus einer griechischen Handschrift voller Fehler. Dann bat mich ... mein Schüler um ihre Verbesserung, nachdem sich davon bei mir eine Anzahl griechischer Handschriften angesammelt hatte. Da habe ich diese miteinander kollationiert, bis sich endgültig aus ihnen eine einzige Handschrift ohne Fehler ergab. Dann habe ich mit dieser Handschrift das Syrische kollationiert und korrigiert. So zu verfahren bei allem, was ich übersetze, gehört zu meiner Gewohnheit. Darauf habe ich sie nach einigen Jahren ins Arabische übersetzt...“

Auf diese Weise wurden die Muslime als Schüler der orientalischen Christen nicht nur mit der antiken Medizin, sondern auch mit der Philosophie (*Platon* und *Aristoteles*) bekannt, entwickelten sie selbständig weiter und wurden damit schließlich ihrerseits (über Spanien und Sizilien) zu den Lehrmeistern des *Abendlandes,* das auf diesem Umweg den ganzen Aristoteles erst im hohen Mittelalter kennenlernte.

Das Gegenüber von herrschendem Islam und geduldetem Christentum bestimmte aber nicht nur die Lebensbedingungen der *Leute der Schrift* allgemein, sondern auch das Verhältnis des Staates zur *kirchlichen Hierarchie* auf offizieller Ebene. Sehr bald nämlich wurde es üblich, daß die in ihr Amt gewählten Patriarchen einer förmlichen Bestätigung des Kalifen bedurften.

Dieses *Diplom* (später: *Firman*) verlieh den leitenden Hierarchen zugleich staatliche Autorität in ihrer Kirche mit entsprechenden Befugnissen (Gerichtsbarkeit, Steuerwesen), machte sie umgekehrt aber auch für das Wohlverhalten ihrer Gläubigen dem Herrscher gegenüber verantwortlich, der sich im Konfliktfall somit nur an eine einzelne Person zu halten brauchte. Auch dieses System, das dem Staat die Verwaltung eines Reiches mit vielen religiösen Minderheiten erleichterte, überdauerte die Jahrhunderte und galt bis zum Untergang des Osmanischen Reiches.

Im islamischen Staat galt grundsätzlich die Gleichbehandlung aller *Leute der Schrift:* Juden wie Christen, und diese in ihren verschiedenen Konfessionen (die durchaus nicht immer friedlich miteinander lebten), waren prinzipiell denselben Rechten und Pflichten unterworfen. Diese gleiche

Situation für alle bedeutete aber, daß sich im Vergleich zur vorislamischen Zeit die Lage der einen erheblich verschlechtert, die der anderen aber nicht minder erheblich verbessert hatte.

Die Christenheit der alten *byzantinisch-reichskirchlichen (melkitischen) Patriarchate* Alexandria, Antiochia und Jerusalem war nun von Kaiser und Reich getrennt, hatte also ihre staatskirchlichen Privilegien verloren.

Nur in *Palästina* gehörte ihr die Mehrheit der christlichen Bevölkerung; in *Ägypten* und *Syrien* aber stand sie den Nationalkirchen der Kopten und Westsyrer jetzt ohne die alten Vorrechte als kleine Minderheit gegenüber, die nicht nur (wie alle Konfessionen) ständig Gläubige an den Islam verlor, sondern auch durch die Abwanderung von Griechen nach Byzanz immer schwächer wurde. So bestanden die drei melkitischen Patriarchate zwar (bis in die Gegenwart) fort, waren aber bedeutungslos und über lange Perioden hin überhaupt nur nominell besetzt, wenn die in Konstantinopel geweihten Amtsträger die Hauptstadt dann gar nicht verließen. So gewann gerade durch den Verlust der byzantinischen Ostprovinzen das *Ökumenische Patriarchat* an Macht (vgl. o. S. 11), während sich in den drei orientalischen Patriarchaten die Verhältnisse erst wieder in der Neuzeit besserten.

Die Kirchen der *Kopten* und *Westsyrer* aber hatten unter den neuen Bedingungen gewonnen. Unter byzantinischer Herrschaft vom Staat und seiner Kirche verfolgt, konnten sie sich jetzt im Schutz der allgemeinen religiösen Duldung zu blühenden Kirchen entfalten (vgl. o. S. 32f.). So empfand man hier mit gutem Grund den Sieg des Islam als Befreiung; und noch in der Rückschau nach Jahrhunderten, in denen man mit den muslimischen Machthabern nicht nur gute Erfahrungen gemacht hatte, sah *Michael der Syrer* (gest. 1199), Patriarch und Geschichtsschreiber seiner Kirche, den Wandel im 7. Jahrhundert nicht anders:

37 *Michael der Syrer, Chronik (nach 1195), XI,3:* „Der Gott der Rache, der allein Macht über alle Dinge hat und die Reiche der Menschen fallen läßt, wie er will, ... ließ aus dem Land des Südens die *Söhne Ismaels (die Araber)* kommen, damit wir durch sie Befreiung erführen aus den Händen der Byzantiner. Und wenn wir auch einige Unbill erlitten ..., so hatten wir doch nicht wenig gewonnen, daß wir befreit waren von der Grausamkeit der Byzantiner, von ihrer Bosheit, ihrer Wut, und ihrem grausamen Eifer gegen uns, und nun Ruhe hatten."

Daß dann auch die syrischen Kirchen seit etwa 1300 verfielen und zu nur noch unscheinbarer Größe schrumpften, hatte (wie der Vergleich mit der noch heute beachtlich starken *koptischen* Kirche zeigt) nicht allein im ständigen Verlust von Gläubigen an den Islam seine Ursache. Als viel unheilvoller erwiesen sich hier die Verfolgungen durch die Mongolen, die erst spät den Islam angenommen hatten, ihn dann aber um so unnachsichtiger vertraten. *Timur Lenk* (1369–1405), der Mongolenherrscher in Samarkand, der um 1400 den Vorderen Orient verheerte, sich programmatisch als Feind der Christen verstand und sie grausam dezimierte, bot damit nur das krasseste Beispiel.

III. Das Abendland im Übergang zum Mittelalter

1. Die Landeskirchen der Homöer

Als sich im 5. und 6. Jahrhundert in der östlichen Christenheit der konfessionelle Gegensatz kirchlich verfestigte (vgl. Kap. II,1-2), standen sich auch im Abendland Kirchen unterschiedlicher Konfession gegenüber. Es waren die Kirchen der *Germanenvölker,* die jetzt in das weströmische Reich eindrangen und ihr eigenes christliches Bekenntnis selbstbewußt gegen das hier längst eingewurzelte *reichskirchlich-katholische* Christentum vertraten. Darüber berichtet als unmittelbarer Augenzeuge der Priester *Salvian,* der die Vandalen durch Gallien ziehen sah (vgl. Bd. 3, Kap. VIII,3):

38 *Salvian von Marseille, Von der Weltregierung Gottes (ca. 440), V,2:* „Sie *(die Vandalen)* halten sich so sehr für katholisch, daß sie uns mit dem Namen ‚Häretiker' verfolgen. Wofür wir sie halten, dafür halten sie uns. Wir sind sicher, daß sie der göttlichen Zeugung eine Beleidigung zufügen, wenn sie sagen, der Sohn sei geringer als der Vater. Jene meinen, wir beleidigten den Vater, weil wir beide für gleich hielten."

Die Vandalen vertraten also ein Bekenntnis, das man polemisch „*Arianismus"* nannte (und zu Unrecht oftmals noch so nennt), das tatsächlich aber *homöisch* war, weil es von der *Ähnlichkeit* des Sohnes mit dem Vater sprach. Diese Glaubensform hatte der gotische Missionsbischof *Wulfila,* der durchaus Christus als seinen „Herrn und Gott" bekannte, aus Konstantinopel selbst mitgebracht (vgl. Bd. 3, S. 41f.); und diesem Bekenntnis waren die von ihm bekehrten Germanen auch treu geblieben, als man in der römischen Reichskirche dann 381 die *Homo-usie (Wesens-Gleichheit)* Christi endgültig zum Dogma erklärt hatte (vgl. Bd. 3, Kap. III,3).

Dieses einst als reichskirchlich-orthodox übernommene, aber nun „häretisch" gewordene homöische Bekenntnis wurde vor allem in den Reichen der *Ostgoten, Westgoten* und *Vandalen* zur politischen Kraft.

Unter den Wanderungsschüben der Germanenvölker (vgl. Karte Bd. 3, S. 150) war das weströmische Reich zerbrochen: Den letzten Kaiser *(Romulus Augustulus)* hatte 476 der homöische Germane *Odoaker* als Herrscher Italiens abgelöst (vgl. Bd. 3, S. 165), der letzte römische Statthalter *(Syagrius)* war 486 vom Franken *Chlodwig I.* in Gallien besiegt worden; und bis zum Beginn des 6.

Die Germanenreiche im frühen 6. Jahrhundert

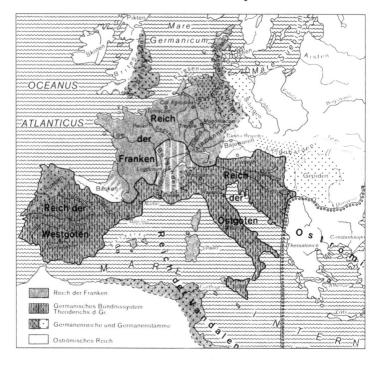

Reich der Franken

Germanisches Bündnissystem
Theoderichs d. Gr.

Germanenreiche und Germanenstämme

Oströmisches Reich

Jahrhunderts hatten nun die drei homöischen Reiche das römische Erbe im westlichen Mittelmeerraum angetreten. *Theoderich I. der Große* (474–526; der „Dietrich von Bern" in der deutschen Heldensage) errichtete 493 nach seinem Sieg über Odoaker das *Ostgotenreich* (Zentrum Ravenna), das ganz Italien und den Norden bis zur Donau und Rhône-Mündung umfaßte; und gegen den mächtigen byzantinischen Nachbarn im Osten mühte er sich um ein Bündnis mit den anderen Germanenvölkern, wobei er (wo solche noch ihrem alten Glauben anhingen) auch die Mission seiner Kirche einsetzte. So verheiratete er seine Nichte mit dem König der *Thüriger;* und es gab auch in anderen Stämmen (so unter *Gepiden* und *Rugiern*) Christen homöischen Bekenntnisses, wobei freilich zum Teil schon älterer, westgotischer Einfluß gewirkt hatte. Dieser erstreckte sich dann auch auf die *Burgunder* (um Worms), die 436 einen König aus dem westgotischen Herrschergeschlecht genommen hatten, und auf die *Sueven* in Nordwest-Spanien. Die *Westgoten* selbst (vgl. Bd. 3, Kap. VIII,7) beherrschten den größten Teil der Iberischen Halbinsel und zunächst auch Gallien, das sie jedoch 507 fast vollständig an die *Franken* verloren (vgl. u. S. 79). Den weitesten Weg aber hatten die *Vandalen* zurückgelegt, die 429 von Spanien aus nach Nordafrika übergesetzt waren und nun von Karthago aus einen Großteil des westlichen Mittelmeeres beherrschten.

Das homöische Christentum in diesen Germanenreichen kannte keine die Stämme umfassende kirchliche Hierarchie unter einem gemeinsamen Oberbischof, unterschied sich auch hierin also deutlich von der älteren, staatskirchlich-katholischen Organisation. Die germanischen Kirchen waren vielmehr *Landeskirchen,* deren Grenzen sich mit den politischen deckten. Hierin drückte sich der Geist der alten germanischen Gefolgschaftstreue aus, die schon zur Christianisierung des Stammes geführt hatte, wenn der Herrscher Christ geworden war. Ferner wirkte das vorchristliche *Eigentempelwesen* (das Recht des Grundherrn am Kult auf seinem Besitz) nun als *Eigenkirchenwesen* fort, das auch dem jetzt christlichen König (im Kreise seiner Bischöfe) die führende Stellung in der Religion des Volkes beließ. Ein weiterer bemerkenswerter Unterschied zum katholischen Christentum mit seiner *lateinischen* Kirchensprache bestand darin, daß das germanische *volkssprachlich* geprägt war. Damit stand man ganz in der Tradition der östlichen Kirche, von der man einst den christlichen Glauben empfangen hatte, derselben Kirche, die dann später auch den *Slawen* das Christentum in ihrer eigenen Sprache gab (vgl. u. S. 148 u. 151). Das einigende Band unter den germanischen Landeskirchen war Wulfilas *Bibelübersetzung,* deren westgotische Gestalt man nicht mehr veränderte: Das Volkssprachliche ließ also zugleich die Tendenz zu einer die einzelnen Dialekte übergreifenden *westgotischen Kirchensprache* erkennen.

Die homöischen Germanenreiche waren in Gebieten entstanden, die längst dem katholischen Christentum gehörten. Dem damit gegebenen konfessionellen Gegenüber zwischen Herrscherschicht und unterworfener Bevölkerung stellte man sich nun freilich mit ganz unterschiedlicher Konsequenz.

Feindselig gegen ihre katholischen Untertanen verhielten sich die *Vandalen*, von deren Aktionen der selber betroffene nordafrikanische Bischof *Viktor von Vita* berichtet (in einem Buch, dessen Titel schon vielsagend ist). Über den König *Hunerich* (477–484) lesen wir hier:

39 *Viktor von Vita, Geschichte der Verfolgung in der Provinz Afrika (nach 484), III, 2-4:* „Er schloß an einem einzigen Tag die *(katholischen)* Kirchen ganz Afrikas und machte das gesamte Eigentum der Bischöfe und Kirchen seinen eigenen Bischöfen zum Geschenk ... Man schämte sich auch nicht, ihm das Gesetz, das erst kürzlich unsere christlichen Kaiser gegen sie und gegen andere Häretiker zu Ehren der katholischen Kirche erlassen hatten, gegen uns vorzulegen, wobei man vieles aus eigenem hinzufügte, wie es der Tyrannenmacht gefiel ... *(So ließ der König dann verlauten:)* ‚Mit Nachdruck haben wir allen (unserem Reich unterworfenen) Völkern bekannt gemacht, daß im Gebiet der Vandalen die homo-usianischen *(katholischen)* Priester sich keine Versammlungen (abzuhalten) erlauben und keines von den Mysterien *(Sakramenten)*, die mehr verunreinigen, (zu spenden) für sich beanspruchen sollen.'“

Diese antikatholische Haltung der Könige, die auch vor Zwangs(wieder)taufen nicht zurückschreckten, prägte fast die ganze Zeit vandalischer Herrschaft über Nordafrika; austilgen konnte man damit aber die ältere Kirche nicht.

Das genaue Gegenbild zur Katholikenfeindschaft der Vandalen boten die *Ostgoten* in Italien. Für sie läßt sich das verallgemeinern, was ein uns nicht mehr bekannter katholischer Autor zur Charakterisierung des Königs *Theoderich des Großen* sagt:

40 *Aus einem anonymen Bericht über Theoderich (6. Jh.), II, 12,59f.:* „Er war berühmt und in allem gutwillig. Er regierte 33 Jahre, und in seiner Zeit begleitete das Glück Italien über 30 Jahre hin, so daß auch für die folgenden Friede herrschen sollte. Denn nichts machte er falsch. So regierte er gemeinsam die zwei Völker der Römer und Goten; und obwohl er selber zur *arianischen* Sekte gehörte, unternahm er doch nichts gegen die *katholische* Religion."

Ein eindrückliches und bis heute sichtbares Zeichen für diese friedliche Koexistenz der Konfessionen unter den Ostgoten bietet die alte Hauptstadt *Ravenna* mit ihrem Nebeneinander von Kirchen und Baptisterien (Taufkapellen) der „Orthodoxen" und „Arianer".

Gespannt wurde das Verhältnis zum *Papsttum* freilich in Theoderichs letzten Lebensjahren. Das aber hatte nicht konfessionelle, sondern politische Gründe und betraf Roms Kontakte zum Kaiser von Byzanz (vgl. u. S. 58). So war es dann auch kein anti*katholischer*, sondern ein anti*by-*

zantinischer Akt, der den christlichen Philosophen *Boethius* das Leben kostete.

Anicius Manlius Severinus Boethius stammte aus Rom und diente Theoderich in hohen Staatsämtern. Für die Zukunft bedeutend aber wurde er dadurch, daß er philosophische und mathematische Werke der Griechen ins Lateinische übertrug und kommentierte. Auch er selber lebte, wenngleich getaufter Christ, doch ganz aus dem Geist der antiken Philosophie und schrieb, als er schließlich (aufgrund falscher Zeugenaussagen) wegen hochverräterischer Kontakte zu den Byzantinern eingekerkert worden war, sein berühmtes und im Mittelalter vielgelesenes Buch *Über den Trost der Philosophie*. Ihn ließ Theoderich 524 hinrichten.

Auch die *Westgoten* zeigten sich anfangs der Konfession ihrer Untertanen gegenüber tolerant, nahmen jedoch dann im 6. Jahrhundert eine feindlichere Haltung gegen die katholische Kirche ein (vgl. Bd. 3, S. 165f.). Wieder normalisiert hatte sich aber das Verhältnis zwischen Homöern und Katholiken, als der „letzte abendländische Kirchenvater" (des Altertums) in Spanien lebte.

Diesen Titel hat man dem katholischen Bischof *Isidor von Sevilla* (gest. 636) zugelegt, der wie Boethius, wenn auch aus ganz anderem Grund, stark auf das mittelalterliche Abendland einwirkte. Isidor war kein Philosoph, sondern sammelte das Wissen seiner Zeit, das er in zahlreichen Schriften niederlegte. Am einflußreichsten wurden seine 20 Bücher *Etymologien*, in denen er alles kirchliche und weltliche Wissen aus den älteren Kirchenvätern wie den klassischen Autoren zusammentrug und die er damit zu einer vielbenutzten Enzyklopädie machte. Seine Autorität in der abendländischen Kirche war dann so groß, daß man ihm zweieinhalb Jahrhunderte nach seinem Tod die programmatische, kirchenrechtliche Sammlung der *(Pseudo-) Isidorischen Dekretalen* unterschob (vgl. u. S. 101).

Die homöischen Kirchen der Germanen verschwanden noch an der Schwelle zum Mittelalter. Kaiser *Justinian I.* unterwarf sich die Reiche der *Vandalen* (534) und *Ostgoten* (553) und gliederte die westliche Mittelmeerwelt (mit den byzantinischen *Exarchaten* Karthago und Ravenna) seinem Reich ein. Die *Westgoten* bewahrten ihre Selbständigkeit, gingen aber 589 vom homöischen zum katholischen Christentum über; ihr Reich vernichteten im frühen 8. Jahrhundert die muslimischen Araber (vgl. o. S. 44). Zum Untergang des homöischen Christentums hatte auf seine Weise aber auch der Franke *Chlodwig I.* beigetragen, weil er sich diesem (obwohl auch er vom Ostgoten Theoderich umworben worden war) nicht angeschlossen, sondern das *katholische* Bekenntnis angenommen hatte (vgl. u. S. 78). So war nun dieses (und nicht das homöische) mit *dem* Germanenreich verbunden, dem die Zukunft gehören sollte;

und daß die Expansion ihres Reiches, der 534 auch die *Burgunder* zum Opfer fielen, zugleich dem *katholischen Bekenntnis* diente, war den Franken durchaus bewußt (vgl. u. S. 79).

Nach dem Untergang der homöischen Reiche verschwand dieses Bekenntnis dann auch bald im germanischen *Kirchenvolk;* aber noch um 600 gab es zwei Kirchen der homöischen Ostgoten in Rom selbst. Zuletzt blieben nur noch *sprachliche* Spuren zurück, die an diese Phase des Christentums unter den Germanen erinnern: Ins Deutsche wurden *„Pfingsten"* und *„Pfaffe"* durch gotische Vermittlung aus dem Griechischen entlehnt *(pentekostê, papas),* und *„taufen"* geht auf ein genuin gotisches Wort zurück wie auch das später verschwundene, althochdeutsche *„wîh"* *(„heilig"),* das in *„Weihnachten"* und *„Weihrauch"* fortlebt.

2. Das Papsttum in Rom

a) Die Zeit der Ostgotenherrschaft

In den durchgreifenden politischen Veränderungen, die das Abendland seit der zweiten Hälfte des 5. Jahrhunderts erlebte, bildete Rom das Kontinuum: nicht mehr als Machtzentrum (auch wenn die Erinnerung daran lebendig blieb und in die fernere Zukunft wirken sollte), sondern als Sitz seines Bischofs, der im Rahmen der reichskirchlichen *Pentarchie* (vgl. o. S. 11) als *Patriarch des Westens* die geistliche Autorität über alle Katholiken im politisch zerrissenen Abendland innehatte, der aber nun zugleich danach strebte, als *Papst* diese alte kirchenrechtliche Ordnung durch den Anspruch auf den Primat über die *Gesamtkirche* zu überbieten (vgl. u. S. 155). Auf diesem Weg, den das Papsttum ging, erwies sich mancher „Nachfolger Petri" bei allem Anspruch doch nur als schwacher Patriarch seines byzantinischen Kaisers. Aber das Ziel des Weges blieb bewußt, zumal in der Erinnerung an *Leo I.,* den großen Papst des 5. Jahrhunderts, und die schon von ihm machtvoll vertretene Papstidee (vgl. Bd. 3, S. 160-165).

Leos I. übernächster Nachfolger *Simplicius* erlebte das Ende des weströmischen Reiches (vgl. o. S. 51) und auch den Beginn der monophysitenfreundlichen Kirchenpolitik des Kaisers *Zenon,* die zum *Akakianischen Schisma* führte (vgl. u. S. 155). In dieser Zeit des offiziellen Bruchs mit dem Osten herrschte in Rom der nach Leo I. nächste große Papst: *Gelasius I.,* der in Italien das Ostgotenreich *Theoderichs I.* entstehen sah (vgl. o. S. 53) und erneut – nun dem byzantinischen Kaiser *Anastasios I.* gegenüber – Roms Primatsanspruch geltend machte:

41 *Papst Gelasius I. an den Kaiser Anastasios I.(494):* „Es sind zwei, ... von denen diese Welt prinzipiell regiert wird: die heilige Autorität der *Päpste* und die *königliche* Gewalt. Unter diesen haben die Priester ein um so größeres Gewicht, als sie auch für die Könige unter den Menschen bei der göttlichen Prüfung Rechenschaft ablegen müssen ... Wenn die heiligen Priester in Fragen der öffentlichen Ordnung Deinen Gesetzen gehorchen, da sie wissen, daß Dir die Macht von oben gegeben ist, ... wie mußt Du dann denen begegnen, die die Vorrechte ehrwürdiger Geheimnisse für sich in Anspruch nehmen können? ... Wenn sich nun also die Herzen der Gläubigen allen Priestern, die das Göttliche rechtmäßig verwalten, unterwerfen müssen, um wieviel mehr muß dem Vorsteher jenes Stuhls *(in Rom)* Folge geleistet werden, der nach höchstem göttlichen Willen alle Priester überragen sollte und den fortwährend die Pietät der *Gesamtkirche* gepriesen hat!"

Im Gegensatz zum byzantinischen Verständnis der *gemeinsamen* Verantwortung für Staat und Kirche, der *Symphonia* der kaiserlichen Macht und der seiner Patriarchen (vgl. o. S. 11f.), vertritt der Papst hier die andere, abendländische Position, die an *Augustins* Konzeption vom christlichen Staat anknüpft (vgl. Bd. 3, S. 145-148, u. u. S. 155); und in dieser Tradition, die Augustins *Gottesstaat* mit der institutionellen Kirche identifiziert, stellt Gelasius der weltlichen Macht des Kaisers die geistliche des Papstes mit ihrer übergreifenden Verantwortung entgegen. Diese Idee der *Gewaltenteilung* blieb in Rom lebendig, wurde hier später im Blick auf den abendländischen Herrscher vertreten (vgl. u. S. 117f. zu *Nikolaus I.*) und fand dann in der *Zwei-Schwerter-Theorie* des *Petrus Damiani* ihren prägnanten Ausdruck (vgl. u. S. 142).

Gelasius I., dessen Pontifikat also in die Zeit des *Akakianischen Schismas* fiel, sah sich ebenfalls zur Verteidigung der chalzedonensischen Zwei-Naturen-Lehre gegen die monophysitenfreundlichen Tendenzen im Osten genötigt (vgl. o. S. 16f.). In diesem Zusammenhang äußerte er sich auf eine bemerkenswerte Weise zum *Abendmahl,* zu Brot und Wein als Leib und Blut Christi.

42 *Papst Gelasius I., Über die beiden Naturen in Christus:* „Ohne Zweifel sind die geweihten Gaben *(sacramenta)* des Leibes und Blutes Christi, die wir empfangen, (jeweils) *eine* Sache und zugleich *zwei (di-una-res).* Denn wir werden durch sie der *göttlichen* Natur teilhaftig, und sie hören dennoch nicht auf, Substanz oder Natur des *Brotes* und *Weines* zu sein, und ohne Zweifel werden Bild und Gleichnis *(imago et similitudo)* des *Leibes* und *Blutes* Christi in der mystischen Handlung gefeiert."

Das Abendmahl dient ihm hier als Bild für die *Christologie:* Wie Brot und Wein dem Gläubigen Christi Leib und Blut vermitteln (ihn „der göttlichen Natur teilhaftig" machen), ohne daß die Elemente ihre irdische Natur verlieren, so bleibt (sagt Gelasius dann weiter) auch in Christus die *menschliche* Natur neben der *göttlichen* unversehrt. Auch wenn diese Worte über die Abendmahlselemente hier als bloße Argumentationsstütze für die chalzedonensische *Zwei-Naturen-*

Lehre dienen (vgl. Bd. 3, S. 111f.), bleibt doch festzuhalten, daß Gelasius nur deshalb mit ihnen argumentieren kann, weil er die spätere Auffassung einer *Transsubstantiation (Wesensveränderung der Elemente)* noch nicht kennt.

Den umfangreichen literarischen Nachlaß dieses Papstes (Abhandlungen, zahlreiche Briefe und liturgische Stücke), der seinen Nachruhm begründete, vergrößerten Spätere noch: Ein vollständiges *Sacramentarium (Meßbuch)* schuf er, wie lange angenommen wurde, nicht; und auch das nach ihm benannte *Decretum Gelasianum* (ein Kirchenrechtswerk mit einer Liste erlaubter und verbotener Bücher) gehört erst einer etwas späteren Zeit (frühes 6. Jahrhundert) an.

Auf Gelasius I. folgte *Anastasius II.*, in dessen kurzen Pontifikat die folgenreiche Taufe des Frankenkönigs *Chlodwig I.* fiel (vgl. u. S. 77f.), und er hinterließ ein Papsttum, um das sich nun die Mächte in Italien stritten: Gegen einen byzantinischen Kandidaten *(Laurentius)* mußte sich, vom Ostgotenkönig *Theoderich* gestützt, *Symmachus* erst durchsetzen; aber auch er war wieder ein Papst, der dem Kaiser (es war noch immer *Anastasios I.*) selbstbewußt begegnete.

43 *Papst Symmachus an den Kaiser Anastasios I. (ca. 510):* „Vergleichen wir einmal die Ehre des Kaisers mit der Ehre des Bischofs. Der Abstand zwischen beiden ist daran zu messen, daß jenem die Sorge für *irdische* Dinge, diesem die für die *himmlischen* obliegt. Ihr, o Kaiser, empfangt vom Bischof die Taufe, aus seiner Hand nehmt Ihr das Abendmahl. Den Bischof bittet Ihr um sein Gebet, erhofft von ihm seine Segnung, fleht ihn an um Buße. Ihr leitet als oberste Instanz die *menschlichen* Belange – er aber teilt Euch *göttliche* Gaben aus. So ist denn seine Ehre, um nicht zu sagen höher, so doch jedenfalls der Eurigen gleich."

In Italien, wo ein Papst sich solche Worte an die byzantinische Adresse erlauben konnte, waren die homöischen *Ostgoten* mächtiger als der ferne Kaiser. Das hatte zwar des Symmachus Wahl begünstigt, brachte aber auch negative Konsequenzen für das Papsttum, das ganz dem Gotenkönig *Theoderich I.* ausgeliefert war und sich seinen Interessen beugen mußte.

Schon Papst *Hormisdas,* unter dessen Pontifikat das *Akakianische Schisma* 519 endete, zog sich die Feindschaft *Theoderichs I.* zu, der die Sicherheit seines Reiches durch die nun wieder besseren Beziehungen Roms zu Byzanz gefährdet sah (vgl. o. S. 54f.). Schlechter erging es aber seinem Nachfolger *Johannes I.:* Als der Kaiser (es war nun *Justin I.*) in seiner Hauptstadt die Kirchen der gotischen Homöer geschlossen hatte, zwang Theoderich den Papst dazu, als Vermittler nach Konstantinopel zu reisen, und warf ihn, da der erwünschte Erfolg ausblieb, nach seiner Rückkehr in den Kerker, wo er 526 starb. Der König ließ nun *Felix IV.* wählen, und dieser designierte zu seinem Nachfolger dann einen Goten: *Bonifatius II.,* der sich zunächst freilich eines Gegenpapstes *(Dioskur)* zu erwehren hatte. Diese Periode ostgotischer Herrschaft über das Papsttum beendete erst der Gotenkrieg. Um ihn zu verhindern, wurde noch einmal (wieder vergeblich) ein Papst, *Agapet I.*, als Vermittler nach Konstantinopel geschickt; er starb dort 536. Schon Ende desselben Jahres besetzten die Byzantiner Rom und verbannten Agapets Nachfolger *Silverius* nach Syrien.

b) Das Reichspatriarchat der Byzantiner

Es war Kaiser *Justinian I.*, der den Krieg gegen die Ostgoten führte und nach deren Unterwerfung (553) ganz Italien dem byzantinischen Reich einverleibte (vgl. o. S. 55). Vertreten durch seinen *Exarchen (Vizekönig)* in *Ravenna* beherrschte nun er das vom Ostgotenregiment befreite Papsttum, das sich damit wieder ganz in seinen alten Stand als Patriarchat der Reichskirche versetzt sah. In seinem *Corpus Iuris Civilis,* das in seinen kirchenrechtlichen Regelungen die Beschlüsse der früheren Synoden aufgriff, bekräftigte der Kaiser dann auch die alte Ordnung der reichskirchlichen *Pentarchie* (vgl. o. S. 11).

44 *Kaiser Justinian I.,* Corpus Iuris Civilis, Novelle 131,2: „So bestätigen wir entsprechend ihren *(der alten Synoden)* Definitionen, daß der allerheiligste Papst des *Älteren Rom* der erste unter allen Priestern ist, daß aber der allerseligste Erzbischof von Konstantinopel/*Neu-Rom* den zweiten Platz einnimmt nach dem heiligen apostolischen Stuhl des Älteren Rom; all den anderen Stühlen sei er indessen vorangestellt."

Diese Sätze meinten natürlich nicht den von Rom beanspruchten *Jurisdiktions*-Primat über die Gesamtkirche (der sich auf die „Petrus-Nachfolge" stützte und damit *theologisch* begründet wurde), sondern den *Ehren*-Primat, der dem Patriarchen der *älteren* Hauptstadt zukam: im Sinne also einer *politischen* Begründung des Primats, wie schon der Kanon 28 von Chalzedon (451) sagte, den Papst *Leo I.* deswegen nicht anerkannt hatte (vgl. Bd. 3, S. 96f., u. u. S. 155). Die Formulierung des *Corpus Iuris Civilis* blieb also weit hinter dem zurück, was einst *Gelasius I.* dem byzantinischen Kaiser gegenüber vertreten hatte; und auch der Päpste Gelasius und *Symmachus* Sicht vom Verhältnis geistlicher und weltlicher Macht teilte Justinian nicht, der die „hingebendste Sorge um die wahren Dogmen" vielmehr ganz als kaiserliche Pflicht verstand (vgl. o. S. 14) und seinen Anspruch dann auch gegen Rom durchzusetzen wußte.

Wie schwach ein Papst dieser Zeit in den Händen Justinians sein konnte, ein wie hilfloses Werkzeug des Kaisers gerade auch im Streit um *theologische* Entscheidungen, zeigte schon der erste von den Byzantinern 537 eingesetzte Papst *Vigilius* mit seinem halbherzigen Schwanken und widerwilligen Nachgeben im *Drei-Kapitel-Streit* (vgl. o. S. 18), mit dem er dann freilich in seinem eigenen, abendländischen Jurisdiktionsgebiet ein Schisma verursachte.

Im Westen, der sich (wie das *Akakianische Schisma* gezeigt hatte) stets eindeutig für die unverfälscht-ursprüngliche chalzedonensische Zwei-Naturen-Lehre eingesetzt hatte, widersprachen *Nordafrika* und auch die norditalienischen Kirchenprovinzen *Mailand* und *Aquileja* den Beschlüssen der 5. Ökumenischen Synode und trennten sich vom Papst. Dieses inner-abendländische Schisma währte in seinen letzten Resten bis zum Ende des 7. Jahrhunderts und führte zur Entstehung eines weiteren *Patriarchen*-Titels im Westen, der das Ende des Schismas überdauerte: Ihn nahm 557 der Erzbischof von Aquileja als Führer der anti-päpstlichen Opposition an, und 1451 wurde dieser (nun seines oppositionellen Charakters längst entkleidete) Titel nach *Venedig* transferiert, dessen Erzbischof ihn noch heute trägt.

Im Jahre 555 unterstellte Justinian durch einen förmlichen Erlaß jede Amtseinsetzung in Rom der staatlichen Oberaufsicht: Der Tod eines Papstes war dem Exarchen in Ravenna mitzuteilen, die unverzüglich vorzunehmende Neuwahl aber vom Kaiser selbst zu bestätigen. Als Kandidat Justinians also trat 556 Vigilius' Nachfolger *Pelagius I.* sein Amt an, ein Papst, der sich als Begleiter seines Vorgängers im *Drei-Kapitel-Streit* wie dieser verhalten und in Rom deswegen nun einen schweren Stand hatte. Man mag es also als Kompensation seiner schwachen Haltung in Konstantinopel verstehen, wenn er sich jetzt zur päpstlichen Autorität in einer Weise äußerte, die zwar den alten römischen Ansprüchen entsprach, dabei aber Behauptungen aufstellte, die historisch unzutreffend sind, und die zumal angesichts der frischen Erfahrungen mit der 5. Ökumenischen Synode erstaunlich klingen:

45 *Papst Pelagius I. zum Recht, allgemeine Synoden einzuberufen:* „Die Autorität, Synoden einzuberufen, kommt dem *Apostolischen Stuhl* in persönlicher Gewalt zu, und wir lesen nicht, daß irgend eine allgemeine Synode rechtskräftig sei, die nicht durch dessen Autorität einberufen oder gestützt wurde. Diese Autorität ist als *kanonisch* bezeugt, das bestätigt die *Kirchengeschichte,* das bekräftigen die *heiligen Väter.*"

Ungeachtet dieses wieder einmal geltend gemachten Anspruchs blieben Pelagius I. und seine Nachfolger (auch nach Justinians I. Tod) Patriarchen des Kaisers. Der Einfall der *Langobarden* in Italien (568) kündete indessen das Ende der byzantinischen Macht über das Papsttum und auf längere Sicht dessen Hinwendung zu den *Franken* an.

c) Gregor I. der Große

In diese politisch wieder unruhige Zeit (als auch das abendländische Schisma nach der 5. Ökumenischen Synode noch fortdauerte) fiel der Pontifikat eines wieder bedeutenden Papstes: *Gregors I.,* der 590 sein Amt antrat. Dieser stammte aus vornehmem Hause, war hochgebildet, hatte Staatsämter bekleidet und seinem Amtsvorgänger als Diplomat gedient, aber er wurde nicht als Machtpolitiker (wie einst *Leo I.*) „der Große", sondern als wirklich geistlicher Oberhirte, der sich schon lange vor seiner Papstwahl dem Mönchsideal verpflichtet und deshalb nur sehr unwillig den „Stuhl Petri" bestiegen hatte, und der hier nun als „Mönchspapst" und Seelsorger Denken und Handeln auf vorbildhafte Weise miteinander verband. Wie er sich in seinem Amt verstand, lassen Worte einer *Homilie (Predigt)* erkennen, die an die Beschreibung des Tempels in der Vision des Propheten Hesekiel (Kap. 41) anknüpfen:

46 *Papst Gregor I., Homilie über Hesekiel:* „Zwischen der Lade und dem Altar befindet sich ein Schleier, weil das, was uns noch vom Anblick Gottes trennt, das Hindernis unserer Verderbtheit, noch nicht beseitigt ist. Aber solange wir vor dem Schleier stehen, müssen wir wie das Rauchopfer in den Flammen der Liebe brennen; ... wir dürfen nichts Vergängliches suchen."

So sprach dann auch wohl weniger der in seinem eigenen Primatsanspruch verletzte Papst, als vielmehr der bescheidene „Nachfolger Petri", als Gregor mit Leidenschaft seinen Amtskollegen in Konstantinopel angriff, der sich den Titel eines „*Ökumenischen Patriarchen*" gefallen ließ (vgl. u. S. 155f.). Denn Gregor selber sträubte sich dagegen, seinerseits in gleicher Weise tituliert zu werden: Dem Patriarchen von *Alexandria,* der ihn in einem Brief als „*allgemeinen* Papst" („Papa *universalis*") angeredet hatte, erwiderte er:

47 *Papst Gregor I. an den Patriarchen Eulogios von Alexandria (598):* „Das, bitte, möge Eure mir liebenswürdigste Heiligkeit fürderhin nicht tun, weil das, was einem anderen mehr, als es die Sache erfordert, zuerkannt wird, Euch genommen wird. Ich nämlich suche nicht durch Worte Erfolg zu haben, sondern durch Wandel; und ich halte entschieden dafür, daß es keine Ehre ist, wo ich erkenne, daß meine Brüder (damit) ihre Ehre verlieren. Denn meine Ehre ist die Ehre der gesamten Kirche. Meine Ehre ist die uneingeschränkte Gewalt meiner Brüder. Ich selber werde dann wirklich geehrt, wenn jedem einzelnen die schuldige Ehre nicht versagt wird. Wenn nämlich Eure Heiligkeit mich einen ,*universalen* Papst' nennt, bestreitet sie selber das zu sein, was sie mir als dem ,allgemeinen (Papst)' zuerkennt. Aber das sei ferne. Worte, die die Eitelkeit anfachen, mögen unterbleiben, sie verletzen die Liebe."

Nicht nur *Homilien* (über Evangelien- und Hesekiel-Texte) und *Briefe* (fast 900 davon sind erhalten) gehören zum literarischen Nachlaß Gregors, sondern auch umfangreichere Schriften, die von den asketisch-seelsorgerlichen Interessen ihres Verfassers zeugen: ein ausführlicher *Hiob-Kommentar (Moralia in Job)* mit ethischen Anweisungen und Ermahnungen sowie ein *Liber regulae pastoralis (Pastoralregel)*, ein Seelsorge-Handbuch, das er zu Beginn seines Pontifikats für seine Kleriker verfaßte und in dem er dann auch beschrieb, „wie beschaffen ein jeder sein soll, der ein Hirtenamt übernimmt":

48 *Papst Gregor I., Pastoralregel, 10:* „*(Der Kleriker)* muß in allen Stücken ein gutes Vorbild werden, indem er, allen Leidenschaften des Fleisches abgestorben, ein geistliches Leben führt, das Glück der Welt hintansetzt, vor keiner Widerwärtigkeit zurückschreckt und sein Verlangen nur aufs Innerliche richtet. Seinem reinen Willen stehen zu Diensten Körper und Geist; jener darf nicht zu schwächlich sein, dieser nicht schimpflich. Er läßt sich nicht zur Begier nach fremdem Gut verleiten, sondern gibt das seinige her ... In allem, was er tut, erweist er sich so sehr als Vorbild für alle andern, daß er vor niemandem, auch nicht wegen seiner Vergangenheit, zu erröten braucht."

Besondere Erwähnung verdienen auch Gregors I. *Dialoge über Leben und Wunder der italischen Väter:* Sie bieten vor allem die älteste (freilich schon legendenhaft ausgeschmückte) Lebensgeschichte *Benedikts von Nursia* (vgl. u. S. 67); und für die Geschichte der Sakramentstheologie im Abendland bemerkenswert ist es, daß Gregor in ihnen auch den *Meßopfer*-Charakter des Abendmahls vertritt.

49 *Papst Gregor I., Dialoge, IV,58:* „*(Christus)* wird in diesem Mysterium der heiligen Darbringung für uns *aufs Neue geopfert.* Da wird ja sein Leib empfangen, sein Fleisch zum Heil des Volkes ausgeteilt, sein Blut nicht mehr in die Hände der Ungläubigen, sondern in den Mund der Gläubigen vergossen. Daraus also können wir ermessen, was für ein Opfer das für uns ist, das zu unserer Vergebung das Leiden des eingeborenen Sohnes *immer (wieder) nachbildet.* Denn wer von den Gläubigen könnte (daran) Zweifel haben, daß sich eben in der Stunde der Opferung zur Stimme des Priesters die Himmel öffnen, daß in jenem Mysterium Jesu Christi die Chöre der Engel anwesend sind, sich mit dem Höchsten das Unterste verbindet, sich das Irdische mit dem Himmlischen vereint und aus Sichtbarem und Unsichtbarem eines wird?"

Das derart massiv als wiederholtes *Opfer* verstandene Abendmahl kommt nicht nur den Mitfeiernden, sondern auch den im *Fegfeuer* Gequälten zugute: auch dieses eine Vorstellung, die Gregor bereits vorfand, aber erst richtig populär machte. Dieser schlichte *Vulgärkatholizismus,* der auf die Glaubenswelt des breiten Kirchenvolkes einging und sie prägte, begründete dann auch den Nachruhm des frommen Papstes und machte ihn zum *Doctor ecclesiae (Kirchenlehrer),* dem vierten lateinischen nach *Ambrosius, Hieronymus* und *Augustin.* Auch der „gregorianische" Gesang in der römischen Liturgie erinnert an ihn, wenngleich die Tradition ihm hier (wie schon dem Papst *Gelasius I.;* vgl. o. S. 58) zu viel zurechnet; denn wohl war er um liturgische Reformen bemüht, aber ein *Sakramentar (Sacramentarium Gregorianum)* trägt zu Unrecht seinen Namen.

Kirchengeschichtlich bedeutsam aber wurde Gregor der Große schließlich auch da, wo ihn seine beständige Sorge um das Seelenheil der ihm Anvertrauten *missionarisch* tätig werden ließ. Kurz vor Beginn seines Pontifikats hatten sich die bislang homöischen *Westgoten* Spaniens der katholischen Konfession zugewandt (vgl. o. S. 55); Gregor selber sandte nun Missionare zu den *Angelsachsen* und setzte damit eine Entwicklung in Gang, die letztlich zum Sieg der römischen Jurisdiktion über das kirchlich uneinheitliche Britannien führen sollte (vgl. u. S. 73 u. 75), und er förderte auch die katholischen Ansätze unter den ihm viel näher benachbarten *Langobarden,* die ebenfalls noch ihrem alten germanischen Glauben anhingen, zum Teil aber Homöer waren.

d) Der Niedergang der byzantinischen Herrschaft

Die *Langobarden,* die bereits unter *Gregor I.* Rom belagert hatten (592/ 93), bestimmten jetzt immer stärker die Geschichte Italiens und vernichteten schließlich mit der Eroberung Ravennas (751) das Exarchat der Byzantiner (die fortan nur noch Süditalien und Sizilien halten konnten). Die Päpste in diesen Jahrzehnten blieben indessen die Patriarchen des Kaisers, und sie hatten auch weiterhin nach ihrer Amtswahl dessen Zustimmung (bzw. seit dem Ende des 7. Jahrhunderts die seines Exarchen) einzuholen.

Martin I., der sich nicht daran gehalten hatte, wurde nach Konstantinopel verschleppt und starb 655 in der Verbannung auf der Krim. Er war freilich auch dadurch in Ungnade gefallen, daß er auf einer Lateran-Synode den noch zu seiner Zeit in der Reichskirche offiziellen *Monotheletismus* verurteilt hatte, für den einst *Honorius I.* zu gewinnen gewesen war (vgl. o. S. 20). Diesen Papst selber erklärte die *dyotheletische* 6. Ökumenische Synode (680/81; vgl. o. S. 21) zum „Häretiker" und im Anschluß daran noch einmal Papst *Leo II.*

Von den Jahrzehnten des monotheletischen Streites abgesehen, in denen Rom gegen die offizielle byzantinische Kirchenpolitik entschieden die dyotheletische Position des Westens vertrat, standen die Päpste dem Kaiser loyal gegenüber, waren weithin aber auch zu schwach, um ihre Interessen (etwa dem 2. Trullanum von 692 gegenüber; vgl. u. S. 156) wirklich durchsetzen zu können.

Aber auch die byzantinische Herrschaft über Italien wurde schwächer; und in dieser Zeit des späten 7. und frühen 8. Jahrhunderts, in der das Papsttum sich nun feindlichen Aktionen des Exarchen ausgesetzt sah (von ihm hatte sich *Sergius I.* für seine Anerkennung um Geld erpressen lassen müssen) und von den Byzantinern Hilfe gegen den wachsenden Druck der Langobarden (die *Johannes VI.* mit Geld beschwichtigen mußte) nicht mehr zu erwarten war, kündete sich eine neue Periode in der Geschichte des Papsttums an.

Wohin der Weg führen sollte, ließen schon die nächsten Jahrzehnte erkennen: im jetzt von Kaiser *Leon III.* entfachten *Bilderstreit*, in dem sich Rom dem bilderfeindlichen Byzantiner entgegenstellte (vgl. o. S. 22) und ihm überhaupt jede Autorität in kirchlichen Fragen absprach (vgl. u. S. 157). Es war die Zeit, in der *Gregor II.* den Angelsachsen *Winfrith* zum Bischof *Bonifatius* weihte (vgl. u. S. 84) und damit zum Reich der *Franken*, der neuen politischen Kraft im Westen, Verbindungen knüpfte. Er selber freilich ging noch nicht so weit, hier zugleich die Möglichkeit für eine neue, sich nun auf den Westen konzentrierende Politik zu sehen, aber noch vor der Mitte des 8. Jahrhunderts tat es sein Nachfolger: *Gregor III.*, der zwar noch (aber nun als letzter Papst) zu seiner Inthronisation die Zustimmung des kaiserlichen Exarchen eingeholt hatte, dann aber auf einer römischen Synode (731) die Bilderfeinde exkommunizierte und dafür mit dem Verlust seiner auf byzantinischem Boden verbliebenen Kirchengebiete (des „Vikariats Thessalonike", Süditaliens und Siziliens) büßen mußte (vgl. u. S. 157). So war es nur zu verständlich, daß Gregor III. sich nun, erneut von den Langobarden bedrängt, nicht von Byzanz, sondern von jenen Franken militärische Hilfe erhoffte.

50 *Papstgeschichte (Liber pontificalis) zu Gregor III.:* „Zu den Zeiten dieses Papstes ward das Land der Römer unter die Gewalt der verruchten Langobarden und ihres Königs *Liutprand* gebracht. Dieser rückte vor Rom, ... verheerte Campanien und ließ viele vornehme Römer nach langobardischer Weise scheren und kleiden. Da sandte der heilige Vater in seiner großen Bedrängnis ... über die See ins Frankenland, wo damals *Karl (Martell)* das Regiment führte, ließ diesem die Schlüssel zu dem Grab des heiligen Apostelfürsten Petrus überreichen und ihn bitten, Rom aus der Gewalt der Langobarden zu erretten."

In einem Brief, den die Gesandten überbrachten, kleidete der Papst seine Bitte in diese Worte:

51 *Papst Gregor III. an Karl Martell (739):* „(Wir vertrauen darauf), daß Du aus Ehrfurcht vor dem Herrn ein ergebener Sohn des Apostelfürsten Petrus und Unser selbst seiest und daß Du aus Ehrfurcht vor ihm Unserem Ruf folgest und die Kirche Gottes und das auserwählte Volk verteidigst. Denn Wir können die Verfolgungen und Bedrückungen durch den Stamm der Langobarden nicht mehr ertragen ... Was Du nun gegenüber dem heiligen Apostelfürsten Petrus und Uns und dem auserwählten Volk an Liebe und Verteidigungsbereitschaft aufbringst, das sollst Du, mein Sohn, auch von diesem heiligen Apostelfürsten hier und im zukünftigen Leben von unserem allmächtigen Gott empfangen ...; so kannst Du Dir ein langes Andenken und das ewige Leben erwerben."

Diese Gesandtschaft von 739 ging also an den karolingischen *Hausmeier*, der seine militärische Macht bereits gegen die Araber (732 bei Tours und Poitiers) bewiesen hatte und der jetzt (während einer mehrjährigen Vakanz auf dem merowingischen Königsthron) auch offiziell „das Regiment führte" (vgl. u. S. 83). So ist es wohl auch zu erklären, daß Gregor III. ihn im Eingang seines Bittbriefes als „*subregulus*" („*Unterkönig*") anredet, nicht aber (wie für einen Hausmeier sonst üblich) als „princeps" („Fürst") oder „dux" („Herzog"). Bemerkenswert in beiden Quellenzitaten ist die mehrfache Hervorhebung des „Apostelfürsten Petrus", die offenbar auf die gerade unter den germanischen Völkern tief verwurzelte Petrusverehrung zielt; und in eben diesem Sinne, der den Franken dann auch zur Hilfe für den „Nachfolger Petri" verpflichten soll, tut der Papst noch mehr: Er läßt „die Schlüssel zu dem Grab des heiligen Apostelfürsten Petrus überreichen" und vollzieht damit schon jetzt den symbolischen Akt, der den Wechsel Roms von Byzanz zu den Karolingern ausdrückt (vgl. Kap. IV,3a).

Das Hilfsgesuch des Papstes führte zunächst noch nicht zum gewünschten Erfolg (der Franke wurde nur diplomatisch, nicht militärisch aktiv), aber es war auch nur der erste bedeutsame Schritt vor dem nächsten und bedeutsameren, der das Papsttum noch enger mit den Karolingern verbinden sollte: Schon Gregors III. Nachfolger *Zacharias* gab die Zustimmung dazu, daß Karl Martells Sohn *Pippin III.* vom Hausmeier zum König aufstieg (vgl. u. S. 89).

3. Das Mönchtum

Das Mönchtum im Westen war zwar (wenn auch schon früh; vgl. Bd. 3, S. 77-79) aus dem Orient übernommen worden, erhielt aber sehr bald seine charakteristische abendländische Gestalt und wurde zu einem der bedeutsamsten Faktoren in der Geschichte der westlichen Christenheit: Es prägte im Mittelalter das geistige kirchliche Leben, es stellte die Missionare und Theologen, und noch später sollte auch *Martin Luther* aus ihm hervorgehen. Erste Stationen auf diesem Weg waren im Übergang zum Mittelalter (d.h. noch unter der Herrschaft der homöischen Germanen; vgl. Kap. III,1) das *Mönchtum Südgalliens* und die *Benediktus-Regel*.

Das *südgallische* Mönchtum zeigte im ausgehenden 5. Jahrhundert ein buntes Bild.

Auf *Lerinum* (der Inselgruppe Lérins vor Cannes) war um 400 nach orientalischem Vorbild ein eremitisch geprägtes Mönchtum entstanden und bald zu einem Zentrum der Auseinandersetzungen um den *(Semi-)Pelagianismus* geworden (vgl. Bd. 3, S. 156). Dieses Mönchtum strahlte bis *Irland* aus (vgl. u. S. 69f.), und erst recht wurden Lerinums Mönche auf Bischofsstühle des benachbarten *Festlandes* berufen. Hier hatte 415 in Marseille *Johannes Kassian* (gest. 430/35) das „Viktor-Kloster" gegründet: ein im Orient weit gereister Mönch, der wie keiner vor ihm die östlichen Mönchsväter im Abendland bekannt machte.

Aus solchen Anfängen entwickelte sich ein *Klostermönchtum,* das keine festen Regeln kannte, sondern *Mischregeln (regulae mixtae)* benutzte, die nach jeweils eigenen Bedürfnissen zusammengestellt waren und unterschiedlichen Vorlagen folgten; und es gab daneben in großer Zahl die *Gyrovagen:* Mönche, die von Kloster zu Kloster „herumwanderten", ohne sich dauerhaft binden zu wollen. Dieses ungeordneten Mönchtums nahm sich nun auf mehreren südgallischen Synoden die Kirche an und gab ihm festere Formen.

52 *Synode von Agde (506), Kanon 27:* „... Einen Mönch, der ohne Erlaubnis oder Willen seines Abtes in ein anderes Kloster geht, aufzunehmen oder festzuhalten, soll sich kein Abt herausnehmen; wo immer es geschieht, soll (der Mönch) von seinem Abt gemäß den (kirchlichen) Kanones zurückgerufen werden."

38: „... Es ist von den Mönchen auch zu beachten, daß es ihnen nicht gestattet sein soll, sich aus der Gemeinschaft in Einzelzellen zurückzuziehen; allenfalls soll den (im Mönchsleben) Erfahrenen nach verdienter Arbeit, oder wenn es die Schwachheit notwendig macht, von den Äbten die strengere Regel erlassen werden. Das soll dann so geschehen, daß sie innerhalb der Umfriedung des Klosters selbst bleiben, es ihnen dabei aber erlaubt sein soll, unter der Oberaufsicht des Abtes besondere Zellen zu haben."

Die hier geforderte *Ortsbeständigkeit (stabilitas loci),* die fortan für das abendländische Mönchtum charakteristisch sein sollte, und das prinzipielle Verbot von *Einzelzellen* (zugunsten des gemeinsamen Schlafsaales/Dormitoriums) zielen also auf ein streng *koinobitisches* Klosterleben, neben dem es kein legitimes Mönchtum geben durfte. Im gleichen Sinne wurden in diesem 6. Jahrhundert noch weitere Synodalbeschlüsse erlassen, die die Autorität des *Abtes* stärkten und ihn zugleich – wie im Osten schon 451 (vgl. o. S. 24) – der *bischöflichen* Jurisdiktion unterstellten, die den Mönchen jeglichen Privatbesitz verboten und das Kloster insgesamt strenger von der Welt abgrenzten.

Diese Bestimmungen (neben jenen Einflüssen aus dem Mönchtum des Ostens) flossen nun in mehrere Mönchsregeln ein, die zu dieser Zeit (aber noch immer für die Einzelklöster individuell) entstanden: in die Regeln, die der hier besonders tatkräftige Bischof *Caesarius von Arles* (gest. 542/43) seinen Klöstern gab, und in die Regeln anderer, zu denen hier wohl auch der uns nicht mehr namentlich bekannte Verfasser der *Magister-Regel* (s.u.) gehört.

In diesem für das abendländische Mönchtum bedeutsamen 6. Jahrhundert lebte in *Italien* der Mönchsvater, der weit über seine Zeit und Heimat hinaus wirken sollte: *Benedikt von Nursia.* Ihn preist (noch vor 600) der große Papst *Gregor I.* in seinen *Dialogen* (vgl. o. S. 62):

53 *Papst Gregor I., Dialoge, II,36:* „Der Gottesmann glänzte neben den vielen Wundern, durch die er in der Welt berühmt wurde, ebenso auch durch das Wort seiner Lehre. Er schrieb nämlich eine *Mönchsregel,* ausgezeichnet durch weise Mäßigung und verständliche Rede."

Gregors *Dialoge* sind die einzige Quelle zum Leben Benedikts: Wenn auch schon legendenhaft geprägt, lassen sie doch den „historischen Benedikt" noch deutlich erkennen. Als Kind vornehmer Eltern um 480/90 in *Nursia* (Umbrien) geboren, studierte er in Rom, wurde dann aber Mönch und lebte im Gebiet von *Subiaco* (östlich von Rom) zunächst als Eremit, dann als Mönchsvater mit Schülern und als Abt mehrerer kleiner Klöster, bis er, durch Intrigen von dort verdrängt, um 530 ein Kloster auf dem *Monte Cassino* (nordwestlich von Capua) gründete, als dessen Abt er wohl (wie man heute meint) erst um 555/60 starb. Benedikt besaß offenbar nicht die Priesterweihe, wie das Mönchtum in seiner Umwelt überhaupt noch vorwiegend eine Laienbewegung war; und er wirkte (auch auf dem später so berühmten Monte Cassino) in einem sehr begrenzten Rahmen: als bescheidener Abt, zu dessen Lebzeiten noch nichts von seiner künftigen Berühmtheit zu spüren war. Seinen Ruhm begründete erst die *Mönchsregel,* die seinen Namen trägt.

Die *Benediktus-Regel* fußt auf der *Magister-Regel* (s.o.), die wohl im frühen 6. Jahrhundert in Südgallien entstanden war (oder aber in Süditalien; im einzelnen ist sich die gegenwärtige Forschung hier uneins). Jedenfalls steht die Benediktus-Regel in der Tradition, die aus der älteren Mönchsliteratur der Orientalen und Südgalliens schöpft, und sie ist dabei doch insofern eigenständig, als sie ihre viel umfangreichere Vorlage komprimiert und in den Einzelbestimmungen zum Gebrauch über das eigene Kloster hinaus verallgemeinert. Denn hinter ihr steht die Erfahrung eines Mönchsvaters, der bis an sein Lebensende an ihr arbeitete, bis sie in der uns bekannten Form abgeschlossen vorlag: als eine (im Vergleich zu anderen, früheren und späteren Mönchsregeln) umfangreiche Regel, die in 73 Kapiteln alle Fragen des klösterlichen Gemeinschaftslebens, der Ämter und des Gottesdienstes ordnet.

54 *Benediktus-Regel, 8:* „Zur Winterzeit, das heißt vom ersten November bis Ostern, wird man bei vernünftiger Überlegung zur achten Stunde der Nacht *(etwa 2 Uhr morgens)* aufstehen. So können die Brüder etwas länger als die halbe Nacht schlafen und dann ausgeruht aufstehen. Was nach den *Vigilien* an Zeit noch übrigbleibt, sollen die Brüder, die es brauchen, auf das Einüben der Psalmen und Lesungen verwenden. Von Ostern bis zum erwähnten ersten November wird die Zeit, wie folgt, festgesetzt: an die Feier der *Vigilien* schließt sich nach kurzer Pause, in der die Brüder für die leibliche Notdurft hinausgehen können, alsbald die *Matutin* an, die bei Tagesanbruch zu halten ist."

16: „Der Prophet sagt: ‚Siebenmal am Tag singe ich dein Lob' *(Ps 119,164).* Diese geheiligte Siebenzahl erfüllen wir dann, wenn wir zur *Matutin* sowie zur Zeit der *Prim, Terz, Sext, Non, Vesper* und *Komplet* unseren schuldigen Dienst leisten ... Von der Feier der nächtlichen *Vigilien* sagt der gleiche Prophet: ‚Um Mitternacht stehe ich auf, um dir zu lobsingen' *(Ps 119,62).*"

37: (Greise und Kinder) „... Auf ihre Schwäche soll man immer Rücksicht nehmen; für ihre Nahrung gilt in keiner Weise die Strenge der Regel, sondern man nehme liebevolle Rücksicht auf sie und lasse sie schon vor der festgesetzten Zeit essen."

40: „... Zwar lesen wir, der Wein sei überhaupt nichts für Mönche; da man aber die Mönche unserer Zeit davon nicht überzeugen kann, sollten wir uns wenigstens dazu verstehen, nicht bis zur Sättigung zu trinken, sondern weniger; denn ‚der Wein bringt sogar die Weisen zum Abfall' *(Sir 19,2).*"

48: „Müßiggang ist der Feind der Seele. Deshalb sollen sich die Brüder zu bestimmten Zeiten mit *Handarbeit,* zu bestimmten Stunden dagegen mit heiliger *Lesung* beschäftigen."

55: „Man gibt den Brüdern Kleider, die der Lage und dem Klima des Wohnorts entsprechen; denn in kalten Gegenden braucht man mehr, in warmen weniger. Es ist also Sache des Abtes, darauf Rücksicht zu nehmen."

58: „... Vor der Aufnahme verspricht (der Novize) in Gegenwart aller im Oratorium *Beständigkeit, klösterlichen Lebenswandel* und *Gehorsam.*"

Den Kern des Gemeinschaftslebens bilden also der *Gehorsam* (dem Abt gegenüber, der die ihm Anvertrauten als „Stellvertreter Christi" führt und nur diesem Rechenschaft schuldet), der *klösterliche Lebenswandel (conversatio morum* als Leben nach den Vorschriften der Regel) und die *Beständigkeit (stabilitas loci),* die den Mönch lebenslang an sein Kloster bindet und – wie in Südgallien (vgl. o. S. 66) – allem mönchischen „Vagantentum" wehrt. Das Leben des einzelnen in der Klostergemeinschaft vollzieht sich nach genauer Ordnung, die *Handarbeit, Lesung* und *Gottesdienst* berücksichtigt („ora et labora", „bete und arbeite", wurde zum Schlagwort des Benediktinertums), die aber auch an ausreichenden *Schlaf* denkt. Die durchdachte *Genauigkeit* der Regel läßt sich auch an der (nach Jahreszeiten verschiedenen) Festlegung der *Stundengebete* erkennen; und die von Papst *Gregor* gewürdigte „weise Mäßigung" zeigt sich an ihren besonderen Bestimmungen für alte Mönche (und im Kloster lebende Kinder) wie auch an ihrer nachsichtigen Hinnahme des nun einmal im Kloster üblich gewordenen Weingenusses. Die weitere Geschichte des Mönchtums im Abendland sollte freilich zeigen, daß man solche maßvollen Züge der Benediktus-Regel dann auch sehr weit und bis zur Legitimierung eines geradezu luxuriösen Lebens der Mönche auslegen konnte (vgl. u. S. 122).

Berühmt wurde Benedikt von Nursia also erst nach seinem Tode: in seinem Andenken gefördert durch den großen Papst *Gregor I.* (der dann auch Benediktiner-Mönche als Missionare zu den *Angelsachsen* schickte; vgl. u. S. 73), vor allem aber durch die seinen Namen tragende Regel, die eines Tages zu *der* Mönchsregel des Abendlandes werden und Benedikt selber zum „Vater des abendländischen Mönchtums" machen sollte. Den dazu entscheidenden Schritt taten freilich erst die *Karolinger* im 9. Jahrhundert (vgl. u. S. 103).

4. Das Christentum auf den britischen Inseln

Die frühe Kirchengeschichte Englands, Schottlands und Irlands ist durch das Nebeneinander dreier voneinander unabhängiger Kirchen, der *Altbritischen, Iro-Schottischen* und *Angelsächsischen,* geprägt, bis sich letztere nach langem und wechselhaftem Ringen gegen die beiden anderen durchsetzen konnte.

a) Die Altbritische und die Iro-Schottische Kirche

Auf der Hauptinsel hatte es Christen bereits zur römischen Zeit gegeben (vgl. Karte Bd. 2, S. 162f.). Ihre Zahl war aber wieder gesunken, da sich die Besatzungsmacht in den ersten Jahren des 5. Jahrhunderts auf das Festland zurückgezogen hatte, und damit auch der Großteil derer, die das Christentum als Staatsreligion repräsentiert hatten, von der Insel verschwand. Nur Reste dieses älteren Christentums waren zurückgeblieben: in Kreisen der romanisierten Kelten, die nun die *Altbritische Kirche* bildeten.

Diese wurde nun, als um die Mitte desselben Jahrhunderts die noch heidnischen germanischen Stammesteile der *Angeln, Sachsen* und *Jüten* die Insel besetzten, nach Westen (Wales und Cornwall) abgedrängt. Auf diese Weise von der römischen Staatskirche isoliert, deren Teil sie einst gewesen war, ging diese Kirche nun ihren eigenen Weg, der sich auch dahin auswirkte, daß sie der Jurisdiktion des Reichspatriarchats Rom entglitt und nur noch die moralische Autorität des fernen Papstes anerkannte.

Vom romanisierten Britannien ging auch der für die weitere Zukunft (auch des Festlandes) so bedeutsame missionarische Impuls aus, der die Iro-Schotten erfaßte, d.h. die ebenfalls keltischen *Skoten,* die Irland und Schottland bewohnten. Diese Mission, aus der dann die *Iro-Schottische Kirche* hervorging, knüpft sich vor allem an den Namen des *Patricius/ Patrick,* der dann auch zum englischen Nationalheiligen werden sollte.

Patrick (gest. 461 oder ca. 490) stammte aus dem römischen Teil der Hauptinsel, war als Sklave nach Irland geraten und hier (wo es schon Ansätze des Christentums gab) Christ geworden, hatte dann auf das Festland fliehen können und weilte eine Zeitlang im südgallischen Mönchszentrum von *Lerinum* (vgl. o. S. 65). Wohl 432 kehrte er schließlich als Missionsbischof nach Irland zurück.

Unter den Eindrücken, die Patrick in Südgallien erfahren hatte, wurde die *Iro-Schottische Kirche,* die jetzt im 5. Jahrhundert entstand, zur *Mönchskirche.*

Ihre Zentren waren die Klöster, die über ganz Irland hin entstanden. In den Händen ihrer Äbte lag die Leitung der Kirche, und alle Kleriker waren Mönche. Die kirchlichen Jurisdiktionsgebiete dieser Klöster deckten sich mit den traditionellen Grenzen der skotischen Clans; eine organisatorische Verbindung mit der Altbritischen Kirche gab es dabei nicht, und wie diese war auch die Iro-Schottische Kirche von Rom unabhängig.

Die Klöster der Iro-Schottischen Kirche waren nicht nur die Träger der kirchlichen *Organisation,* sondern sie entwickelten sich auch zu Zentren eines bedeutenden *geistigen Lebens* und waren dabei zugleich von einem strengen *asketischen* Geist geprägt.

Auch hier war es offenbar *Lerinum,* das unter dem Einfluß des orientalischen Mönchtums stand und nun den Geist vor allem des *syrischen* Mönchtums nach Irland vermittelte. Denn dieselbe strenge Askese, wie sie für die Syrer so charakteristisch war (vgl. Bd. 3, S. 76), prägte nun auch das Leben der iroschottischen Mönche.

Ein Ausdruck dieser strengen Askese war insbesondere das Ideal der *asketischen Heimatlosigkeit (peregrinatio propter Christum, „ Wanderschaft um Christi willen"),* die man das „grüne Martyrium" nannte: im Rang an zweiter Stelle nach dem „roten" (dem Märtyrertod) und vor dem „weißen Martyrium", dem entsagungsvollen Leben im Kloster selbst. Hier gab es also nicht die strikte *Ortsbeständigkeit (stabilitas loci),* wie sie die Regeln Südgalliens und die *Benediktus-Regel* forderten (vgl. o. S. 66 u. 68), sondern die Vollkommenheit des Mönches erwies sich gerade darin, daß er sein Kloster verließ, so wie es dann auch gegen Ende des 6. Jahrhunderts *Kolumban* tat.

55 *Jonas von Bobbio, Das Leben Kolumbans (643), 4:* „... Lange Jahre hatte *(Kolumban)* im Kloster *(Bangor bei Belfast)* verbracht, dann sehnte er sich selbst nach der *Wanderschaft* und dachte an den Befehl des Herrn an Abraham: ‚Zieh fort aus deinem Land, aus deiner Verwandtschaft und deinem Vaterland und geh in das Land, das ich dir zeigen werde' *(1 Mos 12,1)* ... Kolumban war damals 20 Jahre alt, als er die Reise mit zwölf Gefährten begann. Unter Christi Führung zogen sie zur Meeresküste ... Unter günstigen Winden gelangten sie in rascher Fahrt über die ruhige See an die *britannische* Küste *(Bretagne).* Kurze Zeit hielten sie sich dort auf und erholten sich ... Schließlich entschlossen sie sich, *Galliens* Boden zu betreten und die Lebensart der Menschen sorgfältig und aufmerksam zu erkunden. Sollten sie dort den Samen des Heiles ausstreuen können, so wollten sie einige Zeit verweilen. Sollten sie die Menschen aber

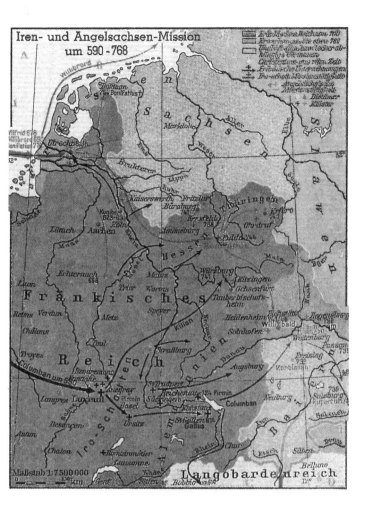

Iren- und Angelsachsen-Mission
um 590 – 768

Maßstab 1 : 7500000

verfinstert und verstockt finden, dann wollten sie zu den benachbarten Völkern weiterwandern. *(5)* So zogen sie von der britannischen Küste nach Gallien. Wegen der zahlreichen äußeren Feinde und auch wegen der Nachlässigkeit der Bischöfe war damals dort die Lebenskraft der Religion fast ganz geschwunden. Nur der bloße Christenglaube war übriggeblieben. Die Heilmittel der Buße, Liebe zur Abtötung fand man dort fast nicht oder nur an ganz wenigen Orten. Überall, wohin der ehrwürdige Mann kam, verkündete er nun das Wort des Evangeliums."

Die *asketische Heimatlosigkeit* ließ sich auf die unterschiedlichste Art realisieren; zu ihren merkwürdigsten Erscheinungen gehörte es, daß man von der Westküste Irlands aus in kleinen Booten auf dem Atlantik herumirrte. Sie konnte aber auch, wie das *Leben Kolumbans* zeigt, den Wandermönch zum *Missionar* machen; und hierin lag die große Bedeutung der Iro-Schotten für die Ausbreitung des Christentums: unter den Skoten und Pikten in *Schottland* (an dessen Westküste 563 das Kloster *Iona* entstand) und unter den *Germanen* auf dem Festland.

Nur einige der iro-schottischen Wandermönche und Missionare seien hier genannt: *Kolumban* selber gründete auf westfränkischem Boden das Kloster *Luxeuil*, wirkte unter den Alamannen am Bodensee und starb schließlich 615 in Oberitalien in seinem Kloster *Bobbio*. Sein Weggefährte *Gallus* (gest. ca. 630) blieb als Einsiedler am Bodensee zurück (aus seiner Zelle entstand zu Anfang des 8. Jahrhunderts das Kloster *Sankt Gallen*), und *Kilian* missionierte am Main, wo er 689 das „rote Martyrium" erlitt. Diese iro-schottische Missionsarbeit wurde so berühmt, daß man später auch solche Missionare für „Iro-Schotten" hielt, die es ihnen gleichtaten, in Wirklichkeit aber vom Festland selbst stammten: wie *Emmeram* (ca. 660/70), *Rupert* (ca. 700), *Korbinian* (gest. 725), die in Süddeutschland wirkten, und *Pirmin* (gest. ca. 755), der das Kloster auf der *Reichenau* (im Bodensee) gründete (vgl. Karte S. 71).

Mit solchen Klostergründungen im *Frankenreich* gaben die iro-schottischen Missionare nun auch hier dem Mönchtum (und dem Christentum überhaupt) Impulse, die weit in die Zukunft wiesen. Denn wie in der Heimat selbst wurden ihre Klöster auch auf dem Festland zu Mittelpunkten des geistlichen und geistig-kulturellen Lebens. Dabei gaben sie zugleich Irlands asketische Strenge weiter: Ihr entsprach eine von *Kolumban* selber verfaßte *Mönchsregel*, die weite Verbreitung fand und lange mit der *Benediktus-Regel* konkurrierte (vgl. u. S. 103); und über das Mönchtum hinaus wirkte der strenge Geist Irlands durch die *Bußbücher,* die die Iro-Schotten aus ihrer Heimat mitgebracht hatten.

Diese *Poenitentialien* waren im 5./6. Jahrhundert entstanden und listeten in kasuistischer Weise alle erdenklichen Verfehlungen mit den ihnen entsprechenden Bußleistungen auf. Als praktische Seelsorge-Handbücher wurden sie nun auch auf dem Festland beliebt, wo man bis in das hohe Mittelalter mit ihnen und an ihnen arbeitete. Das spätere Ablaßwesen, das dann *Martin Luthers* Widerspruch herausfordern sollte, hatte in dieser Buß-Kasuistik eine seiner Wurzeln.

b) Die Kirche der Angelsachsen

Die Anfänge einer Mission unter den *Germanen,* die um die Mitte des 5. Jahrhunderts die Hauptinsel besetzt hatten, gingen nicht von den *keltischen* Kirchen der Altbriten und Iro-Schotten aus, sondern von Rom direkt. Es war der große Papst *Gregor I.* (vgl. Kap. III,2c) selbst, der 597 den Abt *Augustin* mit einigen Mönchen dorthin entsandte. Die Missionare kamen nach *Canterbury,* der Hauptstadt von *Kent,* und konnten noch in demselben Jahr den König *Ethelbert* (560–616) für das Christentum gewinnen.

56 *Beda Venerabilis, Kirchengeschichte Englands (731), I,25:* „Es gab aber östlich bei derselben Stadt eine Kirche, die vor Zeiten zu Ehren des heiligen Martin errichtet worden war, als noch die *Römer* Britannien bewohnten, in der die Königin *(die Fränkin Berta),* die wir oben als Christin erwähnt haben, zu beten pflegte. In dieser also begannen auch sie *(Augustin und seine Gefährten)* selbst zuerst sich zu versammeln, Psalmen zu singen, zu beten, Messen zu lesen, zu predigen und zu taufen, bis sich (wie sie hofften) der König zum Glauben bekehrte und sie eine umfassendere Erlaubnis erhalten würden, allenthalben zu predigen und Kirchen zu erbauen oder wiederherzurichten. Als nun aber eben dieser zusammen mit den anderen über das höchst schickliche Leben der Heiligen entzückt war und über ihre angenehmsten Verheißungen, die sie auch durch den Erweis vieler Wunder als wahr bekräftigt hatten, und nun glaubte und getauft wurde, da begannen viele täglich zusammenzuströmen, um das Wort zu hören und sich, nachdem sie ihrem Stammesritus entsagt hatten, der Gemeinschaft der heiligen Kirche Christi im Glauben anzuschließen."

Dieser erste Missionserfolg, der an die Überreste des ältesten Christentums in Britannien („Martinskirche" bei Canterbury) und auch an christliche Einflüsse am Hof (durch die Königin aus dem Frankenreich) anknüpfen konnte, blieb nicht ohne Rückschläge. Denn nach König Ethelberts Tod machte eine heidnische Reaktion in Kent zunächst wieder alles zunichte. Aber auf Dauer konnte sich das Christentum doch durchsetzen: 617 fand es Eingang in *Northumbrien* (wo auch der König gewonnen wurde) und 635 in *Wessex* (dessen König sich ebenfalls taufen ließ).

Das Christentum unter den Germanen Englands unterschied sich – was für die weitere Zukunft bedeutsam sein sollte – auf zweifache Weise vom älteren der Altbritischen und Iro-Schottischen Kirche. Erstens war es von *benediktinischen* Mönchen gebracht worden (denn *Gregor I.* selber war ein Verehrer Benedikts von Nursia; vgl. o. S. 67), so daß nun hier das Mönchtum im Geiste der *Benediktus-Regel* heimisch wurde. Zum zweiten war dieses vom Papst eingeführte Christentum von seinen Anfängen an eng mit Rom verbunden: Unter seiner Jurisdiktion wurde die Hierarchie der jungen *Angelsächsischen Kirche* errichtet mit Erzbistümern in *Canterbury* (dessen erster Erzbischof Augustin selber wurde) und *York* (für Northumbrien).

Auch aus dieser Kirche gingen nun bald Missionare hervor, die (wie die iro-schottischen vor ihnen) auf dem Festland wirkten. Einer von diesen (wenn auch nicht der erste) war *Egbert* (gest. 729).

57 *Beda Venerabilis, Kirchengeschichte Englands (731), V,9:* „Zu dieser Zeit *(nach 691)* nahm sich der ehrwürdige und mit aller Ehrerweisung zu nennende Diener Christi und Priester Egbert vor, vielen zu nützen, das heißt, im apostolischen Dienst das Wort Gottes irgendwelchen von den Stämmen durch die Verkündigung des Evangeliums zu vermitteln, die es noch nicht gehört hatten. Er wußte, daß es davon in Germanien mehrere Völker gab, von denen *die Angeln oder auch Sachsen, die jetzt Britannien bewohnen, bekanntlich ihre Abstammung und ihren Ursprung herleiten,* weswegen sie bis jetzt vom benachbarten Stamm der Briten als „falsche Germanen" bezeichnet werden. Es sind die Friesen, Rügenslawen, Dänen, Hunnen (Awaren), Alt-Sachsen, Boruktuarier, und es sind sehr viele andere Völker in diesen Gegenden, die bislang heidnischen Kulten dienten, zu denen der genannte Kämpfer Christi, um Britannien herumfahrend, zu gehen beschloß, um vielleicht einige von ihnen dem Satan zu entreißen und Christus übergeben zu können. Oder falls er das nicht schaffte, dachte er nach *Rom* zu gehen, um die Reliquien der seligen Apostel und Märtyrer Christi zu sehen und anzubeten."

Egbert stammte aus Northumbrien, lebte aber in einem Kloster in Irland (in dem Teil, der jetzt zur Angelsächsischen Kirche gehörte; vgl. u. S. 75), mußte also deswegen erst „um Britannien herumfahren". Seine Absicht, möglicherweise „nach Rom zu gehen", zeigt, daß aus der *Rombindung* der Angelsachsen eine *Romverehrung* erwuchs, die erstere natürlich nur noch festigen konnte.

Bemerkenswert aber ist das *Motiv*, das die angelsächsischen Missionare auf das Festland gehen ließ. Die Iro-Schotten mögen als Vorbilder gewirkt und den ersten Anstoß gegeben haben; aber das Mönchsideal der *asketischen Heimatlosigkeit,* das deren Missionsarbeit zugrunde lag (vgl. o. S. 72), kannten die Angelsachsen nicht. An dessen Stelle trat unter ihnen das Bewußtsein, das der Egbert-Bericht deutlich anklingen läßt: nämlich als Germanen zu den Germanen zu gehen, um die noch heidnischen *Stammesverwandten* zum Glauben zu führen.

Tatsächlich ging dann auch Egbert selber zu den *Sachsen,* nicht aber zu den anderen Völkern der Liste, zu denen er „zu gehen beschloß". Weitere angelsächsische Missionare, die unter den Sachsen, aber auch unter *Friesen* und *Dä-*

nen wirkten, waren *Wilfrith von York* (der schon 678 gekommen war), *Willibrord* (seit 690), die *beiden Ewalde* (ebenfalls am Ende des 7. Jahrhunderts) und manche andere.

Ihnen folgte im 8. Jahrhundert schließlich als der Bedeutendste von ihnen allen *Winfrith/Bonifatius* (vgl. Kap. III,5c), der im Frankenreich ganz im Geiste der traditionellen *Rombindung* seiner Angelsächsischen Kirche wirkte und sich als Angelsachse auch um die alleinige Anerkennung der *Benediktus-Regel* im fränkischen Mönchtum bemühte (vgl. u. S. 87).

Inzwischen hatte sich die Angelsächsische Kirche auf den britischen Inseln selbst nun ganz, bzw. mit ersten Erfolgen, gegen die beiden anderen Kirchen durchsetzen können.

Um die Missionierung der noch heidnischen Germanen Englands rivalisierten die *Iro-Schottische* und die *Angelsächsische Kirche* mit wechselnden Erfolgen, die zur mehrfachen Verschiebung der Kirchengrenzen führten (vgl. Karte S. 76). Um die Mitte des 7. Jahrhunderts hatten die Iro-Schotten von Schottland aus den größten Teil Englands gewonnen, während den Angelsachsen nur noch der Süden Englands, dazu aber nun auch die südliche Hälfte Irlands gehörte. Die entscheidende Wende brachte 664 eine Synode in *Streaneshalch/Whitby,* auf der Northumbrien von der Iro-Schottischen zur Angelsächsischen Kirche überging. Die Nordhälfte Irlands verloren die Iro-Schotten noch am Ende desselben Jahrhunderts und zu Anfang des folgenden dann auch Schottland, den Rest ihres Kirchengebietes. So wurden die britischen Inseln schließlich insgesamt der Angelsächsischen Kirche und damit der römischen Jurisdiktion unterworfen; denn ihr schloß sich (über einen längeren Prozeß, der vom 8. bis zum 12. Jahrhundert dauerte) letztlich auch die *Altbritische Kirche* in Wales und Cornwall an, die sich an der Rivalität der beiden anderen nicht beteiligt hatte.

Aus der Christenheit Englands ging der bedeutendste abendländische Gelehrte des 8. Jahrhunderts hervor: *Beda* (gest. 735), dem man den Beinamen des *Verehrungswürdigen* gab.

Beda Venerabilis stammte aus Northumbrien und war hier sein ganzes Leben lang Lehrer in einem Kloster. Er verfaßte Arbeiten zur *Bibelerklärung* wie auch *Traktate* zu verschiedenen Themen (einschließlich der Naturlehre) und (als wichtige Quelle für die frühe Geschichte seiner Kirche) die *Kirchengeschichte Englands* (vgl. Texte **56. 57**). Einflußreich über seine Heimat hinaus wurde er durch seine *Weltchronik* (bis 725), in die er die uns heute geläufige Datierung der Jahre *nach Christi Geburt* aufnahm, die im 6. Jahrhundert der Mönch *Dionysius Exiguus* in Rom entwickelt hatte.

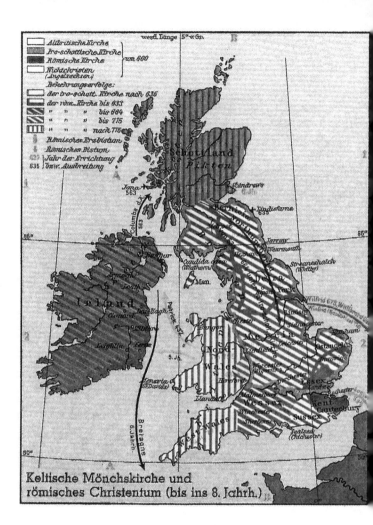

Keltische Mönchskirche und
römisches Christentum (bis ins 8. Jahrh.)

5. Das Reich der Franken

a) Chlodwigs I. Übertritt zum katholischen Christentum

Von zentraler Bedeutung für die mittelalterliche Kirchengeschichte im Abendland sollte das Reich der *Franken* werden; denn hier setzte die Entwicklung ein, die auf das beherrschende Thema „König (bzw. Kaiser) und Papst" und (über unseren Zeitraum hinaus) auf den *Investiturstreit* zulief.

58 *Saliergesetz (8. Jh.), Prolog:* „Der Franken erlauchtes Volk / durch Gott den Schöpfer begründet / tapfer in Waffen / fest im Friedensbund / tiefgründig im Rat, körperlich / edel, von unversehrter / Reinheit, erlesener Gestalt / kühn, rasch und ungestüm / *zum katholischen Glauben bekehrt / frei von Ketzern* ...“

Mit diesen stolzen Worten beginnt der Prolog zum Gesetzbuch der Franken *(Lex Salica),* der also auch an den Übertritt des Volkes zum Christentum *katholischer* Prägung erinnert und damit den König *Chlodwig I. (Chlodovech)* ins Gedächtnis ruft. Dieser hatte als noch heidnisch-*merowingischer* Teilherrscher die Franken (ein Verband mehrerer Germanenstämme im nordwestlichen Gallien) unter seiner Führung geeint und ihr Herrschaftsgebiet vergrößert: durch seinen Sieg zunächst über den römischen Statthalter *Syagrius* (486; vgl. o. S. 51) und einige Zeit später auch über die *Alamannen* am oberen Rhein. In der Entscheidungsschlacht gegen diese aber hatte sich Chlodwig (so jedenfalls deutete man es bald) zugleich für den lange hinausgezögerten Übertritt zum christlichen Glauben entschieden, dem seine Gemahlin *Chlothilde (Chrodechilde)* schon anhing.

59 *Gregor von Tours (gest. 594/95), Geschichtsbücher, I,30f.:* „Die Königin aber ließ nicht ab, in ihn *(Chlodwig)* zu dringen, daß er den wahren Gott erkenne und ablasse von den Götzen. Aber auf keine Weise konnte er zum Glauben bekehrt werden, bis er endlich einst mit den *Alamannen* in einen Krieg geriet: Da zwang ihn die Not, zu bekennen, was sein Herz vordem verleugnet hatte. Als die beiden Heere zusammenstießen, kam es zu einem gewaltigen Blutbad, und Chlodwigs Heer war nahe daran, völlig vernichtet zu werden. Als er das sah, erhob er seine Augen zum Himmel ... und er sprach: Jesus Christ, Chlothilde verkündet, du seiest der Sohn des lebendigen Gottes; Hilfe, sagt man, gebest du den Bedrängten, Sieg denen, die auf dich hoffen – ich flehe dich demütig an um deinen mächtigen Beistand: Gewährst du mir jetzt den Sieg über diese meine Feinde und erfahre ich so jene Macht, die das Volk, das deinem Namen sich weiht, an dir erprobt zu haben rühmt, so will ich an dich glauben und mich taufen lassen auf deinen Namen. Denn ich habe meine Götter angerufen, aber, wie ich erfahre, sind sie weit davon entfernt, mir zu helfen ...' Und da er solches gesprochen hatte, wandten die Alamannen sich und fingen an, zu fliehen. Als sie aber ihren

König getötet sahen, unterwarfen sie sich Chlodwig... Darauf ließ die Königin heimlich den Bischof von Reims, den heiligen *Remigius,* rufen ... Der Bischof aber beschied ihn *(Chlodwig)* ... zu sich und fing an, ihm anzuliegen, er solle an den wahren Gott, den Schöpfer Himmels und der Erde glauben und den Götzen den Rücken wenden ... Jener aber sprach: ‚Gern würde ich, heiligster Vater, auf dich hören, aber eins macht mir noch Bedenken: Das Volk, das mir anhängt, duldet nicht, daß ich seine Götter verlasse ...‘ Als er darauf mit den Seinigen zusammentrat, rief alles Volk zur selben Zeit, ...: ‚Wir tun die sterblichen Götter ab, gnädiger König, und sind bereit, dem unsterblichen Gott zu folgen, den Remigius verkündet‘. Solches wurde dem Bischof gemeldet, und er befahl hocherfreut, das Taufbad vorzubereiten ... Zuerst verlangte der König vom Bischof getauft zu werden. Er ging, *ein neuer Konstantin,* zum Taufbade hin.“

Strittig sind die Daten der Alamannenschlacht (am ehesten 497) und der Taufe Chlodwigs (dann wohl Weihnachten 498). Im hier zitierten, ältesten uns erhaltenen Bericht *Gregors von Tours,* der die Ereignisse aus der Rückschau bereits eines Jahrhunderts ausmalt und wohl nicht mehr in allen Zügen historisch ist, wird immerhin deutlich, wer die treibenden Kräfte waren: *Chlothilde,* die *katholische* Prinzessin der Burgunder (die sonst noch weithin *Homöer* waren; vgl. o. S. 53), und mit ihr zusammen Bischof *Remigius* bewegten den König zur Taufe und damit zur Annahme des *katholischen* Christentums. Diese Entscheidung war es, die ihn in Gregors Augen zum „neuen Konstantin“ machte und es dann auch nahelegte, die Parallele weiter zu ziehen: Wie bei *Konstantin dem Großen* (vgl. Bd. 2, S. 167f.) gründet sich die Entscheidung für den christlichen Glauben auf die sichtbar erfahrene Hilfe in einer wichtigen Schlacht. Der Vergleich mit Konstantin bietet sich aber tatsächlich, wenn auch in einem anderem Sinne an, denn auch *Chlodwigs* Schritt läßt fragen, welche Rolle dabei der persönliche Glaube und welche die (kirchen-)politische Weitsicht spielte (und bei Luthers Landesherrn *Friedrich dem Weisen* wird sich die gleiche Frage ein weiteres Mal stellen). Jedenfalls sollte es sich durchaus als weitsichtig und folgenreich erweisen, daß der Frankenkönig, der auch von der ostgotisch-*homöischen* Mission (vgl. o. S. 53) umworben wurde, das Christentum schließlich in der *katholischen* Form annahm, wie sie auf gallischem Boden längst beheimatet war, und damit in seinem Frankenreich („frei von Ketzern“, wie der Prolog zum *Saliergesetz,* Text 58, sagt) den konfessionellen Dualismus, der die Homöerreiche prägte (vgl. o. S. 53f.), vermied. Denn natürlich folgten dem Vorbild des Königs nun die Franken insgesamt: bestimmt durch dieselbe Gefolgschaftstreue, die sich schon unter den homöischen Germanen gezeigt hatte (vgl. o. S. 53) und die nun auch hier wieder die *individuelle* Annahme des christlichen Glaubens zu einem *kollektiven* Akt machte. „Christianisierung“ konnte damit also zunächst nur den äußeren Sieg des Christentums über das Heidentum meinen, das unter den Getauften dann auch noch lange fortlebte und erst allmählich (und nicht ohne bleibende Reste) überwunden wurde.

Chlodwigs Schritt hatte unangenehme Folgen für das *Homöertum,* das den Frankenkönig (und damit die Franken insgesamt) nicht nur nicht hatte gewinnen können, sondern nun im Zuge weiterer fränkischer Expansion zurückgedrängt wurde: Was der Byzantiner *Justinian I.* mit seinen Siegen über die *Vandalen* und *Ostgoten* besiegeln sollte (vgl. o. S. 55), nahm im Machtbereich der Franken seinen Anfang; und man wußte sich dieser Bedeutung für die Ausbreitung der katholischen Konfession auch unter den anderen Germanenvölkern durchaus zu rühmen:

60 *Theudebert I., König der Franken, an den Kaiser Justinian I. (534):* „Durch Gottes Gnade sind die *Thüringer* glücklich unterworfen und ihre Provinzen erworben ... Infolgedessen hat das Volk der *Nordschwaben* ... uns die Hälse gebeugt; und ebenso sind durch Gottes Gnade die *Westgoten* besiegt. Wir selbst bewohnen den nördlichen Teil Frankiens. Einschließlich der *Sachsen* und *Jüten,* die sich uns freiwillig ergeben haben, erstreckt sich unsere Herrschaft unter Gottes Schutz von der Donau, der Grenze Pannoniens, bis zum Gestade des Ozeans. Und da wir wissen, daß Eure erhabene Hoheit über den Fortschritt des *Katholischen* ... mit vollem Herzen von Freude erfüllt ist, daher geschieht es, daß wir nach Eurem Wunsche das, was Gott uns verliehen hat, in einfachem Bericht mitteilen."

So schrieb Theudebert I. stolz dem byzantinischen Kaiser. Mit dem hier erwähnten Sieg über die *Westgoten* hatten die Franken ihr Reich bis zu den Pyrenäen ausdehnen können (vgl. o. S. 53); *Sachsen* und *Jüten* freilich waren zu dieser Zeit noch nicht unterworfen. Noch in demselben Jahr (534) aber gewannen die Franken *Burgund* und weitere Gebiete in der Folgezeit (vgl. Karte S. 52).

Für die Merowingerkönige im eigenen Lande wurde Chlodwigs Entscheidung für das katholische Bekenntnis insofern folgenreich, als das neue „fränkische Modell" eines konfessionell homogenen christlichen Germanenreiches auch zu einem neuen *Staats-Kirchen-Verhältnis* führte, das nun über mehrere Jahrhunderte hin (weit über den Untergang des Frankenreiches hinaus) die Kirchengeschichte des Abendlandes prägen sollte.

b) Die Kirche im Frankenreich

Die konfessionell einheitliche Kirche im Frankenreich, die nun die alte christliche Bevölkerung Galliens mit den neubekehrten Germanen vereinte, hatte dann auch einen „gallisch-fränkischen" Charakter. Worin dieser sich ausdrückte, lassen beispielhaft die Akten einer zu Paris abgehaltenen Synode erkennen.

61 *Synode von Paris (614):* „Da wir in Gottes Namen und *entsprechend den Satzungen der alten heiligen Väter* auf den *Ruf unseres glorreichen Fürsten, des Königs Chlothar (II.),* in der Stadt Paris zum Synodalkonzil zusammengetreten sind, ... (haben wir beschlossen): ..."

2: „... daß nach dem Tode eines Bischofs nach dem Willen Christi an seiner Stelle derjenige geweiht werden soll, den der *Metropolit, von dem er zu weihen ist,* mit den Mitbischöfen, dem Klerus und dem Volke seiner Bischofsstadt *ohne jede Bestechung* auserlesen hat ...“

„Gallisch“ (im Sinne des genannten Doppelcharakters) war die herkömmliche Ordnung des katholischen, ehedem reichskirchlich-römischen Christentums, wie sie sich in der älteren, romanisierten Bevölkerung mit ihren Bischöfen bewahrt hatte und in der gemeinsamen Kirche nun fortlebte. Dazu gehörte das traditionelle Kirchenrecht („die Satzungen der alten heiligen Väter“) und zunächst auch die hierarchische Gliederung nach Kirchenprovinzen (zu ihrer Entstehung allgemein vgl. Bd. 3, Kap. V), in denen die Bischöfe jeweils ihrem „Metropoliten“ zugeordnet waren. Zum überkommenen Erbe gehörte aber auch die Sprache, in der die Synodalakten abgefaßt wurden: das mit dem katholischen Christentum eng verbundene *Latein,* das den Volkssprachen keinen Raum ließ (vgl. aber u. S. 148f.) und sich unter den *katholischen* Germanen nun als *Kirchensprache* (in Liturgie und Theologie) durchsetzte: Der Typ eines volkssprachlich-*germanischen* Christentums war mit den *homöischen* Kirchen untergegangen (vgl. o. S. 53 u. 56).

„Fränkisch“ aber war die gemeinsame katholische Kirche als *Landeskirche:* Die Synode war „auf den Ruf des Königs“ zustandegekommen, und der König hatte auch ihre Beschlüsse zu bekräftigen. Der Papst in Rom mochte das Ansehen einer fernen *geistlichen* Autorität genießen, aber Machtbefugnisse in der fränkischen Kirche, die des Königs Autorität eingeschränkt hätten, besaß er nicht. Dieses auf den König bezogene *Landeskirchentum,* das der Kirche also staatliche Grenzen zog, widersprach nun freilich auch dem überstaatlichen Charakter der herkömmlichen Metropolitanstruktur, die man zunächst übernommen und noch auf der Synode von 614 vorausgesetzt hatte: Sie verlor, unzeitgemäß geworden, ihre Bedeutung und verschwand bis zum Ende des 7. Jahrhunderts vollständig. An ihre Stelle trat das unmittelbare Gegenüber des Königs zu den Bischöfen seiner Kirche, auf deren Inthronisation er nun um so stärkeren Einfluß nehmen konnte (vgl. u. S. 82).

Im Rahmen des allgemeinen Themas „Kirche und Staat“ (zu dem die Kirchengeschichte ganz unterschiedliche Modelle kennt) stellte die fränkische Landeskirche der Merowinger eine bemerkenswerte Größe dar. Denn mit dieser engen Verbindung von Königtum und Kirche waren jetzt auch im Abendland Verhältnisse geschaffen worden, die (wenn auch die solide Basis einer *politischen Theologie* fehlte) äußerlich denen im Byzantinischen Reich ähnelten (vgl. o. S. 11), lange bevor dann auch im Frankenreich die königliche Autorität in der Kirche ihre *theologische* Legitimation durch das „Gottesgnadentum“ der Karolinger erhielt (vgl. u. S. 90).

Die von den Merowingern beanspruchte Autorität über die Kirche ihres Reiches entsprach dem *Eigenkirchenrecht,* das der einzelne Grundbesitzer auf seinem Boden in der Weise ausübte, wie es auch sehr viel später noch (in karolingischer Zeit) eine römische Synode bekräftigte.

62 *Synode in Rom (826), Kanon 21:* „Ein Kloster oder Bethaus, das nach den Vorschriften der Kirche errichtet worden ist, soll der Gewalt seines *Erbauers* nicht gegen dessen Willen weggenommen werden. Er darf es vielmehr jedem ihm beliebigen Priester der betreffenden Diözese zur Ausübung des heiligen Dienstes Gottes verleihen oder auch einem fremden, der einen ordentlichen Entlassungsbrief besitzt, auf daß nicht ein schlechter (Priester) eingesetzt werde, *mit Zustimmung des Bischofs.* Der Priester soll aber an Gerichtstagen und immer dann, wenn es der Gehorsam vor dem Bischof erfordert, gehorsam bei diesem erscheinen."

Die hier mit dem *Patronatsrecht* des Grundeigentümers verbundenen Anweisungen lassen erkennen, welche Gefahren für die Kirche im Mißbrauch des *Eigenkirchenrechts* lagen. Die Rechte der Kirche konnten zudem dadurch verletzt werden, daß man in ihre *Immunität* eingriff. Worin diese bestand und in welcher Weise man sie mißachten konnte, lassen diese Mahnungen an königliche Beamte erkennen, die der fränkische Mönch *Marculf* in seine (amtlich benutzte) *Formelsammlung* aufnahm:

63 *Marculf, Formelsammlung (2. H. 7./1. H. 8. Jh.), Immunitätsformel:* „Weder ihr *(königlichen Beamte)* ... noch irgendein anderer Vertreter der Staatsgewalt soll zu irgendeiner Zeit, irgendwo in unserem Reiche in eine vom König oder aus privater Großzügigkeit geschenkte oder auch noch in Zukunft zu schenkende Villa dieser Kirche eindringen, um Verhöre vorzunehmen oder aus irgendeinem Grunde Erträge herauszuholen; ihr sollt auch nicht wagen, irgendwelche Quartierleistungen ... in Anspruch zu nehmen."

Mißständen in der Kirche zu begegnen, gab es immer Grund; und auch jene *Synode von Paris* (Text 61) hatte nicht grundlos die Einsetzung eines neuen Bischofs „ohne jede Bestechung" gefordert. Vielleicht hatte man sich dabei auch noch an das erinnert, was sich mehrere Jahre zuvor (591) in derselben Stadt Paris ereignet hatte:

64 *Gregor von Tours (gest. 594/95), Geschichtsbücher, X,26:* „Es starb auch zu dieser Zeit der Bischof ...von Paris. Und obwohl sich sein Bruder ... um das Bistum bewarb, wurde doch ein Kaufmann *Eusebius,* ein Syrer von Geburt, an seiner Stelle eingesetzt, *nachdem er viele Geschenke gegeben hatte;* dieser entfernte, als er das Bistum erhalten, die ganze Dienerschaft seines Vorgängers und setzte Syrer, Leute seines Stammes, zu Dienern in der bischöflichen Wohnung ein."

Im übrigen war es für die Machtverhältnisse in der fränkischen Kirche charakteristisch, daß gerade jener Synodalbeschluß von 614, der allen

Mißständen bei der Bischofswahl hatte begegnen wollen, auch offiziell nicht ohne Einschränkung galt: Der König, der die Synode einberufen hatte, hatte zwar mit einem förmlichen Edikt ihre Beschlüsse sanktioniert, sich zugleich aber die eigenmächtige Berufung von *Adligen* zu Bischöfen vorbehalten (und damit das Herrscherrecht reklamiert, das noch Jahrhunderte später den Kern des *ottonisch-salischen Reichskirchensystems* bilden sollte; vgl. u. S. 123f.). Daß dieser königliche Vorbehalt, der die staatlich-kirchliche Homogenität zu wahren gedacht war, gleichzeitig Gefahren für die kirchliche Ordnung in sich barg, zeigte bereits ein Jahrhundert später der Blick auf die Zustände in offenbar nicht wenigen Bistümern.

65 *Bericht aus dem Jahre 719:* „Es geschieht häufig, daß beim Tode frommer Bischöfe *weltliche* Machthaber den Hirtensitz an sich bringen, so daß oft das Vermögen, das für die Armenpflege bestimmt ist, mehr durch weltliches Gefolge als durch Priester in alle Winde zerstreut wird. Auch wird das angesammelte Gut mehr durch Jagden und das Halten von Hunden und, was viel schwerer wiegt, durch leichtfertige Weiber verpraßt, oder es dient, wenn erst einmal die geistliche Regel zerbrochen ist, unrechtmäßig der weltlichen Leichtlebigkeit von Laien."

Das Königsrecht der Merowinger, Bistümer nach eigenem Ermessen mit Adligen besetzen zu können, führte also dazu, daß nun diese selber nach ihren eigenen Vorstellungen mit den Bistümern und dem Kirchenvermögen verfuhren: in einer Zeit, in der die Aristokratie mächtiger, das Königtum aber schwach geworden war.

Chlodwig I. hatte die Franken zusammengeführt, aber die zentrifugalen Kräfte wirkten weiter: Dreimal wurde unter seinen Nachfolgern die Herrschaft wieder geteilt und geeint, und diese Entwicklung begleitete eine wachsende Macht des Adels in den einzelnen Reichsteilen. Aus ihm erwuchs im frühen 7. Jahrhundert als eine neue, herausgehobene Institution das Amt des *Hausmeiers (maior domus)*, der als „Fürst" (princeps) und „Herzog" (dux) der königlichen Hofhaltung vorstand und das Heer führte. Dieses Amt, das zunächst nebeneinander in den Reichsteilen *Austrien* (Reims), *Neustrien* (Paris) und *Burgund* (Orléans) existierte, vereinten gegen Ende desselben Jahrhunderts die *Karolinger* in ihrer Hand: als Hausmeier nun für das Gesamtreich mit wachsender Macht gegenüber dem König.

Was das königliche Amt jetzt noch bedeutete, beschreibt *Karls des Großen* Biograph *Einhard* (vgl. u. S. 104), der dabei schon den Übergang des *merowingischen* Königtums auf die *Karolinger* im Blick hat, mit bissigen Worten:

66 *Einhard, Leben Karls des Großen (830/36), 1:* „Dem *König* blieb nichts anderes übrig, als sich mit seinem Titel zu begnügen und mit wallendem

Kopfhaar und ungeschnittenem Bart auf dem Thron zu sitzen und den Herrscher zu spielen. Er durfte die Gesandten anhören, die von überall her kamen, und sie dann mit Worten entlassen, die seine eigenen zu sein schienen, die man ihm aber in Wirklichkeit vorgeschrieben und oft sogar aufgezwungen hatte ... Der *Hausmeier* aber besorgte die gesamte Staatsverwaltung und alles andere, was an inneren und äußeren Regierungsgeschäften angeordnet und ausgeführt werden mußte."

Der mächtigste Karolinger im Amt des Hausmeiers und eigentlicher Herr über das Frankenreich war *Karl Martell* (714–741), seit 737 (während einer bis 743 dauernden Vakanz auf dem Merowingerthron) auch offizieller Alleinherrscher. Er führte erfolgreiche Kriege zur Vergrößerung des Reiches im Osten und besiegte die von Spanien aus gefährlich tief eingedrungenen Araber bei Tours und Poitiers (732); und zu seiner Zeit wirkte weit jenseits des Rheins der Angelsachse *Bonifatius,* der dann von *Karlmann* und *Pippin III.,* Karl Martells Söhnen und Nachfolgern, zur Reform der fränkischen Kirche berufen werden sollte.

c) Winfrith/Bonifatius

Für die Kirche des Frankenreiches wurde das Missions-, Organisations- und Reformwerk des Angelsachsen *Winfrith/Bonifatius* in der ersten Hälfte des 8. Jahrhunderts bedeutsam.

In dieser Zeit beherrschten die Franken im Osten, zwischen Rhein und slawischer Grenze an der Saale, bereits fast das gesamte von Germanen besiedelte Gebiet (vgl. Karte S. 71), das freilich noch nicht in die fränkische *Kirchenorganisation* einbezogen worden war. Bistümer gab es nur bis zum Rhein und südlich der Donau (d.h. bis zu den Grenzen des einstigen Römischen Reiches), während alles jenseits gelegene Territorium der Franken als weithin heidnisches Land noch im Vorfeld ihrer Landeskirche lag. Christliche Inseln bildeten hier die Stützpunkte fränkischer Beamter und Militärs aus dem Kernreich, aber es gab auch die einzelnen (ganz unterschiedlichen) Missionserfolge *iro-schottischer* und *fränkischer* Mönche (vgl. o. S. 72). Als Repräsentant der *angelsächsischen* Mission (vgl. o. S. 74f.) aber wirkte nun *Winfrith* im Herrschaftsbereich der Franken.

Winfrith, geboren ca. 672/75 und Mönch nach der *Benediktus-Regel,* hatte bereits 716 unter den *Friesen* gewirkt, ging 718 erneut auf das Festland und zog nach *Rom.* Hier gab Papst *Gregor II.* ihm (da er keinen traditionellen christlichen Namen trug) den Heiligennamen „*Bonifatius*" und beauftragte ihn förmlich mit der Mission unter den Germanen.

67 *Papst Gregor II. an Winfrith/Bonifatius (719):* „Deshalb, weil du in kluger Voraussicht für den frommen Antrieb deines Versuches dir Rat geholt hast bei dem apostolischen Stuhle, damit du auftreten könnest in der Kraft einer fest gefügten Gemeinschaft ..., weisen Wir im Namen der unteilbaren Dreieinigkeit, durch die unerschütterliche Autorität des heiligen Petrus, des Apostelfürsten, dessen Lehramt und Amtsgewalt Wir ausüben und dessen heiligen Sitz Wir verwalten, deinen frommen Glauben an und befehlen, daß du in der Gnade Gottes ... zu allen Völkern, die in dem Irrtum des Unglaubens befangen sind, schleunigst dich aufmachest und den Dienst des Reiches Gottes durch die Verbreitung des Namens Christi ... überzeugend ausdehnst ... Schließlich wollen Wir, daß du bestrebt bist, die Sakramentalordnung aus dem Formelschatz Unseres heiligen apostolischen Stuhles einzuführen, die du zur Weihe solcher brauchst, die mit Gottes Hilfe auf den Weg des Glaubens gebracht sind.“

Bereits drei Jahre später war Bonifatius ein zweites Mal in Rom, erhielt hier jetzt vom Papst die *Bischofsweihe* und legte dazu diesen Eid ab:

68 *Winfrith/Bonifatius, Bischofseid (722):* „Ich, Bonifatius, durch Gottes Gnade Bischof, verspreche Euch, dem seligen Apostelfürsten Petrus und Deinem Stellvertreter, dem seligen Papst *Gregor (II.),* und dessen Nachfolgern ..., alle Treue und Reinheit dem heiligen katholischen Glauben zu beweisen und mit Gottes Hilfe bei der Einheit dieses Glaubens zu bleiben ...; ferner in keiner Weise, wenn jemand gegen die Einheit der gemeinsamen und allgemeinen Kirche redet, damit einverstanden zu sein, sondern ... meine Treue, meine Reinheit und meine Mitwirkung Dir und dem Nutzen Deiner Kirche ... und Deinem erwähnten Stellvertreter und seinen Nachfolgern in allem zu beweisen; aber auch, wenn ich erkenne, daß Bischöfe gegen die alten Anordnungen heiliger Väter leben, mit ihnen keine Gemeinschaft oder Verkehr zu unterhalten, sondern vielmehr, wenn ich es zu hindern vermag, will ich es verhindern, andernfalls sofort getreulich meinem apostolischen Herrn berichten.“

Die *Rombindung* des Missionsauftrages, von der beide Texte sprechen und die nun des Bonifatius Tätigkeit bestimmen sollte, war von seiner Seite durchaus verständlich, da er ja einer Kirche entstammte, die seit ihren Anfängen eng mit dem Papsttum verbunden war (vgl. o. S. 74); und an die damit gegebene *Petrus-Verehrung* erinnert Gregor II. (schon im Missionsauftrag von 719, Text **67**) dann auch ausdrücklich. Ganz unüblich aber war es, daß ein *für die Ferne* bestimmter Bischof (dem im übrigen auch kein fester Sitz zugewiesen werden konnte) vor dem *Papst* den Bischofseid ablegte: nach einem Formular, das eigentlich nur für die *suburbikarischen* Bischöfe in Italien galt, die damit den Papst als ihren *Obermetropoliten* anerkannten; nur die in diesem Formular gleichzeitig enthaltene Treueverpflichtung gegenüber dem *byzantinischen Kaiser* fehlte. Mit seinem Eid unterstellte sich Bonifatius also dem Papst unmittelbar; und diesem bot sich nun die Möglichkeit, in der Person seines Bischofs den *römischen* Einfluß auf einem Missionsfeld geltend zu machen, das die Franken beherrschten, das tendenziell also zu deren *Landeskirche* gehörte, in der die päpstliche Autorität weit hinter der des Königs (bzw. Hausmeiers) zurückstand. Insofern also war es keineswegs selbstverständlich, daß auf fränkischem Boden nun ein Missionar auftrat, der im Gegensatz zu den anderen vor ihm als Bischof des Papstes in *dessen* Auftrag tätig wurde.

Bonifatius missionierte unter *Friesen, Thüringern* und unter den *Hessen,* in deren Lande dann auch die spektakuläre Tat geschah, die den Angelsachsen als Missionar berühmt machte und über die sein zeitgenössischer Biograph *Willibald* berichtet:

69 *Willibald, Leben des Bonifatius (nach 754):* „Er unternahm es ..., eine ungeheure Eiche, die mit ihrem alten heidnischen Namen die „Jupitereiche" genannt wurde, in einem Orte, der *Gäsmere* hieß, im Beisein der ihn umgebenden Knechte Gottes zu fällen. Als er nun in der Zuversicht seines standhaften Geistes den Baum zu fällen begonnen hatte, verwünschte ihn die große Menge der anwesenden Heiden als einen Feind ihrer Götter lebhaft in ihrem Innern. Als er jedoch nur ein wenig den Baum angehauen hatte, wurde sofort die gewaltige Masse der Eiche von höherem göttlichen Wehen geschüttelt und stürzte mit gebrochener Krone zur Erde, und wie durch höheren Winkes Kraft barst sie sofort in vier Teile, und vier ungeheuer große Strünke von gleicher Länge stellten sich, ohne daß die umstehenden Brüder etwas dazu durch Mitarbeit getan, dem Auge dar. Als dies die vorher fluchenden Heiden gesehen, wurden sie umgewandelt, ließen von ihrem früheren Lästern ab, priesen Gott und glaubten an ihn. Darauf aber erbaute der hochheilige Bischof, nachdem er sich mit den Brüdern beraten, aus dem Holzwerk dieses Baumes ein Bethaus und weihte es zu Ehren des *heiligen Apostels Petrus.*"

Wieder ist es ganz selbstverständlich *Petrus,* an den der Angelsachse als den Patron für seine Kirche denkt, die im nahegelegenen *Fritzlar* entstand. Zugleich mag diese Geschichte von der *Donareiche bei Geismar,* die Willibald bereits legendär ausschmückt, ein gar nicht einmal so singuläres Beispiel dafür sein, wie die Missionare ihre Hörer und Zuschauer für den Christenglauben zu überzeugen suchten. In Lebensgefahr übrigens befand sich Bonifatius bei seiner Tat nicht, denn auf der nahen *Büraburg* lag eine fränkische Besatzung.

Der Bischof Bonifatius (der mit diesem Amt das Recht zur Ordination von Priestern besaß) wurde schließlich (732) vom neuen Papst *Gregor III.* auch zum *Erzbischof* erhoben. Damit erhielt er nun die weitergehende Befugnis, auf dem Missionsfeld *Bistümer* zu begründen, und zusätzliche Autorität gab ihm dabei der (ihm anläßlich eines dritten Rombesuchs 737/38 verliehene) Titel eines *päpstlichen „Legaten für Germanien".* Der *Missionar* wurde also zum kirchlichen *Organisator;* und diese seine neue Tätigkeit spiegelt sich dann auch in dem regen Briefwechsel zwischen Bonifatius und den Päpsten.

70 *Papst Gregor III. an Winfrith/Bonifatius (739):* „Du hast Uns außerdem mitgeteilt, daß du zum *Baiernvolke* gekommen seiest und gefunden hättest, daß sie außerhalb der Kirchenordnung lebten, weil sie im ganzen Lande nur einen einzigen Bischof hätten, ... und daß du mit Zustimmung des *Otilo*, des Herzogs der Baiern, und des Adels drei neue Bischöfe für dieses Land geweiht hast und die ganze Landschaft in vier Teile zerlegtest, das heißt in vier Kirchenbezirke, so daß jetzt jeder Bischof seinen Bezirk hat. Das hast du gut und sehr klug getan, mein Bruder, da du die apostolische Gewalt, die du *in Unserer Stellvertretung* besitzest, so wie Wir dir anbefohlen hatten, auch gebraucht hast."

71 *Winfrith/Bonifatius an den Papst Zacharias (741):* „Ich habe drei Bischöfe eingesetzt und das Gebiet in drei Parochien eingeteilt. Ich bitte und wünsche, daß jene drei Orte oder Städte, in denen sie eingesetzt und ordiniert sind, *durch Schreiben Deiner Autorität bestätigt und gefestigt werden.* Als einen Bischofssitz haben wir das *Virzaburg* genannte Kastell bestimmt, als zweiten die *Buraburg* genannte Stadt, als dritten Ort den, der *Erphesfurt* genannt wird, der einst eine Stadt heidnischer Bauern war."

Die in *Gregors III.* Brief (Text 70) genannten vier Bistümer im Lande der (unter fränkischer Oberhoheit noch selbständigen) *Baiern* waren *Regensburg, Freising, Passau* und *Salzburg;* die von Bonifatius 741 erwähnten Bistümer lagen auf *fränkischem* Boden: *Würzburg,* (das später untergegangene) *Büraburg* (nahe Fritzlar, für die Hessen) und *Erfurt* (für die Thüringer); später (745) kam noch *Eichstätt* hinzu. Diese Bistümer waren ausdrücklich „stellvertretend für die apostolische Gewalt", also mit päpstlicher Autorität eingerichtet worden, und dieser Autorität unterstellte Bonifatius die drei Bistümer von 741 (in demselben Brief an *Zacharias*) noch einmal sehr betont. – Kirchliche Zentren auf dem Missionsfeld bildeten zudem mehrere ebenfalls von Bonifatius gegründete *Klöster:* unter ihnen *Amöneburg* (722, in der Nähe des späteren Marburg), das als Stützpunkt für eine Mission bis zu den *Sachsen* diente, und *Fulda* (744), das in späterer, karolingischer Zeit zum bedeutenden geistigen Mittelpunkt wurde (vgl. u. S. 104).

Bonifatius, der mit seiner Kirchenorganisation als päpstlicher Erzbischof und Legat im Vorfeld der fränkischen Kirche gewirkt hatte, trat zu dieser nun in engere Beziehung: im Dienste der kirchlichen *Reform.*

Karl Martell hatte das Amt des Hausmeiers auf seine beiden Söhne *Karlmann* (für die Osthälfte des Reiches) und *Pippin III.* (für die Westhälfte) verteilt, die sich nun nach ihrem Amtsantritt (741) um die fällig gewordene Reform der Landeskirche bemühten und zur Unterstützung Bonifatius herbeiriefen.

Wohl im Jahre 743 (und nicht schon 742) trat eine Reformsynode zusammen (das später so genannte *Concilium Germanicum*), die an einem nicht mehr bekannten Ort unter Karlmanns Autorität tagte. Damit nahm der Hausmeier das in Franken selbstverständliche *Herrscherrecht* in der Kirche wahr (vgl. o. S. 80), aber er unterstützte nun mit dieser Autorität den *päpstlichen* Legaten Germaniens, der die Reform nach römischen Grundsätzen betrieb.

72 *Fränkische Synode von 743 (Concilium Germanicum), 1a:* „Wir haben nach dem Rat der Priester und meiner Großen in den Städten Bischöfe eingesetzt und über sie als *Erzbischof* den Bonifatius bestellt, den Abgesandten des heiligen Petrus."

1b: „Wir haben beschlossen, jährlich eine Synode zu versammeln ..."

3: „Wir haben auch ... verordnet, daß jeder Priester innerhalb seines Bezirks dem Bischof ... untergeordnet sein soll."

7a: „Wir haben auch bestimmt, ... daß keiner (der Priester und Diakone) ein Weib in seinem Hause wohnen lasse."

7b: „Und daß Mönche und Gottesmägde in Klöstern nach der *Regel des heiligen Benedikt* geleitet werden."

Die Verpflichtung des Mönchtums ausschließlich auf die *Benediktus-Regel* blieb, da sie noch im frühen 9. Jahrhundert Thema der Reform war (vgl. u. S. 103), offensichtlich nur ein Programm. *Römischen* Geist zeigt der zitierte Textausschnitt aber besonders in der strikten Forderung des *Zölibats* für alle Kleriker und auch in der *Metropolitanverfassung,* die die von Bonifatius gegründeten Bistümer zu einer Kirchenprovinz unter seiner erzbischöflichen Leitung zusammenführen will. Die *Rombindung* einer solchen Verfassung bestand nämlich darin, daß jeder Erzbischof vom Papst durch die Übersendung des *Palliums* als solcher förmlich anerkannt werden mußte (auch Bonifatius selber hatte es erhalten). Das Amt des Erzbischofs relativierte also die Autorität des fränkischen Herrschers in seiner Kirche, und so setzte sich solche an Rom gebundene Metropolitanverfassung im Frankenreich dann auch nicht durch. Damit blieb also auch diese Reformforderung letztlich nur ein Programm, was sich schon am persönlichen Schicksal des Bonifatius zeigen sollte.

Zwar wurde Bonifatius nach dem Beschluß des *Concilium Germanicum* 747 zum *Erzbischof von Köln* (und damit zum Metropoliten der östlichen Kirchenprovinz) bestimmt, aber Widerstände hinderten ihn daran, dieses Amt anzutreten; dafür wurde er mit der Verwaltung nur des *Bistums Mainz* betraut, doch er zog es nun vor, sich in seinem Kloster in *Fulda* aufzuhalten. Sein Reformwerk endete für Bonifatius also letztlich enttäuschend, und an der fränkischen Kirchenpolitik war er nun nicht mehr beteiligt. Im Jahre 754 (demselben, in dem Papst *Stephan II.* das Frankenreich besuchte; vgl. u. S. 109f.) starb er unter den *Friesen* als Märtyrer und fand seine letzte Ruhestätte in Fulda (sein Grab befindet sich im dortigen Dom).

Daß Bonifatius in den letzten Jahren seines Lebens ins Abseits gedrängt wurde, hatte seinen politischen Grund: *Karlmann,* der ihn und sein Reformwerk unterstützt hatte, war 747 Klostermönch geworden. Sein Bruder *Pippin III.* aber, der die geringeren Sympathien für den Legaten des Papstes gehabt hatte, regelte (nun wieder als Hausmeier für das Gesamtreich) die kirchlichen Verhältnisse in eigener Autorität. So zweifelt denn die heutige Forschung auch daran, daß es wirklich (wie es die *Fränkischen Reichsannalen* wollen; vgl. Text 74) der nun aus der Kirchenpolitik verdrängte und einflußlose Bonifatius war, der den Hausmeier 751 zum König krönte, und man denkt jetzt eher an den inzwischen an seiner Stelle einflußreich gewordenen Bischof *Chrodegang von Metz*.

Der Nachruhm des Bonifatius, des „Apostels der Deutschen", überlebte seinen Mißerfolg in den letzten Lebensjahren, denn er hinterließ auch Bleibendes: das Bewußtsein einer Verbundenheit mit Rom nun auch in der fränkischen Landeskirche. Zwar hatte der Hausmeier (und dann König) *Pippin III.* keine Schmälerung am traditionellen Herrscherrecht in der Kirche hingenommen (und dieses Recht sollte auch noch lange gelten), aber seine Kirche war doch nun auch nicht mehr eine bloß *fränkische*. Äußerlich zeigte sich das schon daran, daß (als Frucht der Reform) die *gallikanische* Liturgie jetzt durch den *römischen* Ritus ersetzt worden war; und in einer späteren Zeit sollte dieses (das fränkisch-lokale übersteigende) *gesamtkirchliche* Bewußtsein angesichts eines schwach gewordenen Königtums noch konkretere Gestalt annehmen (vgl. u. S. 101).

IV. Die Zeit der Karolinger

1. Der König und Kaiser in seiner Kirche

a) Die Entstehung des „Gottesgnadentums"

Das Geschlecht der *Karolinger,* das schon lange unter den Merowinger-königen das Amt des *Hausmeiers* verwaltete und die tatsächliche Macht im Frankenreich innehatte (vgl. o. S. 82f.), bestieg nun selber den Thron. Es war *Pippin* (der dritte Hausmeier dieses Namens), der diesen Schritt tat: im Einvernehmen mit seinem Volk, das ihm huldigte. Damit war zwar dem *fränkischen Königsgesetz* Genüge getan, aber Pippin bemühte sich, um nicht als bloßer Usurpator zu gelten, zugleich um seine förmliche Legitimation durch den *Papst.*

73 *Fränkische Reichsannalen:* „(749) Bischof *Burkhard von Würzburg* und der Kaplan *Folrad* wurden zu Papst *Zacharias* gesandt, um wegen der *(Merowin-ger-)* Könige in Franken zu fragen, die damals keine Macht als Könige hatten, ob das gut sei oder nicht. Und Papst Zacharias gab *Pippin* den Bescheid, es sei besser, den als König zu bezeichnen, der die Macht habe, als den, der ohne königliche Macht blieb. Um die Ordnung nicht zu stören, ließ er kraft seiner apostolischen Autorität den Pippin zum König machen."

Papst Zacharias entschied also im Sinne des *Idoneitäts-Prinzips,* das den für das Amt „Geeigneten" (idoneus) begünstigte und sich damit gegen den aussprach, der sich, auch wenn er das traditionelle Herrscherrecht auf seiner Seite hatte, als der Ungeeignetere erwiesen hatte. Die *Legitimation* des neuen Königs, die er (anders als die Merowinger) nicht aus dem herkömmlichen Recht seiner Familie ableiten konnte, bedurfte indessen auch eines sichtbaren Aktes: Pippin wurde (wie einst Saul und David vom Propheten Samuel) förmlich zum König *gesalbt.*

74 *Fränkische Reichsannalen:* „(751) In diesem Jahre erhielt *Pippin* gemäß der Sanktion des römischen Papstes den Titel ‚König der Franken'. Er wurde von der Hand des Erzbischofs ... *Bonifatius* ... durch die heilige Ölung zu dieser hohen Würde *gesalbt* und nach Frankenbrauch zu Soissons auf den Königs-thron erhoben. *(Der Merowinger) Childerich (III.)* aber ... wurde geschoren und in ein Kloster geschickt. *(753)* ... Im gleichen Jahre kam Papst *Stephan (II.)* zu König Pippin auf den Königshof Quierzy; er bat um Schutz für sich und die römische Kirche gegen die feindlichen Angriffe der *Langobarden* (vgl. u. S. 109f.) ... *(754)* Nachdem Papst Stephan vom König die Zusicherung erhalten hatte, er werde die römische Kirche schirmen, *salbte* er ihn mit heiligem Öle zur ehrenvollen Würde des Königtums und mit ihm Pippins beide Söhne *Karl* und *Karlmann.*"

Pippin III. empfing seine Königssalbung also *doppelt:* zunächst durch die Hand eines seiner Bischöfe (aber wohl nicht durch *Bonifatius;* vgl. o. S. 87f.) und nun noch einmal von dem neuen Papst *Stephan II.* selbst. Durch diese förmliche *Salbung,* die von nun an zum Krönungsritual der Könige in Franken (und dann auch in Ostfranken/Deutschland) gehörte und die jeweils von kirchlichen Amtsträgern gespendet wurde, hatte das Königtum eine neue Dignität gewonnen: Es war nun ein Königtum *von Gottes Gnaden.*

Die *Königstitulatur* in den Urkunden belegt diesen Wandel deutlich. Die Könige aus *merowingischem* Geschlecht, deren Geblütsrecht schon seit der germanisch-vorchristlichen Zeit als *göttlich legitimiert* galt (die also als *Merowinger* das Herrscherrecht besaßen), nannten sich schlicht „rex Francorum vir inluster" („König der Franken, Edelmann"). Der *Karolinger* aber, der als solcher noch nichts galt, erweiterte den Titel zum *„dei gratia (von Gottes Gnaden) rex Francorum vir inluster".*

Das *Gottesgnadentum* ersetzte somit (bei den Karolingern und den ihnen nachfolgenden Dynastien) das *Geblütsrecht,* das die Merowinger besessen hatten: die göttliche Würde ruhte nicht mehr auf dem Herrschergeschlecht (und damit auf der *Person* des Königs), sondern auf dem *Amt.* Mit dieser anders begründeten Legitimation konnten nun auch die Karolinger an die magisch-sakramentalen Vorstellungen anknüpfen, die sich herkömmlich mit dem Königtum verbanden. Denn als Träger seines besonderen Amts-Charisma nahm der König auch jetzt (und jetzt erst recht) eine herausragende Stellung in der göttlichen Weltordnung ein und war damit auch für die *Kirche* in seinem Reich verantwortlich: mit denselben Rechten und Pflichten, wie sie bislang die *Merowinger* ausgeübt hatten. Die *Stellung* des Königs in seiner Kirche änderte sich durch den Dynastiewechsel also nicht, nur ihre *theoretisch-theologische Basis* war eine ganz andere geworden.

Einen neuen Akzent erhielt das Verhältnis des Königs zur Kirche freilich dadurch, daß er sie nun in die *Verwaltung* des Reiches einbezog. Waren die weltlichen Verwaltungsaufgaben unter den Merowingern noch von *Referendaren* (eigens ausgebildeten *Laien*) wahrgenommen worden, so traten an ihre Stelle nun *Kleriker,* die des Königs *Hofkapelle* bildeten. Diese neue Ordnung ergab sich zwangsläufig, weil sich das Bildungswesen, aus dem geeignete Kandidaten für den Dienst in der königlichen Kanzlei hervorgehen konnten, inzwischen ganz auf den *kirchlichen* Bereich konzentrierte; und diese neue Ordnung, die ein noch engeres Verhältnis des Königs zu seiner Kirche begründete und die auch die nachfolgenden Karolinger übernahmen, führte in ihrer weiteren Entwicklung zum *ottonisch-salischen Reichskirchensystem* (vgl. u. S. 123f.).

b) Karl der Große

Karl der Große trat 768 das väterliche Erbe zunächst gemeinsam mit seinem Bruder *Karlmann* an, wurde nach dessen Tod 771 Alleinherrscher der *Franken*, erwarb dazu 774 den Königstitel der *Langobarden* und stieg schließlich zu noch höherer Würde auf, wie sie sich dann in der Herrschertitulatur seiner Urkunden ausdrückte: „Karolus serenissimus *augustus* a deo coronatus magnus et pacificus *imperator Romanorum* gubernans *imperium* qui et per misericordiam dei rex Francorum et Langobardorum" („Karl, erlauchtester *Erhabener*, von Gott gekrönter großer und Frieden stiftender *Kaiser*, der das *Reich der Römer* leitet, und der auch durch die Barmherzigkeit Gottes König der Franken und der Langobarden ist"). Es war also der (römische) *Kaisertitel*, der ihm verliehen wurde, als er zu Weihnachten 800 in Rom weilte. Nach dem offiziellen Bericht geschah dort dieses:

75 *Fränkische Reichsannalen:* „*(801, das neue Jahr hatte am 25. Dezember begonnen)* Als der König gerade am heiligen Weihnachtstag sich vom Gebet vor dem Grab des seligen Apostels Petrus zur Messe erhob, setzte ihm Papst *Leo (III.)* eine Krone aufs Haupt und das ganze Römervolk rief dazu: ‚Karl, dem Erhabenen, dem von Gott gekrönten großen und Frieden stiftenden Kaiser der Römer, Leben und Sieg!' Und nach den lobenden Zurufen wurde er vom Papst *nach der Sitte der alten Kaiser* durch Kniefall geehrt und fortan, unter Weglassung des Titels ‚Patricius', *Kaiser und Augustus* genannt."

Den offiziellen *fränkischen* Bericht über das Geschehen ergänzen mit charakteristischen Nuancierungen zwei weitere: die Darstellung der römischen *Papstgeschichte* und die persönlich gehaltenen Bemerkungen *Einhards*, des Biographen Karls.

76 *Papstgeschichte (Liber pontificalis) zu Leo III.:* „Am Tage der Geburt unseres Herrn Jesu Christi waren alle in der ... Basilika des heiligen Apostels Petrus wiederum versammelt. Und da krönte ihn der ehrwürdige und segensspendende Vorsteher eigenhändig mit der kostbarsten Krone. Darauf riefen alle gläubigen und getreuen Römer, die den Schutz und die Liebe sahen, die er *(Karl)* der römischen Kirche und ihrem Vertreter gewährte, einmütig mit lauter Stimme auf Gottes Geheiß und des heiligen Petrus ... Eingebung aus: ‚Karl, dem Frommsten, dem Erhabenen, dem von Gott gekrönten großen und Frieden stiftenden Kaiser, Leben und Sieg!' Vor der heiligen Confessio des seligen Petrus ist das, unter Anrufung vieler Heiliger, dreimal ausgerufen worden, und von allen ist er als *Kaiser der Römer* eingesetzt worden. Auf der Stelle salbte der heiligste Vorsteher

Das Reich Karls des Großen

und Oberpriester mit heiligem Öl Karl, seinen hervorragendsten Sohn, den König, an demselben Tage der Geburt unseres Herrn Jesu Christi."

77 *Einhard, Leben Karls des Großen (830/36), 28:* „Bei dieser Gelegenheit *(seiner letzten Romreise)* erhielt er den *Kaiser-* und *Augustus-*Titel, der ihm anfangs so zuwider war, daß er erklärte, er würde die Kirche selbst an jenem hohen Feiertage nicht freiwillig betreten haben, wenn er die Absicht des Papstes geahnt hätte. Die Eifersucht der *oströmischen* Kaiser, die ihm die Annahme der Titel schwer verübelten, ertrug er dann allerdings mit erstaunlicher Gelassenheit. Er überwand ihren Widerstand durch seine Großmut – denn in dieser Beziehung stand er weit über ihnen – und indem er ihnen zahlreiche Botschaften sandte und sie in den Briefen immer als Brüder anredete."

Insgesamt lassen die drei unterschiedlich akzentuierten Berichte dieses erkennen:

1. Die traditionelle Titulatur wie auch die Akklamation durch die Bevölkerung Roms deuten darauf hin, daß man sich an den Ritus der alten *römischen* Kaiserkrönung hielt. Das neue Kaisertum war also an *Rom* gebunden, und diese *Rombindung* sollte dann auch die weitere Geschichte des westlichen Kaisertums bestimmen (vgl. u. S. 134). Sie bezog sich nun aber nicht auf die Autorität der „Römer" allgemein, sondern auf die ihres höchsten geistlichen Repräsentanten; denn der *Papst* vergab die *Krone* und spendete die *Salbung,* aber er huldigte auch (was die *Papstgeschichte* verschweigt) dem inthronisierten Kaiser als seinem Herrn. Im übrigen versuchte Karl selber noch, die Rombindung seines Kaisertums zu relativieren: Er nannte sich „Kaiser" (aber nicht „Kaiser *der Römer*"), er wählte nicht *Rom* zu seiner Residenz (kehrte auch nie wieder dorthin zurück), und er machte schließlich seinen Sohn *Ludwig (den Frommen)* ohne den Papst zum Kaiser (vgl. u. S. 98).

2. Der christlichen Kaisertheologie der *Byzantiner* (vgl. o. S. 11), unter denen (über die *konstantinische Wende* hin) das alte *römische* Kaisertum fortlebte, widersprach die Existenz eines *zweiten* Kaisers in der Christenheit, weshalb die „Eifersucht der oströmischen Kaiser", auf die *Einhard* hinweist, also wohlbegründet war. Mit dem (jetzt fortgefallenen) Titel eines „Patricius der Römer" hatten die Karolinger noch formal die Rechte des *einen* (byzantinischen) Kaisers gewahrt (vgl. u. S. 110). Mit dem eigenen Kaisertitel für den *Westen* aber war Karl nun in byzantinischen Augen der „Usurpator", der um seine Anerkennung ringen mußte; und was er selber schon (in *Einhards* Worten) „mit erstaunlicher Gelassenheit" und „durch seine Großmut" betrieb, bestimmte auch die (Heirats-)Politik späterer Kaiser (vgl. u. S. 128 u. 132).

3. Die Initiative zur Begründung eines Kaisertums im Westen ging vom *Papst* aus, der sich damit endgültig von Byzanz emanzipierte (vgl. u. S. 114), während Karl (wenn man *Einhard* folgt) der Akt in der Peterskirche „anfangs zuwider" war. Tatsächlich gab ihm das Kaisertum, auch wenn er es nun im Titel nannte, keine größere Macht, als er sie schon als „von Gottes Gnaden König der Franken" besaß.

Als Herrscher „von Gottes Gnaden" wußte sich Karl für das Reich und seine Kirche in gleicher Weise verantwortlich; und was er dazu an Rechten und Pflichten von seinen Vorgängern in Franken als ganz selbstverständlich übernommen hatte, ließ er sich durch *Augustins Bücher über den Gottesstaat*, seine Lieblingslektüre, immer wieder bekräftigen: die Aufgabe des christlichen Herrschers, die Untertanen seines irdischen Reiches auf das Gottesreich hin zu erziehen (vgl. Bd. 3, S. 147f.). Dementsprechend sah Karl die Kompetenzen zwischen sich und dem Papst als oberstem Bischof klar verteilt:

78 *Karl der Große an den Papst Leo III.:* „*Unsere* Aufgabe ist es, mit Hilfe Gottes die heilige Kirche Christi nach *außen* gegen den Einbruch der Heiden und die Vernichtung durch die Ungläubigen mit den Waffen zu verteidigen und nach *innen* durch Anerkennung des katholischen Glaubens zu festigen. *Eure* Aufgabe ist es, wie Moses *(2 Mos 17,8-13)* mit zu Gott erhobenen Händen unsern Kriegsdienst zu unterstützen."

Das untrennbare Ineinander seiner Verantwortung für die kirchlichen wie weltlichen Dinge brachte dann auch Karls *Pfalzordnung* zum Ausdruck:

79 *Hinkmar von Reims (gest. 882), Pfalzordnung Karls des Großen, I,1:* „Der erste Verwaltungskörper nun, die *königliche Pfalz*, war zum Besten der Gesamtverwaltung so gegliedert, daß über allem und jedem der Herrscher mit seiner Gemahlin und seiner hochedlen Nachkommenschaft stand und Beamte sich der geistlichen, weltlichen und materiellen Bedürfnisse anzunehmen hatten, und zwar der *Apokrisiar* der kirchlichen Angelegenheiten. Sein Amt entstand zu der Zeit, als Kaiser *Konstantin (der Große)* Christ wurde. Nach seiner Übersiedlung nach Konstantinopel hatten die Apokrisiare als Prokuratoren des römischen Stuhles und der übrigen bedeutendsten Bischofssitze über die kirchlichen Angelegenheiten zu wachen. Die Päpste ließen dieses Amt bald durch Bischöfe, bald durch Diakone verwalten ... Nachdem bei uns in den Landen jenseits der Alpen König *Ludwig (Chlodwig I.)* ... getauft worden war, begaben sich unter ihm und seinen Nachfolgern ... von Zeit zu Zeit heilige Bischöfe von ihren Sprengeln weg an seinen Hof und erledigten die Geschäfte eines Apokrisiars. Von *Pippin (III.)* und *Karl (dem Großen)* an besorgten sie ... öfter Priester und Diakone als Bischöfe ... Der Apokrisiar oder Kaplan und Kustos der Pfalz, wie er bei uns heißt, hatte die Leitung über den gesamten Hofklerus. Ihm war der *Erzkanzler* beigegeben, der einst Sekretär hieß."
I,3: „... Dem Apokrisiar ... oblag die ständige Obsorge über alle kirchlichen Angelegenheiten und Personen, während der *Pfalzgraf* sich aller weltlichen Dinge und Streitsachen anzunehmen hatte."
II,1: „Dem zweiten Verwaltungskörper oblag ... die Sorge für den Stand des ganzen Reiches. Nach damaligem Brauch fand zweimal im Jahr ... ein *Reichstag* statt. Auf dem einen regelte man die Angelegenheiten des ganzen Reiches für das laufende Jahr ... Zu diesem Reichstag erschienen alle Großen der *Kirche* und des *Laienadels.*"

Angesichts der von Karl betriebenen Reformen (vgl. u. S. 102f.) war ferner die Institution der *Königsboten (missi dominici)* von Bedeutung. Diese, die jeweils zu zweit (ein *geistlicher* und ein *weltlicher* Würdenträger) durch die Lande zogen, hatten für die Durchsetzung der Anordnungen Karls im einzelnen zu sorgen und anhand eines langen Fragenkatalogs alles Reformbedürftige zu reformieren: auch hier im Ineinander der Verantwortung für den weltlichen und kirchlichen Bereich, da die beiden Boten entsprechend ihrer *Anweisung* jeweils für beides gemeinsam zuständig waren.

80 *Anweisung für die Königsboten (803), 19:* „Ihnen obliegt es, im Bereiche Unserer und der Rechtsprechung der Kirchen Gottes und für Witwen, Waisen, Kinder und alle anderen Menschen alle notwendigen Anordnungen zu treffen. Verbesserungsbedürftiges sollen sie nach allen Kräften zu bessern sich bemühen. Was sie aber selbst nicht verbessern können, sollen sie Uns persönlich vorlegen lassen."

Die Interessen des Reiches und seiner Kirche trafen sich auch in der *Heidenmission,* die Karl mit staatskirchlichem Nachdruck betrieb. Das bekamen vor allem die *Sachsen* zu spüren, die Karl erst nach 30jährigem Kampf (772–804) dem Reich und der Kirche einverleiben konnte. Der Sachsenherzog *Widukind* mußte sich 785 taufen lassen; und auch sein Volk war nur (wie eine entsprechende *Verordnung* zeigt) mit harten Gesetzen für das Christentum zu gewinnen:

81 *Verordnung für die Gebiete Sachsens (775–799), 7:* „Wenn einer den Leib eines verstorbenen Menschen nach heidnischem Brauch durchs Feuer verzehren läßt und seine Gebeine zu Asche verbrennt, so soll er mit dem Tod bestraft werden."
8: „Wenn einer hinfort im Volk der Sachsen ungetauft sich versteckt ... und Heide bleiben will, der soll des Todes sterben."
19: „Ebenso beschloß man, ... daß alle Kinder innerhalb eines Jahres getauft werden sollen."
22: „Wir befehlen, daß die Leiber der christlichen Sachsen auf die Friedhöfe der Kirche und nicht zu den Grabhügeln der Heiden gebracht werden."

Zur gleichen Zeit griffen fränkischer Staat und fränkische Mission auch auf die *Südslawen* über, wo sich (im Alpengebiet) bereits um die Mitte des 8. Jahrhunderts der Fürst der *Karantaner* in Anlehnung an die Baiern hatte taufen lassen. Karls Sieg über die *Awaren* (Ende des 8. Jahrhunderts) weitete das Reich nun bis zur mittleren Donau (Pannonien) und setzte unter den hier lebenden *Slowenen* die Mission in Gang, die im Süden auch die *Kroaten* erreichte.
Zur Sicherung der fränkischen Macht im eroberten Land bediente sich

Karl der *Kirchenorganisation,* die er (wie dann auch seine Nachfolger) beständig ausweitete.

Die rechtsrheinischen Gebiete verteilten sich herkömmlich auf die Kirchenprovinzen *Trier, Köln* und *Mainz;* und die beiden letzteren wurden nun (Ende des 8. und im 9. Jahrhundert) um neue Bistümer erweitert: Zu Köln kamen *Bremen, Minden, Münster* und *Osnabrück;* Mainz erhielt *Verden/Aller, Paderborn, Hildesheim* und *Halberstadt.* Zur Mission unter den Slawen wurde *Salzburg* zum Erzbistum erhoben (798); es teilte sich diese Aufgabe mit seinen Suffraganbistümern *Regensburg* und *Passau* sowie mit dem (ebenfalls im Reich gelegenen) Erzbistum *Aquileja.*

Daß Karl es für seine Pflicht hielt, auch in den *theologischen Auseinandersetzungen* der Kirche Stellung zu beziehen, bewies seine Haltung zum byzantinischen *Bilderstreit* und zur Frage des *„Filioque"* im Text des Glaubensbekenntnisses (vgl. u. S. 105f.). Dabei zeigen die Daten seiner Entscheidungen (*vor,* bzw. *nach* 800) zugleich, daß die Autorität des *Königs* Karl, mit der er auch gegen Rom die eigene Position durchsetzte, nicht etwa geringer als die des *Kaisers* war.

Nicht nur für die Theologie und das kirchliche Leben in seinem eigenen Reich wußte sich Karl als Herrscher „von Gottes Gnaden" verantwortlich, sondern weit darüber hinaus auch für die Christen unter *nichtchristlicher* Herrschaft, als deren Schutzherrn er sich verstand.

82 *Einhard, Leben Karls des Großen (830/36), 27:* „Ganz besonders lag Karl die Unterstützung der Armen am Herzen und jene uneigennützige Freigebigkeit, die von den Griechen mit dem Wort „Almosen" bezeichnet wird. Er übte diese Tugend aber nicht nur in seinem eigenen Vaterland und Reich, denn sobald er sicher wußte, daß die Christen in *Syrien, Ägypten* und *Afrika,* in *Jerusalem, Alexandria* und *Karthago* in Armut lebten, schickte er ihnen aus Mitleid mit ihrer Lage regelmäßig Geld über das Meer. Vornehmlich aus diesem Grunde warb er um die Freundschaft der Fürsten jenseits des Meeres, damit er den unter ihrer Herrschaft lebenden Christen Erleichterung und Hilfe zukommen lassen könnte."

In dieser Absicht pflegte er, weit über sein eigenes Reich hinausblickend, enge Kontakte zu (dem uns aus den Erzählungen der *Tausendundeinen Nacht* wohlbekannten) *Harun ar-Raschid* (786–809), dem mächtigen und den ganzen Orient beherrschenden Kalifen der in Bagdad residierenden Abbasiden-Dynastie. Daß die wohlwollende Reaktion dieses Herrschers, dessen Reich dem der Franken kulturell wie an Macht weit überlegen war, Karl ehrte, vergißt sein Biograph *Einhard* dann auch nicht zu erwähnen:

83 *Einhard, Leben Karls des Großen (830/36), 16:* „Seine Beziehungen zu König *Harun* von Persien ... waren so freundschaftlich, daß dieser *Karls* Gunst der

Freundschaft aller anderen Könige und Machthaber der Erde vorzog und ihn allein seiner Ehrerbietung und Geschenke für wert hielt. König Karl hatte Gesandte mit Opfergaben zum Heiligen Grab und zum Orte der Auferstehung unseres Herrn und Heilands geschickt. Als diese dann vor Harun erschienen und ihm die Wünsche ihres Herrn mitteilten, gewährte er ihnen nicht nur alle Bitten, sondern schenkte Karl auch die Herrschaft über diesen heiligen und gesegneten Ort. Mit den zurückkehrenden Gesandten schickte Harun dann auch seine eigenen Boten mit, die neben Stoffen, Parfums und anderen orientalischen Schätzen teure Geschenke überbrachten. Einige Jahre vorher hatte ihn Karl um einen *Elefanten* gebeten, und Harun hatte ihm damals seinen einzigen geschenkt."

Schon unter *Pippin III.* hatte es (zwischen 765 und 768) einen einmaligen Gesandtschaftswechsel mit dem abbasidischen Kalifat gegeben, dessen Zweck uns freilich nicht bekannt ist. *Karl der Große* intensivierte diesen diplomatischen Verkehr (797–807), wobei er auch an der Erweiterung seines Ansehens über den Westen hinaus interessiert war: Hierfür sprechen die kostbaren Ehrengeschenke des Kalifen, vor allem der *Elefant,* um den Karl selber gebeten hatte. In seinen Bemühungen um die Christen im Orient nahm er zugleich Kontakte zum *griechisch-orthodoxen Patriarchat Jerusalem* auf, wo sich die Lebensbedingungen unter islamischer Herrschaft (zu ihnen allgemein vgl. o. S. 46f.) gegen Ende des 8. Jahrhunderts verschlechtert hatten. Der Patriarch, der vom *byzantinischen* Kaiser keine Hilfe erwarten konnte, mochte auf den Herrscher des Westens und seine guten Verbindungen mit dem Kalifat einige Hoffnung setzen, über deren Erfüllung uns freilich nichts Sicheres bekannt ist. Zugestanden wurde vom Kalifen freilich (da zeigt sich ein *drittes* Interesse Karls am Gesandtenaustausch), daß sich abendländische Pilger, Mönche und Nonnen an den Heiligen Stätten sammeln konnten, um hier (wo auch Karls Vorbild David gewirkt hatte) für den christlichen Herrscher des Westens zu beten. In der Zeit *Ludwigs des Frommen* endeten dann diese Kontakte der Karolinger zu den Abbasiden-Kalifen.

c) Die späteren Karolinger

Ludwig der Fromme, Karls des Großen einziger überlebender Sohn, erbte 814 das Gesamtreich. Ihn hatte der Vater schon 813 zum *Mitkaiser* ernannt und ihn dabei (in Aachen) aufgefordert, sich die Kaiserkrone eigenhändig aufzusetzen (vgl. o. S. 94); und ihm hinterließ er das, was er selber stets als Pflicht des christlichen Herrschers verstanden hatte, ausdrücklich als Vermächtnis.

84 *Fränkische Reichsannalen:* „(814) … Der Kaiser (wandte sich) vor allen geistlichen und weltlichen Würdenträgern an seinen Sohn, legte ihm zunächst ans Herz, Gott den Allmächtigen zu lieben und zu fürchten, in allem seine Gebote zu beobachten, *die Kirche des Herrn zu leiten* und sie gegen böse Menschen zu schirmen."

Der Sohn, dem diese Mahnung galt, war indessen kein zweiter Karl: Er erbte das große Reich mit der unbegrenzten königlichen und kaiserlichen Autorität auch in den Angelegenheiten der Kirche, nicht aber die zupakkende Tatkraft und das Selbstbewußtsein seines Vaters.

85 *Thegan von Trier, Leben Kaiser Ludwigs (837/38), 20:* „Alles tat er mit Klugheit und Vorsicht, nichts ohne Überlegung, nur daß er vielleicht seinen Räten mehr vertraute als nötig war: Daran aber war seine Beschäftigung mit dem *Psalmengesang* und sein anhaltendes *Lesen* schuld..."

Dieses geteilte Lob seines zeitgenössischen Biographen bestimmte dann auch das Urteil der Nachwelt. Die *einen* sahen in Ludwig *dem Frommen* den schwachen Nachfolger, der die ihm überkommene Herrschermacht über das Reich und seine Kirche relativierte: durch äußere Ergebenheitsbeweise, die ihm (später) seinen Beinamen gaben, und zu denen es auch gehörte, daß er seine Kaiserkrönung 816 (in Reims) durch Papst *Stephan IV.* wiederholen ließ. Der *Rombindung* des Kaisertitels, die *Karl der Große* nicht zu akzeptieren bereit gewesen war, widersprach Ludwig letztlich also nicht, der 817 auch seinen Sohn *Lothar* die Kaiserkrone sich selber aufsetzen ließ, es dann aber hinnahm, daß auch diese Krönung (823 in Rom) nachgeholt wurde. Auch seine Haltung in der *Bilderfrage* (vgl. u. S. 106) mochte die enttäuschen, die ihn an seinem hier viel energischeren und selbstbewußteren Vater maßen. Aber „mit Klugheit und Vorsicht" handelte Ludwig auch, und er war (was die *anderen*, die ihn beurteilten, herausstellten) nicht weniger energisch in seinem Eifer um die *kirchliche Reform*. Denn hier verwirklichte er Ansätze, die *Karl der Große* nicht mehr hatte verfolgen können, und auch das *geistige Leben* zu seiner Zeit blühte (vgl. u. S. 103f.).

Ludwig verknüpfte Königtum und Kirche dadurch, daß er dem *Privilegienwesen* neue Inhalte gab, noch enger miteinander. Die bisherige Ordnung, daß Bischofskirchen und Klöstern die (vor staatlichen Eingriffen schützende) *Immunität* verliehen werden konnte, erweiterte er durch die zusätzliche Gewährung des *Königsschutzes,* der zunächst eine besondere *Fürsorge* meinte, zugleich aber auch *Eigentumsrechte* des Herrschers an diesen Bischofskirchen und Klöstern begründete.

Ihnen überließ Ludwig noch die freie Bischofs- und Abtswahl und verlangte nur den jeweiligen *Treueid.* Spätere Könige aber konnten auf dieser neuen Rechtsbasis die Wahlen in ihren Bistümern und Klöstern direkter beeinflussen und eigene Kandidaten einsetzen lassen: Der Begriff „*Reichskirche*" hatte also einen neuen Inhalt bekommen, und nach *Pippins III.* Einrichtung der *Hofkapelle* (vgl. o. S. 90f.) war dieses nun ein weiterer Schritt zum späteren *ottonisch-salischen Reichskirchensystem* (vgl. u. S. 123f.).

Ludwig der Fromme, der erst dritte Karolinger auf dem Königsthron und zweite Träger des Kaisertitels, war bereits der letzte Herrscher über das Gesamtreich, das unter seinen Söhnen nun und für alle Zukunft zerbrach.

Schon zu Ludwigs Lebzeiten kam es zum blutigen Kampf mit seinen Söhnen, den er so grausam führte, daß er, „der von Gott geweihte Kaiser", sich 822 (zu Attigny) der öffentlichen Kirchenbuße unterwerfen mußte; und nach seinem Tode führte die offen gebliebene Frage der Nachfolge zum Krieg unter den Brüdern, die 843 (im Vertrag von Verdun) das Erbe in die Teilreiche *Westfranken*, *Ostfranken* (unter *Ludwig dem Deutschen*) und das dazwischenliegende *Lotharingien* aufgehen ließen. Dieses Zwischenreich (das sich von der Nordsee bis Italien erstreckte) wurde schon 870 auf die beiden Nachbarn verteilt, so daß aus dem Karolingerreich *Karls des Großen* letztlich *Frankreich* und *Deutschland* als die Haupterben hervorgingen.

Die *Idee* des Einheitsreiches freilich blieb unter den Herrschern, die gemeinsam der *Karolinger*-Dynastie angehörten, wach. Sichtbares Zeichen für sie war der *Kaisertitel*, der unter den Karolingern der Teilreiche herumwanderte (dabei aber jetzt nicht mehr bedeutete als einst der leere Königstitel der späten *Merowinger*), bis er in der ersten Hälfte des 10. Jahrhunderts schließlich erlosch (vgl. u. S. 123).

Politisch also war die Periode der *Spätkarolinger* eine Zeit fortschreitenden Verfalls: nicht nur bedingt durch die anhaltende Rivalität der Karolinger untereinander, sondern auch durch Feinde von außen. Seit dem späten 8. und mit wachsender Intensität im 9. Jahrhundert fielen *Wikinger* von Skandinavien aus in England und tief in das westfränkische Gebiet ein; von Süden her griffen gleichzeitig die *Araber (Sarazenen)* die Mittelmeerküsten an und besetzten Teile Italiens; und in der ersten Hälfte des 10. Jahrhunderts stießen die *Ungarn* von der Pannonischen Tiefebene aus mehrmals weit nach Westen vor. Zu dieser Zeit aber war im *ostfränkischen* Reich mit dem Tode *Ludwigs des Kindes* (911) die karolingische Dynastie bereits erloschen.

Für die in dem einen *Kaisertitel* noch festgehaltene Idee des christlichen Einheitsreiches traten (neben dem Reichsadel) vor allem die Repräsentanten des höheren Klerus ein, die auch, wo es ein schwaches Königtum zu stützen galt, politische Schlüsselpositionen einnahmen: so im *Westfrankenreich* die Erzbischöfe von *Reims, Hinkmar* (gest. 882; vgl. u. S. 107) und *Fulko* (gest. 900), und der Abt *Hugo von St. Martin* zu Tours (gest. 886), sowie im *Ostfrankenreich* der Erzbischof *Hatto I. von Mainz* (gest. 913) als Vormund *Ludwigs des Kindes*, des letzten ostfränkischen Karolingers. Es gab aber auch Stimmen, die nach der *Unabhängigkeit* der Kirche vom weltlichen Regiment riefen und damit nicht erfolglos blieben. Im *Ostreich* zwar verstanden es *Ludwig der Deutsche* und seine Nachfolger, ihr Königsrecht in der Bischofs- und Abtswahl auszuüben, die schwächeren Könige des *westfränkischen* Reiches aber verloren dieses alte Recht bis zum Ende des 9. Jahrhunderts. Die hier starke bischöfliche Opposition brachte dann auch das Dokument hervor, das dem Streben der Kirche nach Unabhängigkeit programmatischen Ausdruck gab: die *(Pseudo-)Isidorischen Dekretalen.*

86 *(Pseudo-)Isidorische Dekretalen (ca. 850):* „Um der Vergewaltigung durch weltliche Machthaber, vor allem der Vertreibung so zahlreicher Priester von ihren Amtssitzen, zu steuern, bin ich ermahnt worden, diese alten Gesetze zu sammeln. ... Keine Synode, die nicht durch die *Autorität des apostolischen Stuhles* berufen und bestätigt ist, kann gültig sein. Das bezeugt die Autorität der Kanones, das bekräftigt die Geschichte der Kirche, das bestätigen die heiligen Väter ...“

(Papst Anaklet, 1. Jh.:) „Auf Befehl des Erlösers haben die Apostel angeordnet, daß in allen Sachen von größerer Wichtigkeit und Schwierigkeit die Bischöfe an den apostolischen Stuhl appellieren sollen ...“

(Papst Alexander I., ca. 110:) „Es ist dem heiligen apostolischen Stuhle, dem als dem Oberhaupt die Entscheidungsgewalt über besonders wichtige Rechtsfälle und alle kirchlichen Fragen vom Herrn selbst überantwortet ist, berichtet worden, daß gewisse Gegner der heiligen Kirche und Christi es wagen, Gottes Priester vor weltlichen Gerichten zu verklagen, während vielmehr der Apostel befiehlt, Rechtsfälle der Christen vor die Gemeinde zu bringen und dort zu erledigen ...“

(Papst Pius I., ca. 150:) „Unzüchtiges Leben ist eine schwere Sünde, aber noch schwerere Sünde ist es, geistliches Gut zu berühren; denn wer unzüchtig lebt, begeht Sünde nur gegen sich selbst, wer aber die Kirche bestiehlt, sündigt wider Gott.“

(Papst Marcellinus, gest. 304:) „Der Kaiser darf nichts tun, was wider die evangelischen, prophetischen und apostolischen Regeln wäre ...“

Diese *Dekretalen* wollen von einem *Isidor Mercator* zusammengestellt sein (der wohl an *Isidor von Sevilla*, vgl. o. S. 55, denken lassen soll) und enthalten gefälschte, verfälschte, aber auch echte Rechtssätze („decretalia“) von (z.T. legendären) Päpsten und Synoden. Ihre papstfreundliche, gegen die bestehende reichskirchliche Ordnung gerichtete Tendenz, mit der sich die Bischöfe vom Königtum emanzipieren wollen, ist deutlich. Dieses Dokument, dem man auch die *Konstantinische Schenkung* (vgl. u. S. 112f.) beigab, wurde zur am weitesten verbreiteten Kirchenrechtssammlung des Mittelalters. Bedenken gegen ihre Echtheit hatte schon *Hinkmar von Reims;* endgültig als Fälschung erkannt wurde sie erst in der Neuzeit.

2. Theologie und kirchliches Leben

a) Allgemeine Bildung, Klöster und Gelehrte

Um die allgemeine Bildung in seinem Reich sorgte sich schon und mit besonderem Nachdruck *Karl der Große*, der – wie sein Biograph *Einhard* berichtet – dabei mit eigenem Beispiel voranging.

87 *Einhard, Leben Karls des Großen (830/36), 25: „Latein* verstand und sprach er wie seine eigene Sprache. *Griechisch* konnte er allerdings besser verstehen als sprechen ... Die Sieben Freien Künste *(Grammatik, Dialektik, Rhetorik, Geometrie, Arithmetik, Musik, Astronomie)* pflegte er mit großem Eifer, achtete seine Lehrer sehr und erwies ihnen große Ehrbezeugungen ... Auch versuchte er sich im *Schreiben* und hatte unter seinem Kopfkissen im Bett immer Tafeln und Blätter bereit, um in schlaflosen Stunden seine Hand im Schreiben zu üben. Da er aber erst verhältnismäßig spät damit begonnen hatte, brachte er es auf diesem Gebiet nicht sehr weit."

Karl unterhielt an seinem Hof eine *Palastschule,* die zum Vorbild für die Kloster- und Domschulen wurde, die im ganzen Reich entstanden, und auch dieses Bildungswesen unterstand der Kontrolle durch seine *Königsboten* (vgl. o. S. 96). In die breite Schicht der *Laien* aber sollten vor allem die Priester wirken, die dann auch, um ihr Amt antreten zu können, einem genau formulierten Katalog von Mindestanforderungen gerecht werden mußten.

88 *Prüfungsfragen für Geistliche:* „Im Palaste des Königs ist es bestimmt worden, daß Geistliche nicht ohne Prüfung ordiniert werden sollen. *(Prüfungsfragen:)* *(1)* Ich frage euch, ihr *Priester,* wie ihr den katholischen Glauben zu bewahren vermeint, ob ihr das Glaubensbekenntnis und das Gebet des Herrn wißt und versteht. *(2)* Wie wißt und versteht ihr eure Kanones? *(3)* Wie wißt und versteht ihr das Buch der Kirche über die Buße? *(4)* Wie versteht und kennt ihr die Messe nach römischer Weise? *(5)* Könnt ihr das Evangelium lesen und andere Menschen, die nichts davon wissen, unterweisen? *(6)* Wieweit versteht ihr die Predigten der Kirchenväter und könnt andere darüber unterrichten? *(7)* Wieweit könnt ihr nach römischem Ritus in feierlicher Form den Gottesdienst absingen? *(8)* Was wißt und versteht ihr von der Taufe? *(9)* Die *Kanoniker* frage ich, ob sie den Kanones entsprechend leben oder nicht. *(10)* Euch aber, ihr *Äbte,* frage ich, ob ihr die Mönchsregel kennt und versteht und ob eure Untergebenen nach der *Regel des heiligen Benedikt* leben oder nicht und wieviele von ihnen die Regel kennen, wieviele davon sie verstehen."

Kenntnisse also wurden verlangt, die zur sachgemäßen Verrichtung des *Gottesdienstes,* aber auch für *Predigt, Unterricht* und *Seelsorge* (Buße) notwendig waren und ferner das *Kirchenrecht* (Kanones) einschlossen. Die hier besonders genannten „Kanoniker" waren Priester, die an den Kirchen nach fester Ordnung gemeinsam lebten, ohne förmlich Mönche zu sein.

Wenigstens das *Vaterunser* und das *Glaubensbekenntnis* (in der Volkssprache) auswendig zu können, verlangte man auch von den *Laien,* wie dann auch andere Stücke (Taufgelübde, Gloria, Sündenverzeichnisse und Beichtformeln) in das *Althochdeutsche* übertragen wurden und es bereits Ansätze zu einer althochdeutschen *Bibelübersetzung* gab.

Wo in den *Prüfungsfragen* schließlich auch die *Äbte* angesprochen sind, wird als maßgebliche Mönchsregel die *Benediktus-Regel* genannt; konkurrenzlos galt sie zur Zeit Karls des Großen freilich noch nicht.

Die *Benediktus-Regel* war vor allem durch die *Angelsachsen* (vgl. o. S. 73f.) im Frankenreich verbreitet worden, aber es galten hier noch andere Mönchsregeln (vor allem die *Regel Kolumbans;* vgl. o. S. 72), die sich auch (wie im Mönchtum *Südgalliens;* vgl. o. S. 66) zu *Mischregeln* verbanden. Diese Vielfalt zugunsten der *Benediktus-Regel* zu vereinheitlichen, hatte bereits – unter maßgeblicher Beteiligung des Angelsachsen *Bonifatius* – das *Concilium Germanicum* (743) beschlossen (vgl. o. S. 87). Aber in die Tat umgesetzt hatte man diesen Beschluß noch bis zum Tode *Karls des Großen* (814) nicht.

Erst *Ludwig dem Frommen* gelang es, die lange betriebene Reform des Mönchtums wirklich durchzuführen: Auf mehreren Synoden (Aachen 816, 817, 818/19) wurden alle Mönche und Nonnen des Reiches auf die *Benediktus-Regel* verpflichtet, und sie wurden – um die Beschlüsse auch umzusetzen – in die monastische Ordnung dieser Regel *eingeübt.*

Diesem Zweck diente das Musterkloster *Inden (Kornelimünster* bei Aachen), zu dessen Abt der Kaiser *Benedikt von Aniane* (gest. 821) berief, und in das nun nach und nach Mönche aus dem ganzen Reich zur Einübung in das benediktinische Mönchtum geschickt wurden; und um diesem Programm den nötigen Nachdruck zu geben, machte Ludwig den Abt Benedikt zugleich zum Oberaufseher über alle Klöster im Reich. Damit fand jetzt die Entwicklung ihren Abschluß, die im 6. Jahrhundert mit *Benedikt von Nursia* begonnen hatte und dazu führte, daß alle Mönche in der westlichen Christenheit als „Söhne Benedikts" galten und dieser selbst als der „Vater des abendländischen Mönchtums" schlechthin.

Das Interesse des Herrschers an der einheitlichen Ausrichtung gerade des *Mönchtums* wird angesichts der Bedeutung verständlich, die dieses als Stütze der karolingischen Königsmacht längst gewonnen hatte. Denn zum höheren Klerus, der die Reichsverwaltung trug (vgl. o. S. 90 u. 95), gehörten auch die Äbte. Sie leisteten mit dem Volk auf ihrem Klosterbesitz den Heeresdienst und unterhielten in ihren Klöstern die Ausbildungsstätten (die oben erwähnten Klosterschulen), in denen auch das königliche Verwaltungspersonal heranwuchs. Denn längst war dieses Mönchtum nicht mehr bildungsfeindlich-asketisch gestimmt (wie weithin das *orientalische*), sondern seine Klöster waren jetzt Stützpunkte des geistigen Lebens. In ihnen wurde nicht nur die *christlich*-antike, sondern auch die antike *klassische* Tradition gepflegt, der man sich nun, da vom „Heidentum" keine Gefahr mehr drohte, ganz unbefangen zuwenden konnte. Im Rahmen der Geschichte des Mönchtums insgesamt betrachtet, hatte die Entwicklung also auch hier zu einem zukunftsweisenden Ergebnis geführt: Einst auch im Protest gegen Kultur und Zivilisation am Rande der Gesellschaft angesiedelt, war das Mönchtum nun (als die tragende Kraft im Blick auf beides) in das Zentrum der Gesellschaft eingerückt.

Die großen Namen, die diese mit dem Mönchtum verbundene Bildung im 9. Jahrhundert repräsentierten, können hier nur in Auswahl genannt werden: *Alkuin* (gest. 804), als Angelsachse Karls des Großen führender Gelehrter, Leiter der Hofschule in Aachen und zuletzt Abt des „Martin-Klosters" in Tours (vgl. Bd. 3, S. 79), das er zum Zentrum des geistigen Lebens im *westfränkischen* Bereich machte; im *Ostfrankenreich* das Kloster *Fulda* (von Bonifatius gegründet; vgl. o. S. 86), in dem Karls Biograph *Einhard* (gest. 840; vgl. Texte **66. 77. 82. 83. 87**) seine Bildung erhalten hatte und wo wohl auch der altsächsisch geschriebene *Heliand* entstand (die als germanisches Heldenepos gestaltete Evangelienharmonie nach dem Vorbild von *Tatians Diatessaron;* vgl. Bd. 2, S. 63). Abt von Fulda war *Hrabanus Maurus* (gest. 856), der bedeutendste Gelehrte des Abendlandes im 9. Jahrhundert („Praeceptor Germaniae", „Lehrer Deutschlands", wie *Philipp Melanchthon* im 16. Jahrhundert) und schließlich Erzbischof von Mainz (vgl. u. S. 107). Einer seiner Schüler war *Walahfrid Strabo* (gest. 849), Bibelkommentator und Dichter, Prinzenerzieher am Hof in Aachen und schließlich Abt auf der ebenfalls berühmten *Reichenau.* In diese spätere karolingische Zeit gehören auch die Namen der Mönche, die sich um theologische Fragen stritten (vgl. u. S. 107-109); und in diesen letzten Jahrzehnten, in denen Königsmacht und kirchliches Leben verfielen (vgl. o. S. 100), wirkte auch *Johannes Scotus Eriugena* (gest. 877), der (was nun nicht mehr selbstverständlich war) Griechisch konnte, der griechische Autoren ins Lateinische übertrug und sich dabei auch um die Rezeption des *(Pseudo-)Dionysius Areopagita* (vgl. o. S. 31f.) verdient machte: Er verbesserte eine schon ältere lateinische Übersetzung seiner Schriften, kommentierte sie und wirkte so mit an dem Einfluß, den Dionysius dann später auf die abendländische *Mystik* haben sollte.

Man hat diese Zeit blühenden geistigen Lebens in der Rückschau als *karolingische Renaissance* bezeichnet, was freilich problematisch ist, weil damit (im Blick auf den „Renaissance"-Begriff im Übergang zur Neuzeit) Falsches assoziiert wird; denn es ging in dieser karolingischen Zeit nicht um eine *Wiedererneuerung* der Antike als Vorbild für ein neues Lebensgefühl. Man nahm vielmehr – soweit man sich auch um die

„heidnischen" Autoren bemühte – die antiken Bildungselemente zusätzlich in das geistige Leben des Abendlandes auf, verlieh ihnen damit freilich Kontinuität und gründete insofern auch auf sie diese frühe Blütezeit des europäischen Mittelalters.

b) Theologische Auseinandersetzungen

Die hier zu nennenden Auseinandersetzungen um vier theologische Themen verteilen sich (nach ihrer zeitlichen wie auch theologiegeschichtlichen Einordnung) deutlich auf zwei Gruppen: Zu Karls des Großen Zeit selbst ging es in den Fragen der *Bilderverehrung* und des *„Filioque"* im größeren Rahmen um theologische Gegensätze des Westens zum Osten, während der Streit um *Prädestination* und *Abendmahlsverständnis* in der zweiten Hälfte des 9. Jahrhunderts genuin abendländische Themen berührte.

Die *Bilderverehrung* hatte man im Osten auf der 7. Ökumenischen Synode von Nizäa (787) legitimiert (vgl. o. S. 23f.), und im Sinne der stets bilderfreundlichen Haltung Roms begrüßte Papst *Hadrian I.* diesen Synodalentscheid. Dem aber widersprach *Karl der Große,* der sich zur Bilderfrage ein ausführliches fränkisches Gutachten vorlegen ließ, das er sich persönlich zu eigen machte; und diese *Karolinischen Bücher* verwarfen die 7. Ökumenische Synode samt ihrem Beschluß.

89 *Karolinische Bücher (Libri Carolini, 791):* „Wir erkennen die sechs heiligen und allgemeinen Konzilien an, die wegen der Angriffe verschiedener Irrlehren von den heiligen und verehrungswürdigen Vätern abgehalten wurden. Darum verwerfen Wir alle neuen Reden und geschwätzigen Erfindungen ... und so auch die Synode, die wegen der schamlosen Lehre von der *Anbetung* der Bilder in *Bithynien (Nizäa)* stattgefunden hat. Deren Aufzeichnungen sind *im Wortlaut, der jedes klaren Ausdrucks und jedes Sinnes entbehrt,* zu Uns gelangt. Wir sind gezwungen, gegen die Irrtümer dieser Synode zu schreiben, damit sie ... durch den Ansturm Unserer mit der Autorität der göttlichen Schriften gewappneten Feder vertrieben werden und damit die von Uns mit Gottes Hilfe zusammengestellte Lehre der heiligen Väter den ... Feind, der von Osten kommt, im Westen niederschlage."

Karl war in seiner schroffen Abweisung der 7. Ökumenischen Synode das Opfer einer schlechten lateinischen Übersetzung des Synodalbeschlusses geworden („im Wortlaut, der jedes klaren Ausdrucks und jedes Sinnes entbehrt"). Sie verwischte die dort säuberlich beachtete Unterscheidung zwischen einer zu verwerfenden *Anbetung* und legitimen *Verehrung* (vgl. o. S. 24), weil sie beide Begriffe unterschiedslos mit dem lateinischen *„adoratio"* *(„Anbetung")* wiedergab. Einer „schamlosen Lehre von der *Anbetung* der Bilder" hatte man in Nizäa ja ausdrücklich widersprochen!

Karl der Große ließ seinen *Karolinischen Büchern* noch eine förmliche *Synode in Frankfurt* (794) folgen.

90 *Metzer Annalen:* „(794) Man feierte das Osterfest zu *Frankfurt,* und dort wurde eine große Synode der gallischen, germanischen und italienischen Bischöfe zusammengerufen in Gegenwart des genannten Fürsten *(Karl)* und von Gesandten des Herrn Papstes *Hadrian (I.)* ... Dort wurde zum drittenmale die Irrlehre des *Felix (von Urgel, s.u.)* verworfen. Diese Verurteilung trugen sie unter der Autorität der heiligen Väter in ein Buch ein, das alle Priester mit eigener Hand unterzeichneten ... Die *Pseudosynode der Griechen,* die sie fälschlicherweise die *siebente* nannten und um der *Anbetung von Bildern* willen veranstalteten, wurde von den Bischöfen verworfen."

Die fränkische Kirche beharrte freilich nicht lange auf ihrer Bilderfeindschaft. Schon *Ludwig der Fromme* wandte sich von der schroffen Haltung seines Vaters ab (Synode von Paris 825) und kam dem Papst entgegen. So setzte sich die im Kirchenvolk ohnehin praktizierte Bilderverehrung schließlich auch offiziell durch.

Der zu Frankfurt (794) ebenfalls verurteilte Bischof *Felix von Urgel/Spanien* (gest. 816/18) vertrat in der Christologie eine Position, die der des altkirchlichen *Adoptianismus* entsprach (vgl. Bd. 3, S. 21).

Karl der Große hatte im Bilderstreit übrigens noch als *König* entschieden, bedurfte also in seiner Verantwortung auch für die Theologie in seiner Kirche nicht erst des *Kaiser*-Titels, um sich gegen Rom durchzusetzen (vgl. o. S. 94f.). Es beruhte also nicht auf einem etwaigen Autoritätszuwachs, als er jetzt (nach 800) ein zweites Mal ähnlich verfuhr und auf einer Synode zu Aachen (809) die Einfügung des „*Filioque*" in das Glaubensbekenntnis bestätigen ließ.

Seit dem Ende des 6. Jahrhunderts kannte man in Spanien den 3. Artikel des *Nizäno-Konstantinopolitanum* von 381 (vgl. Bd. 3, S. 63) in erweiterter Form: „Und an den heiligen Geist ..., der vom Vater *und dem Sohne* (ex patre *filioque*) ausgeht ..." Hierin drückte sich das *abendländische* Verständnis der göttlichen Trinität aus (vgl. z.B. zu *Augustins* „immanenter Trinität" Bd. 3, S. 115), zumal das Interesse an der uneingeschränkten Gottheit Christi, und so war schon vor Karls des Großen Herrschaftsantritt diese Erweiterung des Bekenntnisses in die *fränkische* Kirche übernommen und von den Hoftheologen verteidigt worden. Der *Papst* dagegen folgte zwar den theologischen Argumenten der Franken, widersetzte sich aber mit Nachdruck einer Veränderung des offiziellen Bekenntnis-Wortlautes, bis nach zwei Jahrhunderten das „*Filioque*" schließlich doch Eingang in die römische Meßliturgie fand, sich somit in der gesamten abendländischen Kirche durchsetzte und dann als ganz selbstverständlich auch von den Kirchen der *Reformation* übernommen wurde. Für die *östlich-orthodoxe* Kirche gehörte (und gehört bis heute) die Veränderung des sakrosankten Bekenntnistextes zu den Hauptvorwürfen gegen das Abendland (vgl. u. S. 160) bis in das ökumenische Gespräch der Gegenwart hinein (vgl. Bd. 10, S. 155).

Zum Streit um die Frage der *Prädestination* gab – nun inzwischen in spätkarolingischer Zeit – der sächsische Grafensohn *Gottschalk* (gest. 867/69) Anlaß, der in Fulda Schüler des *Hrabanus Maurus* (vgl. o. S. 104) gewesen war und eine *doppelte* Prädestination vertrat.

91 *Bekenntnis Gottschalks (849):* „Ich glaube und bekenne, daß Gott der Allmächtige und Unwandelbare die heiligen Engel und die erwählten Menschen in seiner Voraussicht aus Gnaden zum ewigen Leben *vorherbestimmt* hat und *ebenso* den Teufel, den Herrn aller Dämonen, zusammen mit allen seinen Abtrünnigen und den verworfenen Menschen, seinen Gliedern, wegen ihrer zukünftigen bösen Taten, die er *ganz genau vorhersah,* in einem völlig gerechten Urteil zum verdienten ewigen Tod."

Gottschalk wußte sich damit der Erwählungslehre *Augustins* (vgl. Bd. 3, S. 137f.) verpflichtet, deren Grundsatz (Gottes Vorherbestimmung der Erwählten) die Konsequenz einer *doppelten* Prädestination der Sache nach bereits einschloß. Gefährlich aber war es, daß Gottschalk das (was *Augustin* selber nicht getan hatte) nun ganz vorbehaltlos und offen vertrat. Denn wenn man dem Volke sagte, daß Gott die bösen Taten vorhergesehen und Heil oder Unheil vorherbestimmt hätte, mußte jeder ethische Anspruch der Kirche vergeblich und ihre ganze Bußpraxis unnötig sein. So reagierte sie dann auch schnell.

Gottschalk wurde zunächst 848 auf einer *Synode zu Mainz* (unter *Hrabanus Maurus,* der hier jetzt Erzbischof war) verurteilt und dann noch einmal durch eine westfränkische Synode (*Quierzy* 849), vor der er das oben zitierte Bekenntnis ablegte. Man bestrafte ihn mit lebenslanger Klosterhaft (den Scheiterhaufen für notorische „Ketzer" kannte man noch nicht), aber der Streit schwelte weiter und beschäftigte noch weitere Synoden, bis sich dann schließlich doch die *kirchliche* Position durchsetzte.

Gottschalks Hauptgegner im *westfränkischen* Reich war übrigens jener Erzbischof *Hinkmar von Reims,* der als Repräsentant der fränkisch-staatskirchlichen Hierarchie gegen die papstfreundlichen Kräfte in dieser Zeit stand, aus deren Kreis die *(Pseudo-)Isidorischen Dekretalen* hervorgingen (vgl. o. S. 101). Er ist es auch, der uns die *Pfalzordnung* Karls des Großen (Text **79**) überliefert hat.

Einige Jahre zuvor war es auch zu einem ersten Streit um das *Abendmahlsverständnis* im Abendland gekommen. Ihn hatte *Paschasius Radbertus* (gest. ca. 860) ausgelöst, der als Abt von *Corbie* (bei Amiens) einer der gelehrtesten Theologen im Westfrankenreich war und dem Abendmahlsthema eine eigene Schrift gewidmet hatte.

92 *Paschasius Radbertus, Über Leib und Blut des Herrn (831), 41:* „Daß durch die Weihung des Mysteriums *wahrhaft Leib und Blut* entsteht, bezweifelt niemand, der den Worten Gottes glaubt ... Weil es unrecht wäre, *Christus mit den Zähnen zu zerreißen,* wollte er, daß *im Mysterium* dieses Brot und dieser Wein *wahrhaft* als sein Fleisch und Blut durch die Weihung des Heiligen Geistes *der Potenz* nach erschaffen ... und ... täglich für das Leben der Welt mystisch geopfert würden ..."

82: „Die Substanz von Brot und Wein wird *im Innern* wirksam in Christi Fleisch und Blut *verwandelt* ..."

121: „... Nicht durch Verdienst des Weihenden, sondern durch das Wort des Schöpfers und durch die Kraft des Heiligen Geistes geschieht es, daß Fleisch und Blut Christi ... wahrhaft geglaubt und *in geistlichem Erkennen geschmeckt* wird."

Damit versucht Paschasius Radbertus zwei widersprüchliche Anschauungen zu einer Synthese zu verbinden: *einerseits* die Position des als Autorität allgemein geachteten *Augustin,* der in den Sakramenten äußeres „Zeichen" und „Sache" unterschied (vgl. Bd. 3, S. 125. 130) und den wahren Empfang von *Leib* und *Blut* Christi (unter den Zeichen *Brot* und *Wein*) nur den Gläubigen zugestand, und *andererseits* das Interesse der *Volksfrömmigkeit* an einer wirklichen *Verwandlung* der Elemente. Auf solchen *Vulgärkatholizismus* war schon Papst *Gregor der Große* mit seinem Meßopfer-Gedanken eingegangen (vgl. o. S. 62). *Paschasius Radbertus* vertritt nun eine *Realpräsenz* des Leibes und Blutes, die aber *unsichtbar* bleibt: denn er läßt zwar „wahrhaft Fleisch und Blut" entstehen und auch „täglich geopfert" werden, macht zugleich aber deutliche Vorbehalte gegen eine zu vordergründige Wandlungsvorstellung, die zu der Konsequenz führen würde, „Christus mit den Zähnen zu zerreißen". Damit bleibt es freilich letztlich offen, ob Leib und Blut wirklich konkret oder aber im Mysterium des Glaubens genossen werden.

Auch der westfränkische König *Karl der Kahle* (840–877) war ratlos und erbat sich ein Gutachten von *Ratramnus* (gest. nach 868), der Mönch im Kloster des Paschasius Radbertus war und mit einer Schrift unter gleichem Titel antwortete.

93 *Ratramnus, Über Leib und Blut des Herrn (844), 10:* „Es ist deutlich, daß jenes Brot und jener Wein *bildlich* Christi Leib und Blut sind. Denn *äußerlich* ist in jenem Brot kein Fleisch zu erkennen und in jenem Wein kein Blut aufzuweisen. Dennoch *nennt* man es nach der mystischen Weihung nicht mehr ‚Brot und Wein', sondern ‚Christi Leib und Blut' ..."

39: „... Täglich wird allerdings dieses Opfer von den Gläubigen gefeiert, aber im Mysterium, so daß das, was der Herr Jesus Christus *ein für allemal* durch sein Opfer vollbracht hat, täglich zum *Gedächtnis* seines Leidens ... nachvollzogen wird ..."

58: „Christus lädt also ein, den Geschmack der geistlichen Kost zu erfahren und in jenem Trank oder Brot nichts *körperlich* zu erwarten, sondern alles *geistlich* zu schmecken. Denn der Herr ist Geist."

Ratramnus wußte sich also konsequenter der Tradition *Augustins* verpflichtet und erinnerte an dessen spiritualistische Sakramentslehre, ohne der Volksfrömmigkeit

Zugeständnisse zu machen, wie er übrigens auch im *Prädestinationsstreit* auf seiten *Gottschalks* stand. Die Abendmahlsfrage ließ man mit den Äußerungen der beiden Kontrahenten vorerst offen; sie wurde erst nach der Mitte des 11. Jahrhunderts *(Berengar von Tours)* neu gestellt.

Immerhin hatte dieser Streit wie auch jener um die *doppelte Prädestination* und der schon frühere um die *Gnadenlehre* (vgl. Bd. 3, S. 159f.) gezeigt, daß es diese beiden Faktoren waren (die Autorität *Augustins* und der ihr widerstrebende *Vulgärkatholizismus*), die die theologischen Auseinandersetzungen des Abendlandes prägten und auch in Zukunft prägen sollten.

3. Das Papsttum in Rom

a) Der Weg von Byzanz zu den Karolingern

Im 8. Jahrhundert tat das Papsttum den für die weitere Kirchengeschichte bedeutsamen Schritt, sich vom byzantinischen Kaiser zu emanzipieren und den neuen Herrschern des Frankenreiches zuzuwenden.

Diesen Schritt hatten bereits in der ersten Hälfte dieses Jahrhunderts die Päpste *Gregor II.* und *Gregor III.* vorbereitet (vgl. o. S. 64f.). *Zacharias,* als Grieche ein „Nachfolger Petri" aus dem Osten, mußte es nun erleben, daß die *Langobarden* 751 Ravenna, den Sitz des byzantinischen Exarchen, eroberten. So wandte sich der Papst, da er mit kaiserlichem Beistand gegen diese auch Rom bedrohende Macht nicht mehr rechnen konnte, jetzt vollends den *Franken* zu und verhalf den unter ihnen mächtig gewordenen *karolingischen Hausmeiern* zum Königtum (vgl. o. S. 89).

Zacharias' Kontakte zu den Karolingern festigte sein Nachfolger *Stephan II.*, der als erster Papst auch den langen Weg über die Alpen nicht scheute, um den neuen König *Pippin III.* persönlich aufzusuchen, von dem er 753 mit allen Ehren empfangen wurde.

94 *Papstgeschichte (Liber pontificalis) zu Stephan II.:* „Wie aber *Pippin* die Ankunft des heiligen Vaters vernahm, zog er ihm eilig entgegen mit seiner Gemahlin, seinen Kindern und den Großen des Reiches ... Er selbst ging ihm von seiner Pfalz *Ponthion (in der Champagne)* aus beinahe eine Stunde weit zu Fuß entgegen und schritt eine Strecke Weges als sein Marschall neben dem Saumroß des Papstes einher. Am 6. Januar *(754)* ... betraten sie die Pfalz von *Ponthion.* Da bat nun Papst *Stephan* alsbald flehentlich den allerchristlichsten König, daß er sich den Schutz des Friedens und die Sache des heiligen Petrus angelegen sein lasse, und der König versprach dem heiligen Vater eidlich, allen seinen Befehlen und Wünschen mit ganzer Kraft nachzukommen und die Rückgabe des Exarchats von Ravenna und des übrigen Rom zugehörigen Gebietes zu erwirken."

Der Grund des päpstlichen Besuchs, der dann auch die Gelegenheit zur (zweiten) *Königssalbung* Pippins gab (vgl. o. S. 89f.), war also die Bitte um den Beistand gegen die übermächtigen *Langobarden,* den Byzanz nicht gewähren konnte. Daß der Papst den König als *Bittsteller* besuchte, verschweigt der Bericht in der *Papstgeschichte* nicht, auch wenn er die dem geistlichen Oberhaupt erwiesenen königlichen *Ehrerbietungen* besonders akzentuiert. Die *Metzer Annalen* schildern denselben Vorgang dramatischer:

95 *Metzer Annalen: „(754) (Papst Stephan II.)* warf ... sich zusammen mit seinem Gefolge in Sack und Asche auf die Erde und beschwor den König *Pippin* bei der Gnade des allmächtigen Gottes und der Macht der seligen Apostel Petrus und Paulus, daß er ihn selbst und das römische Volk aus der Hand der Langobarden ... befreie. Und nicht eher wollte er sich von der Erde erheben, als bis ihm König Pippin mit seinen Söhnen und den Großen der Franken die Hand reichte und ihn selbst zum Zeichen des künftigen Bündnisses und der Befreiung von der Erde aufhob."

Stephan II. hatte sich nicht im König getäuscht: Pippin III. versprach (auf einem Reichstag zu *Quierzy* bei Laon, 754) dem Papst die Rückgabe seiner von den Langobarden eroberten Gebiete und erfüllte sein Versprechen auch.

96 *Papstgeschichte (Liber pontificalis) zu Stephan II.:* „Als nun der gütige Frankenkönig *Pippin* die Stadt des Papstes *(Pavia)* einschloß und belagerte, da bat *Aistulf,* der grausame König der Langobarden, um Gnade und versprach, die im Friedensvertrag genannten Städte zurückzugeben ... Von diesen Städten machte Pippin dem seligen Petrus und der Heiligen Römischen Kirche bzw. allen zukünftigen Päpsten eine *Schenkung* ... Die Schlüssel von Ravenna und verschiedenen anderen Städten des Exarchats legte er zusammen mit der königlichen *Schenkungsurkunde* in der Peterskirche nieder und gab sie damit dem Apostel Gottes und seinem Stellvertreter, dem allerheiligsten Papst und allen seinen Nachfolgern, damit sie sie ewig besitzen und darüber verfügen könnten."

Diese *Pippinische Schenkung* (über deren genauen Inhalt die Quellen schweigen) begründete den *Kirchenstaat,* das weltliche Herrschaftsgebiet der Päpste, zu dem jedenfalls auch das (ehedem) *byzantinische Ravenna* gehörte. Den offiziellen Rechtsstatus *Pippins III.* über dieses Gebiet umschrieb der Titel „ *Patricius Romanorum",* den der Papst dem König schon anläßlich seiner Salbung verliehen hatte. In diesem Titel drückte sich zweierlei aus: die weltliche *Oberherrschaft* Pippins über den Kirchenstaat, aber auch (da ihn bislang der *Exarch von Ravenna* geführt hatte) deren stellvertretende Ausübung im Namen des Kaisers von *Byzanz.* So hatte sich Stephan II. mit der *eigenmächtigen* Vergabe des Titels zwar mit einem weiteren Schritt vom Kaiser gelöst, mit seiner Beibehaltung aber zugleich noch den förmlichen Bruch vermieden.

Die Entstehung des Kirchenstaates

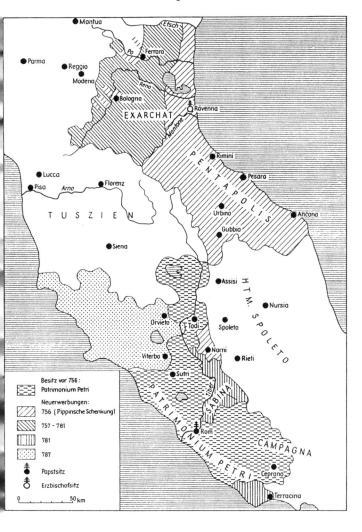

Besitz vor 756:
- Patrimonium Petri

Neuerwerbungen:
- 756 (Pippinsche Schenkung)
- 757 – 781
- 781
- 787

- ☨ Papstsitz
- ☦ Erzbischofsitz

0 _____ 50 km

Aber Rom emanzipierte sich in diesen Jahrzehnten des 8. Jahrhunderts auch formell vom byzantinischen Kaiser, indem es seine Unabhängigkeit von ihm nun durch ein „altes" Dokument belegte, demzufolge schon Kaiser *Konstantin der Große* im 4. Jahrhundert dem Patriarchen des Westens in einer langen Liste Privilegien zuerkannt und sogar kaiserliche Rechte übertragen hatte.

97 *Konstantinische Schenkung, 11:* „Mehr als Unser Kaisertum und Unser irdischer Thron soll der hochheilige Stuhl des heiligen Petrus glorreich erhöht werden, indem Wir ihm die Macht, ruhmvolle Würde, Gewalt und Ehre des *Kaisers* verleihen."

12: „Und Wir beschließen und verordnen, daß er die *Oberherrschaft* haben soll ... über die vier Hauptbischofssitze *Antiochia, Alexandria, Konstantinopel* und *Jerusalem,* ... und der Papst ... soll erhabener sein und ein Fürst über alle Priester der ganzen Welt, und nach seinem Urteil soll alles geregelt werden, was zum Gottesdienst oder zur Fürsorge für die Festigkeit des Christentums gehört ..."

13: „Wir überlassen den heiligen Aposteln ... und durch sie auch ... dem obersten Bischof und dem allgemeinen Papst der Stadt Rom und allen seinen Nachfolgern ... Unsern Kaiserpalast, den *Lateran,* ... sodann das Diadem, das ist die Krone Unseres Hauptes, und zugleich die Mitra *(Bischofsmütze)* und das ... Pallium *(das den Hals des Kaisers umhüllt),* ferner auch den Purpurmantel und die rote Tunika und alle kaiserlichen Gewänder ...; dazu steuern Wir bei die kaiserlichen Szepter und zugleich ... die Siegel, Banner und die mannigfachen kaiserlichen Abzeichen und den ganzen Aufzug der kaiserlichen Majestät und die Ehre Unserer Macht ..."

17: „Wir (haben) in Ausübung Unserer kaiserlichen Befugnisse ... auch die *Stadt Rom* und *alle Provinzen Italiens und des Westens,* das Land und die Städte, dem ... Papst ... übergeben und hinterlassen."

Diese *Konstantinische Schenkung (Donatio Constantini)* bildet den zweiten Teil eines umfangreicheren Dokuments, des *Constitutum Constantini,* das in seinem ersten Teil *(Confessio, „Glaubensbekenntnis" Konstantins)* die *Silvesterlegende* bietet: Ihr zufolge heilt der Papst *Silvester I.* (314–335) den zunächst unheilbar kranken Kaiser Konstantin, gewinnt ihn für das Christentum und tauft ihn (vgl. dagegen zu seiner Spättaufe Bd. 2, S. 183), worauf die (dann auch selbständig überlieferte) *Schenkung* des dankbaren Kaisers folgt. Ihren Inhalt beherrschen zwei Aspekte:

1. Dem Papst von Rom wird *(Schenkung 12)* die „Oberherrschaft" über die *Gesamtkirche* zugesprochen, d.h. der *Jurisdiktions-*Primat auch über die hier ausdrücklich genannten vier anderen Reichspatriarchate. Das Dokument ignoriert also die reichskirchliche Ordnung der *Pentarchie* (vgl. o. S. 11), in deren Rahmen Rom nur der *Ehren-*Primat zukam, und übersieht dabei auch, daß *Jerusalem* (im 4. Jahrhundert noch keineswegs „Hauptbischofssitz") tatsächlich erst 451 zum Patriarchat erhoben wurde. Mit diesen Sätzen später den Primatsanspruch zu legitimieren (so am Vorabend des *west-östlichen Schismas* von 1054; vgl. u. S. 162), war indessen für Rom selbst nicht unproblematisch, da

sein Primat hier nicht (wie man ihn sonst unter Berufung auf *Petrus* zu begründen vorzog) auf „göttlichem Recht" (ius divinum) beruhte, sondern auf
dem Wohlwollen eines *Kaisers* im 4. Jahrhundert.

2. Dem Papst werden *(Schenkung 11. 13. 17) kaiserliche* Würden, Rechte und
Besitzungen übertragen bis zu der Konsequenz, daß Konstantin auf sein halbes
Reich verzichtet und der Papst von Rom nun selber zu einer Art „Kaiser des
Westens" wird. Diese Sätze wollen also des Papstes Loslösung vom byzantinischen Kaiser legitimieren, die sich tatsächlich erst im 8. Jahrhundert vollzog.
Einen neuen Sinn sollten sie aber in der Zukunft (und dann im Abendland selbst)
bekommen, weil sie der *Rombindung* des westlichen Kaisertitels (vgl. o. S. 94)
ihren besonderen Akzent gaben: mit dem Anspruch des Papstes, als Träger der
kaiserlichen Rechte im Westen den Titel vergeben (und auch wieder nehmen) zu
können, wie er ihn seit der zweiten Hälfte des 11. Jahrhunderts im *Investiturstreit*
den abendländischen Kaisern gegenüber vertrat. Nicht zufällig war es ein Kaiser
(Otto III.), der als erster die Echtheit der *Konstantinischen Schenkung* bestritt
(vgl. u. S. 137f.).

Endgültig (und mit philologischen Argumenten) erwies im 15. Jahrhundert
der italienische Humanist *Lorenzo Valla* das Dokument als gefälscht. Es entstand in einem nicht mehr zu ermittelnden Jahr vor der Mitte des 9. Jahrhunderts,
wo es im Zusammenhang mit den *(Pseudo-)Isidorischen Dekretalen* zum ersten
Mal eindeutig auftritt (vgl. o. S. 101). Seinem Tenor nach paßt es am besten in die
Zeit der Umorientierung Roms von Byzanz zu den Karolingern in der zweiten
Hälfte des 8. Jahrhunderts.

Aber etwa schon jetzt Rechte gegen die *Karolinger* geltend zu machen,
war das Papsttum zu schwach, das nun, als im Frankenreich Pippins III.
Herrschaft endete, zum ersten Mal zwischen rivalisierende weltliche
Parteien geriet: Nach *Pauls I.* langem Pontifikat konnte sich (gegen Kandidaten des Herzogs von Nepi, bzw. des Langobardenkönigs) 768 *Stephan III.* durchsetzen, für den *Karl der Große* und *Karlmann* eintraten,
der aber wenig bedeutend blieb. Erst seinen Nachfolger *Hadrian I.*
befreite Karl durch seinen Sieg über die Langobarden (774) von der
ständig drohenden Gefahr; und ihm bestätigte er in demselben Jahr (in
Rom) auch die *Pippinische Schenkung.*

98 *Papstgeschichte (Liber pontificalis) zu Hadrian I.:* „Nachdem er sich nun
die frühere, zu *Quierzy* im Frankenland ausgestellte Schenkungsurkunde hatte
vorlesen lassen, ließ der hochwürdige und wahrhaft christliche *Karl,* König der
Franken, mit Zustimmung seiner Richter nach dem Muster der ersten eine neue
Urkunde ... aufsetzen, in der er dem Heiligen Stuhl in seinem früheren Besitz
bestätigte und ihm ein Gebiet zu übergeben versprach, unter Bezeichnung der
Grenzen, nämlich von Luna *(an der ligurischen Küste)* angefangen, mit Ein-
schluß der Insel Korsika, die Besitzungen in den Gebieten von Surium, Mons
Bardonis, Bercetum, Parma, Regium *(Reggio),* Mantua und Mons Silicis, au-
ßerdem das ganze Exarchat von Ravenna in seinem alten Umfang, die Provinzen
Venetia und Istria, endlich die Herzogtümer Spoleto und Benevent."

Hadrian I. war es auch, der als erster Papst seine Urkunden und Briefe nicht mehr in der bislang üblichen Weise nach den Regierungsjahren des byzantinischen Kaisers, sondern (seit 781) nach den eigenen Pontifikatsjahren datierte: ein sinnfälliges äußeres Zeichen für die Abkehr Roms von Byzanz. Aber dafür stand auch er unter der Oberherrschaft *Karls des Großen,* der wie sein Vater „Patricius Romanorum" war, und der sich auch in seinen theologischen Grundsätzen, wie seine Position im *Bilderstreit* zeigte (vgl. o. S. 105f.), vom Papst nicht bestimmen ließ. Diese Autorität Karls respektierte *Leo III.,* Hadrians Nachfolger, sogleich nach seinem Amtsantritt (795).

99 *Fränkische Reichsannalen: „(796)* Papst *Hadrian (I.)* starb und *Leo (III.)* schickte, sobald er an seine Stelle getreten war, Gesandte mit Geschenken an den König. Er ließ ihm auch die Schlüssel zum Grabe des heiligen Petrus und das Banner der Stadt Rom übergeben."

Dieser symbolische Akt galt dem Frankenkönig als dem „Patricius Romanorum", der in diesem Amt – woran Leo III. ihn bald erinnerte – auch *Schutzherr* der römischen Kirche war.

In seiner Stadt mißhandelt und mit dem Tode bedroht, entfloh der Papst 799 zu Karl nach *Paderborn,* wurde hier freilich wegen seines Lebenswandels (der die Angriffe gegen ihn herausgefordert hatte) zur Verantwortung gezogen und schließlich von Karl dazu veranlaßt, in Rom einen öffentlichen Reinigungseid abzulegen. Sehr eindrücklich zeigte es sich hier, wie die Macht zwischen Papst und König verteilt war, der nur wenige Tage später zum *Kaiser* gekrönt wurde (vgl. o. S. 91f.).

Der *Kaisertitel* ersetzte den des *„Patricius Romanorum",* der noch äußerlich an die Rechte des *byzantinischen* Kaisers in Italien erinnert hatte. Mit der Begründung eines eigenen Kaisertums im *Westen* hatte der Papst also den letzten und in aller Form vollzogenen Schritt auf dem Weg von Byzanz zu den Karolingern getan; und sein Verhältnis zu diesen hatte einen neuen Akzent erhalten: Es war der *Papst,* der den Kaiser gekrönt hatte. *Karl der Große* selber ließ sich, wie seine (Rom widersprechende) Entscheidung für das *„Filioque"* und seine Haltung zum Kaisertitel überhaupt zeigte (vgl. o. S. 106 u. 94), davon noch nicht beeindrucken; seine Nachfolger aber waren schwächer als er.

b) Von Stephan IV. bis zu Nikolaus I.

Der erste Papst, der (816) nach der Errichtung des westlichen Kaisertums inthronisiert wurde, war *Stephan IV.,* und schon sein Verhalten dem Kaiser im Westen gegenüber (es war inzwischen Karls Sohn *Ludwig der From-me*) hatte den Charakter einer Machtprobe.

Als Patriarch des byzantinischen Reiches hatte der Bischof von Rom vor seiner Inthronisation die Zustimmung des Kaisers von Byzanz einzuholen (vgl. o. S. 60), und nach diesem Recht war man auch bis in das 8. Jahrhundert hinein verfahren. Seinen eigenen Kaiser im Westen aber behandelte Stephan IV. nun anders: Zwar ließ er die Römer auf Ludwig den Frommen vereidigen, begnügte sich selber aber damit, seine Weihe dem Kaiser erst nachträglich anzuzeigen und ihn (freilich bereits 816) im Frankenland aufzusuchen.

100 *Thegan von Trier, Leben Kaiser Ludwigs (837/38), 16:* „Als sie sich *(Kaiser und Papst)* in der großen Ebene bei *Reims* trafen, stiegen sie beide vom Pferde; der Kaiser warf sich dreimal mit ganzem Körper zu den Füßen des höchsten Bischofs nieder und begrüßte, nachdem er sich zum drittenmal erhoben, den Papst mit diesen Worten: ‚Gelobt sei der da kommt im Namen des Herrn, der Herr ist Gott, der uns erleuchtet' *(Ps 118,26f.).* Und der Papst antwortete: ‚Gelobt sei unser Gott, der meinen Augen gab zu sehen einen zweiten König David'. Sie umarmten sich dann und küßten sich in Frieden; dann gingen sie zur Kirche.“

Ludwig der Fromme zeigte sich also als ein dem Papst ergebener Herrscher: Nicht nur nahm er das römische Wahlverfahren hin, sondern er ging auch darauf ein, sich von Stephan IV. (der damit einen weiteren Anspruch befriedigt sah) noch einmal zum *Kaiser* krönen zu lassen (vgl. o. S. 99). Diese dem Papst sehr weit entgegenkommende Haltung (die ihn auch in der *Bilderfrage* bestimmte; vgl. o. S. 106) dokumentierte er in dem *Vertrag,* den er mit Stephans Nachfolger *Paschalis I.* schloß. Hier bestätigte er in großer Ausführlichkeit die Schenkungen *Pippins III.* und *Karls des Großen,* verzichtete aber auch seinerseits nicht auf die kaiserliche Oberherrschaft. In der *Papstwahl* freilich ließ er den Römern völlig freie Hand und begnügte sich mit der nachträglichen Anzeige.

101 *Vertrag Ludwigs des Frommen (Pactum Hludowici Pii, 817):* „Und wenn auf göttlichen Ruf der Pontifex dieses allerheiligsten Thrones aus dieser Welt geht, dann ist niemand aus Unserem Reich, weder Franke noch Langobarde noch jemand aus einem anderen Unserer Herrschaft unterworfenen Stamm, dazu befugt, gegen die Römer öffentlich oder privat vorzugehen oder eine Wahl vorzunehmen ... Sondern es soll den Römern zustehen, daß sie mit aller Verehrung und ohne jede Störung ihrem Pontifex ein ehrenvolles Begräbnis ausrichten, und daß derjenige, den mit göttlicher Eingebung und Fürbitte des seligen Petrus alle Römer auf gemeinsamen Beschluß, in Eintracht und ohne jedes Versprechen zum Papstamt wählen, ohne jede Anzweiflung oder Widerspruch nach kanonischer Ordnung geweiht wird. Und wenn er geweiht ist, sollen Gesandte zu Uns oder den Uns nachfolgenden Frankenkönigen geschickt werden, die zwischen Uns und ihnen Freundschaft, Liebe und Frieden knüpfen, so wie zu den Zeiten des Herrn *Karl (Martell)* seligen Angedenkens, unseres

Urgroßvaters, oder des Herrn *Pippin (III.)*, unseres Großvaters, oder auch des Herrn Kaisers *Karl (des Großen)*, unseres Vaters, es zu tun Brauch war."

Auch *Paschalis I.* konnte einen Kaiser zum zweiten Mal krönen: Ludwigs des Frommen Sohn *Lothar I.* (vgl. o. S. 99), der sich dann aber, noch zu Lebzeiten seines Vaters, dem Papst gegenüber als stärker erwies, als er 824, nun unter dem Pontifikat des nächsten Papstes, *Eugens II.*, seine *Römische Verfügung (Constitutio Romana)* erließ.

Lothar hatte wegen dortiger Unruhen um die Papstnachfolge nach Rom kommen und Eugen II. beistehen müssen. Seine die Ordnung wiederherstellende *Verfügung* zeigte somit wieder die stärkere kaiserliche Macht und nahm Zugeständnisse des *Vertrages Ludwigs des Frommen* zurück: Der Papstkandidat hatte *vor* seiner Weihe den Eid auf den Kaiser zu leisten, und zwei Gesandte (ein kaiserlicher und ein päpstlicher) hatten jährlich aus Rom dem Kaiser zu berichten. Das waren Bestimmungen, die später auch *Otto I.* in sein *Ottonisches Privileg* aufnahm (vgl. u. S. 135f.).

Dieser neuen Ordnung entsprechend wurde 827 *Gregor IV.* inthronisiert: wieder ein Papst, der – als vierter nun – über die Alpen ging. Vor ihm waren es zwei *Bittsteller* gewesen (753 *Stephan II.*, 799 *Leo III.*) und ein dritter (816 *Stephan IV.*), um den Kaiser noch einmal zu *krönen*. Jetzt hatten sich die Zeiten geändert: Das Karolingerreich begann zu zerfallen, und *Gregor IV.* kam 833, um im Streit *Ludwigs des Frommen* mit seinen Söhnen (vgl. o. S. 100) zu vermitteln. Ein starker Papst hätte da die Gelegenheit zum Ausbau der eigenen Machtposition nutzen können; aber das Papsttum dieser Jahrzehnte teilte die Schwäche des Reiches.

Gregor IV. selbst, von einem Teil der fränkischen Bischöfe angefeindet, schwankte in seiner Sympathie für die Parteien (seine Rolle blieb unklar), kehrte erfolglos nach Italien zurück und wurde hier nun von den Arabern (Sarazenen) bedrängt (vgl. o. S. 100), die schließlich (846) sogar in Rom selbst eindrangen und die Peterskirche plünderten: ein äußeres Zeichen dafür, wie kraftlos die fränkische Schutzmacht jetzt unter den *Spätkarolingern* geworden war. Inzwischen hatte 844 *Sergius II.* den „Stuhl Petri" bestiegen, der erste Papst, den der römische *Stadtadel* erhoben hatte. Aber auch andere Mißstände, die den Verfall des Papsttums jetzt für lange Zeit (und nur selten unterbrochen) begleiteten, zeigten sich unter Sergius II.: *Simonie* (Verkauf von Bistümern, d.h. von geistlichen Würden nach Apg 8,9-24) und *Nepotismus* (Vergabe von Bistümern an Verwandte), von dem als erster Sergius' Bruder profitierte.

Zwei Päpste hoben sich in dieser dunklen zweiten Hälfte des 9. Jahrhunderts aber doch hervor. Der erste dieser beiden, *Leo IV.*, war stark genug, die Abwehrkräfte Italiens zu vereinen und die arabische Flotte 849 vor Ostia zu schlagen; und mit Hilfe *Ludwigs II.* (*Lothars I.* Sohn), der in

Italien König war und den er 850 zum Kaiser krönte, gelang es dem Papst, Rom endgültig vor der Arabergefahr zu bewahren. Der Schutz, den hier also noch einmal ein Karolingerkaiser dem Papsttum gewährte, war indessen nur der eines lokalen *Teilherrschers:* zu einer Zeit zumal, in der man sich bereits sehr kritisch über die Herrschergewalt der Karolinger in der Kirche äußern konnte, denn ebenfalls unter Leos IV. Pontifikat entstand im Westfrankenreich die Sammlung der *(Pseudo-)Isidorischen Dekretalen* (vgl. o. S. 101).

Auf Leos IV. Tod (855) folgten wirre Jahre in Rom, die der Nachwelt Anlaß zur Legendenbildung gaben: Um die Mitte des 13. Jahrhunderts entstand die lange nachwirkende Sage von der *„Päpstin Johanna"*, die, als Mann verkleidet, für kurze Zeit Leo IV. nachgefolgt wäre. Einen historischen Kern enthält diese Sage nicht; aber sie läßt erkennen, wessen man in der Rückschau auf diese Zeit das Papsttum in Rom für fähig hielt. Tatsächlich folgte als nächster Papst *Benedikt III.,* der sich zunächst dem Gegenpapst *Anastasius III.* gegenüber sah (den *Ludwig II.* stützte), sich aber schnell durchsetzen konnte und damit die Ohnmacht des Kaisers allen vor Augen stellte.

Die in diesen Jahrzehnten alle überragende Papstgestalt erstand 858 in *Nikolaus I. dem Großen,* dem mächtigsten Anwalt römischer Ansprüche seit *Gregor dem Großen* um 600 (vgl. Kap. III, 2c) und vor den Reformpäpsten um die Mitte des 11. Jahrhunderts (vgl. u. S. 141-143). Er war es, der über den eigenen, abendländischen Bereich hinaus Roms Autorität auch im *Osten* energisch vertrat: im Streit mit dem *Ökumenischen Patriarchat* von Konstantinopel (vgl. u. S. 157-159) und im Zusammenhang damit auf dem *bulgarischen* Missionsfeld (vgl. u. S. 149f.). In ihm hatten jetzt auch die schwachen *Karolinger* ihren selbstbewußten Gegenspieler gefunden, der Roms eigene Schwäche für ein knappes Jahrzehnt vergessen machte: als Papst, der sich auch für die Angelegenheiten der weltlichen Herrscher verantwortlich wußte.

102 *Papst Nikolaus I. an den Bischof Adventius von Metz:* „Ein Fürst, welcher schlecht regiert, ist ein Tyrann und nicht ein König. Die Vertreter der Kirche sind verpflichtet, sich gegen einen solchen zu erheben und ihm zu widerstehen, nicht aber sich ihm zu unterwerfen. Sonst begünstigen sie seine Verbrechen."

Nikolaus I. war der Papstkandidat Kaiser *Ludwigs II.* gewesen; ihm oder einem anderen Herrscher verpflichtet wußte er sich damit freilich nicht. Vielmehr lassen seine Worte den Geist der *(Pseudo-)Isidorischen Dekretalen* erkennen, und in ihrem Sinne vertrat er auch die Autorität der Kirche den Karolingern gegenüber. Beispielhaft zeigte sich das im *Ehekonflikt Lothars II.* (855–869), des Königs von *Lotharingien,* der seine Ehefrau ihrer Kinderlosigkeit wegen zugunsten einer anderen verstoßen hatte: Die Erzbischöfe von Köln und Trier hatten im dynastischen Interesse der Scheidung zugestimmt; Nikolaus I. aber widerstand diesem Bruch kirchlichen Rechts und setzte 863 die beiden Erzbischöfe ab, „machte sich" also (wie beide ihn treffend charakterisierten) „zum Kaiser der ganzen Welt".

Im Sinne dieser Autorität, die den kirchlichen Rechtsanspruch auch gegen das angestammte Recht der Könige über ihre Bischöfe durchsetzte und die Gewalt des Papstes überhaupt über die des Herrschers stellte, äußerte sich Nikolaus I. dann auch in einem Schreiben an *Karl den Kahlen* (840–877), König im *Westfrankenreich,* der diesem Papst dann auch nur in anerkennender Ergebenheit erwidern konnte:

103 *Papst Nikolaus I. an den König Karl den Kahlen:* „Was der Papst sagt, ist Gottes Wort, was er tut, ist Gottes Tat. Dank den *päpstlichen* Privilegien haben Deine Vorfahren jede Vermehrung ihrer Würde, ihre ganze Herrlichkeit erhalten. Auch wenn der päpstliche Tadel keinen Grund hätte, müßtest Du ihn über Dich ergehen lassen wie Hiob die göttlichen Züchtigungen; er hat dann einen verborgenen heilsamen Zweck."

104 *König Karl der Kahle an den Papst Nikolaus I.:* „Wenn Wir Eure erhabene Heiligkeit einmal in Unsern Landen empfangen dürften, dann würdet Ihr sehen, wie ergeben und gehorsam Wir gegen Euch und die Euch von Gott anvertraute Kirche sind. Denn wie überhaupt die göttliche Verfügung Euch als geistlichen Vater an die Spitze der *gesamten Kirche* gestellt hat, so lieben Wir besonders in der Liebe Christi Eure heilige Väterlichkeit und wünschen Euren heiligen Befehlen zu gehorchen."

Nikolaus' des Großen Pontifikat blieb in der Papstgeschichte dieser Zeit eine nur kurze Episode. Die von ihm im Bewußtsein seiner übergeordneten Autorität verfochtene Idee einer *Trennung* von kirchlicher und weltlicher Gewalt sollte erst zwei Jahrhunderte später wieder zum beherrschenden Thema werden: im Geiste der *cluniazensischen Reform* (vgl. u. S. 123), aus dem der *Investiturstreit* erwuchs. Was *Karl der Große* einst an *weltlicher* Macht geschaffen hatte, das war *Nikolaus dem Großen* im *Papsttum* gelungen, aber auch er fand keine ebenbürtigen Nachfolger.

c) Die „dunklen Jahrzehnte"

Machtlos wie die längst zersplitterte Karolingerherrschaft wurde nun auch das Papsttum wieder, und es versank jetzt sogar in ein noch tieferes Dunkel als in der Zeit vor *Nikolaus I.*

Auf ihn folgte 867 *Hadrian II.,* der mit der ostfränkischen Kirche um die Jurisdiktion im *Großmährischen Reich* stritt (vgl. u. S. 148), ohne doch zugleich die machtvolle Autorität seines Vorgängers zu besitzen.

Schwach in seinem immerhin langen Pontifikat war auch der nächste Papst, *Johannes VIII.*, der den wieder gefährlich gewordenen Arabern Tribut zahlte, im Streit mit den Fürsten Italiens zeitweilig in das Westfrankenreich ausweichen mußte und schließlich 882 in Rom von seinen eigenen Verwandten ermordet wurde. Mit diesem ersten Papstmord in der Geschichte kündete sich das „dunkle Zeitalter" an.

Für das nun folgende halbe Jahrhundert (882–935) nennt die Papstliste nicht weniger als 19 Namen (mit einem durchschnittlichen Pontifikat von knapp drei Jahren): unter ihnen Päpste, die ermordet wurden (mindestens vier, wahrscheinlich sechs), unter ihnen auch einzelne durchaus würdige „Nachfolger Petri" (dann aber schwach oder nur kurz auf dem Thron), andere energisch (doch dabei moralisch zweifelhaft) oder gänzlich würdelos als Tyrannen, bzw. als Marionetten der Adelsgeschlechter.

Eine geradezu makabre Berühmtheit unter den Päpsten dieser Zeit gewann *Stephan VI.* mit seiner *„Leichensynode"*, die er 897 mit seinem Vorvorgänger *Formosus* inszenierte. Darüber berichtet ein Jahrzehnt später der fränkische Priester *Auxilius* (gest. nach 911):

105 *Auxilius, Schrift zur Verteidigung der Ordination des Papstes Formosus (908/09), I,10:* „Schließlich berief Papst *Stephan (VI.)* eine Versammlung – nicht aus anderen Bischöfen, Priestern und Diakonen als aus denen gerade, die mit dem verehrungswürdigen Papst *Formosus* für die Dauer langer Jahre Gemeinschaft gehabt und an seinen heiligen Handlungen teilgenommen hatten – und befahl nach Art einer blutdürstigen Bestie, alle Menschlichkeit vergessend, den Leichnam eben jenes Formosus vor diese Versammlung zu schaffen; und weil er dem Lebendigen nicht hatte schaden können, wollte er seine Wut wenigstens am verfallenen Leichnam sättigen, der schon *(neun)* Monate alt war. Die wunderbare Gnade des Herrn hatte bis jetzt den Zusammenhalt aller Gliedmaßen an ihm ohne Verwesung unversehrt erhalten. Da entkleideten sie ihn seiner apostolischen Gewänder bis auf das Büßerhemd, das er zu Lebzeiten auf der Haut zu tragen pflegte, und zogen ihm Laienkleider an; und was noch schrecklicher ist: Er *(Stephan VI.)* befahl, nachdem man ihm *(Formosus)* zwei Finger der Rechten abgeschnitten hatte, ihn zwischen den Gräbern der Fremden zu begraben. Nach einiger Zeit aber verstieg er sich zu solchem Wahnsinn, daß er ihn heimlich aus dem Grab holen ließ und anordnete, an seinen Hals ein Gewicht zu binden und ihn im Fluß zu versenken."

Stephan VI. seinerseits wurde alsbald eingekerkert und erwürgt, der Leichnam des Formosus aber von *Theodor II.* (der 897 nur drei Wochen lang amtierte) wieder mit allen Ehren bestattet. Formosus nämlich war ein zwar schwacher, aber untadeliger Papst gewesen.

Stephans VI. Haß auf Formosus hatte dann auch einen anderen Grund: Mit der posthumen Entthronung des Papstes (Ausziehen der Pontifikalgewänder) und der Verstümmelung seiner Segenshand sollten alle seine Amtshandlungen für nichtig erklärt werden und mit ihnen auch Stephans eigene Bischofsweihe, die er einst von ihm empfangen hatte. Denn zu den kirchenrechtlichen Bestimmungen von *Nizäa* (325; vgl. Bd. 3, S. 82f.) gehörte auch das Verbot der *Translation* eines Bischofs in ein anderes Bistum (auch auf den Bischofsstuhl von Rom): ein Verbot, gegen das als erster Papst bereits *Marinus I.* 882 verstoßen hatte und das Stephan VI. immerhin noch beeindruckte, das in der Folgezeit dann aber immer häufiger ignoriert wurde und in der römisch-katholischen Kirche heute überhaupt nicht mehr gilt.

Die Papstgeschichte dieser „dunklen Jahrzehnte" endete schließlich auf ihrem tiefsten Punkt mit der Periode der sogenannten „*Pornokratie*" (904–935).

Mit diesem Begriff *(„Hurenregiment")* bezeichnete zuerst der katholische Kirchenhistoriker *Caesar Baronius* (gest. 1607) die Zeit, die mit *Sergius III.*, dem Mörder seiner beiden Amtsvorgänger, begann. Unter seinem Pontifikat fiel die Macht über Rom für drei Jahrzehnte an eine Adelsfamilie, die das Papsttum völlig beherrschte und deren einflußreichstes Glied die *Senatrix Marozia* wurde: mehrfach verheiratet, dazu auch Sergius' III. Mätresse und bald Alleinherrscherin in der Stadt. Ein Sohn, den sie mit dem Papst gemeinsam hatte, kam 931 als *Johannes XI.* auf den Thron, wurde aber von seiner Mutter eingesperrt und schließlich mit ihr zusammen von einem Halbbruder gefangengesetzt. So war es also auch ein Marozia-Sohn, der, nun von der Idee der *cluniazensischen Reform* ergriffen (vgl. u. S. 134), dieses dunkle Kapitel der Papstgeschichte beendete.

Nach dem allgemeinen Niedergang der *päpstlichen* wie *karolingischen* Macht, der die Geschichte auf beiden Seiten bis in das 10. Jahrhundert hinein bestimmte, sollte dann freilich noch nicht das *Papsttum,* sondern zunächst wieder das *König-* und *Kaisertum* als die stärkere Gewalt erstehen. Dieses 10. Jahrhundert hatte inzwischen mit der vom Mönchtum getragenen Reform begonnen.

V. Die Zeit der Ottonen und frühen Salier

1. Die cluniazensische Reform

In den spätkarolingischen Jahrzehnten des allgemeinen Niedergangs (vgl. o. S. 100) war auch das *Mönchtum* verfallen; Klöster waren geplündert und aufgegeben worden, die monastische Ordnung zerrüttet. Hier setzte nun seit dem frühen 10. Jahrhundert eine Reformbewegung ein, die zwei bedeutende Zentren hatte: das schon ältere, bei Metz gelegene *Gorze* (dessen Leben durch bischöfliche Initiative vorbildhaft geordnet wurde) und – in noch stärkerem Maße – das burgundische *Cluny,* das der Herzog *Wilhelm von Aquitanien* 910 mit detaillierten Einzelbestimmungen gründete:

106 *Gründungsurkunde Clunys (910):* „Der Zweck der Siftung ist, daß in Cluny zu Ehren der heiligen Apostel Petrus und Paulus ein ordentliches Kloster errichtet wird und daß dort *Benediktinermönche* zusammengezogen werden, die den Besitz für alle Zeiten innehaben, bewohnen, genießen und bearbeiten ... Die Mönche (sollen) das Recht haben, nach dem Willen Gottes und der *Regel des heiligen Benedikt* aus ihrem Orden *einen beliebigen Abt* und Leiter *zu wählen,* so daß weder ich noch irgendein anderer Herrscher gegen die Wahl ... Einspruch erheben darf ... Sie sollen ... den *Schutz des Papstes* genießen."

Cluny wurde also (anders als *Gorze*) von seiner Gründung an als *exemtes* (von der Bischofsgewalt unabhängiges) Kloster dem „Schutz des Papstes" unmittelbar unterstellt mit dem ausdrücklichen Recht der *freien Abtswahl.* Diese Selbständigkeit unter tüchtigen und lange regierenden Äbten (in den ersten zweihundert Jahren waren es insgesamt nur sechs) garantierte die zur Durchführung der Reform notwendige Kontinuität.

Einen Eindruck vom Leben in Cluny vermittelt uns *Petrus Damiani,* der das Kloster 1063 (anderthalb Jahrhunderte nach seiner Gründung) im päpstlichen Auftrag besuchte.

Petrus Damiani (gest. 1072) war Kardinal und zugleich als Abt des norditalischen Klosters „Fonte Avellana" Reformer im Sinne eines *eremitisch-asketischen* Mönchtums, das in der zweiten Hälfte des 11. Jahrhunderts in Norditalien aufblühte und seine Zentren in *Camaldoli* und *Vallombrosa* hatte. Von seinem Besuch in Cluny berichtet nun Petrus:

107 *Petrus Damiani, Bericht über das Kloster Cluny (1063):* „Die gottesdienstlichen Handlungen füllen derart den Tag aus, daß neben den notwendigen Arbeiten den Brüdern kaum eine halbe Stunde zu ehrbarer Unterhaltung und zu den notwendigen Besprechungen übrigbleibt ... Die gemeinsamen Räume, wie Kreuzgang, Schlafsaal, Speisesaal und Bibliothek sind ausgedehnt und würdig, doch ohne Prunk und bei aller Geräumigkeit bemerkenswert durch Ernst und *würdevolle Einfachheit.*"

Clunys Klosterreform fußte, was seit dem 9. Jahrhundert selbstverständlich war (vgl. o. S. 103), auf der *Benediktus-Regel,* zugleich aber auch auf einer eigenen *Consuetudo (" Lebensweise"),* die diese Regel aktualisierte und modifizierte: im Sinne eines streng geordneten Gemeinschaftslebens, in dessen Mittelpunkt das *opus dei,* der Gottesdienst, stand, neben dem die *Handarbeit* aber nun ganz zurücktrat.

Diese wurde (was nicht mehr dem ursprünglichen Geist der *Benediktus-Regel* entsprach) jetzt vorwiegend von *Nichtmönchen* geleistet, die im Lohn des Klosters standen. Es blieb auch nicht bei der noch von Petrus Damiani gerühmten „würdevollen Einfachheit". Denn die strenge Ordnung des Klosterlebens, von der man nicht ließ, der Gehorsam und die strikte Besitzlosigkeit des einzelnen, hinderte die Cluniazenser nicht, eine immer größere *Pracht* zu entfalten, die nicht nur die feierlichen Gottesdienste in den mächtigen Kirchen prägte. Auch der einzelne Mönch lebte (in sehr weiter Auslegung der „weisen Mäßigung" der *Benediktus-Regel;* vgl. o. S. 68) mit seiner reichhaltigen täglichen Nahrung und seiner reichen Ausstattung an Kleidung (alle zwei Jahre erhielt er einen neuen Pelz) komfortabler als die Menschen außerhalb des Klosters. Denn wenn auch einzelne Äbte Clunys selbst strenge Asketen waren, der *cluniazensischen Reform* als ganzer ging es nicht um ein Leben in entsagungsvoller Askese, sondern um die gehorsame Einbindung in eine festgefügte Ordnung. Gegen solchen Luxus, den das Mönchtum Clunys im Rahmen dieser Ordnung ermöglichte, wandte sich (mit ihrer anderen Auslegung der *Benediktus-Regel*) dann im 12. Jahrhundert die Opposition der Zisterzienser.

Das 11. Jahrhundert wurde zum *Jahrhundert Clunys,* denn seiner Reform unterstellten sich mehr als tausend Klöster, weitere ließen sich immerhin von ihr beeinflussen, und der Geist Clunys wirkte auch weit über das Mönchtum hinaus.

Die direkt abhängigen Klöster unterstanden dem Abt von Cluny unmittelbar; er ernannte ihre Klosteroberen und spiegelte damit das zeitgenössische Bild vom König und seinen Vasallen. Diese Organisation *(Ordo Cluniacensis)* umspannte ganz *Westeuropa* bis zum Rhein, bis *England, Nordspanien* und *Italien.* Die Klöster auf *deutschem* Boden standen zunächst unter dem Einfluß von *Gorze,* dann auch unter dem von Cluny, blieben aber außerhalb des engeren *Ordo Cluniacensis.* Diese *Jungcluniazenser* hatten (seit der zweiten Hälfte des 11. Jahrhunderts) ihre Zentren in *Hirsau, St. Blasien* und *Siegburg.*

Über das Mönchtum hinaus aber wirkte Cluny, weil es seine klösterlichen Ideale auch auf die Welt jenseits der Klostermauern übertrug: auf den *Weltklerus,* für den Cluny die Zölibatsforderung erneuerte, auf das *breite Volk,* das zum Gehorsam gegen den kirchlichen Klerus angehalten wurde, und auf die *Kirche* überhaupt, wo sie zu reformieren war; auch hinter der *Gottesfriedenbewegung* des 11. Jahrhunderts (vgl. u. S. 145) stand Cluny. Die *cluniazensische Reform* zielte auf die Herrschaft der Kirche auf Erden, auf die „triumphierende Kirche" *(ecclesia triumphans),* auf ihre Freiheit von der weltlichen Macht in einem alle verpflichtenden monastischen Geist. Es war also eine (wie man sie genannt hat) „*katholische Reformation*", die das *cluniazensische Jahrhundert* prägte, eine Reform, die nun auch fromme *Herrscher* aufgriffen (vgl. u. S. 131 u. 133) und (mit freilich von ihnen nicht geahnten Konsequenzen) auf das *Papsttum* übertrugen (vgl. u. S. 141).

2. Das Reich und seine Kirche

Im *ostfränkischen* Teilreich, das nach dem Erlöschen der Karolinger-Dynastie (911) zum *deutschen* Reich wurde, setzten die neuen Herrscher die *karolingische* Kirchenpolitik fort, verknüpften aber nun Reichs- und Kirchenverwaltung noch enger miteinander.

a) Otto I. der Große

Es entsprach also dem herkömmlichen Brauch, daß sich der erste Nicht-karolinger, der Franke *Konrad I.,* zur Festigung seines Königtums der Bischöfe des Reiches bediente und daß sein Nachfolger (seit 919), der Sachse *Heinrich I.,* eine *Hofkapelle* einrichtete, in deren Rahmen er Bischöfe und Äbte in die Reichsverwaltung einband. Diese Voraussetzungen übernahm 936 sein Sohn *Otto I.* (schon zu seinen Lebzeiten „*der Große*" genannt), der aber nun Königtum und Kirche dadurch noch enger miteinander verband, daß er das sogenannte „*ottonisch-salische Reichskirchensystem*" schuf.

Dieser Begriff hat sich in der Literatur eingebürgert, darf aber nicht zu schematisch so verstanden werden, als sei mit diesem *System* schlagartig und planmäßig absolut Neues geschaffen worden. Vielmehr handelt es sich um eine längere (bis in die Zeit *Heinrichs II.* reichende) Entwicklung, in deren Verlauf Althergebrachtes und längst selbstverständlich Gewordenes aufgegriffen, zugleich freilich in charakteristischer Weise ausgeformt wurde. Dem bislang durchaus Üblichen entsprach es, daß Otto I. die von den Domkapiteln gewählten Bischofs-

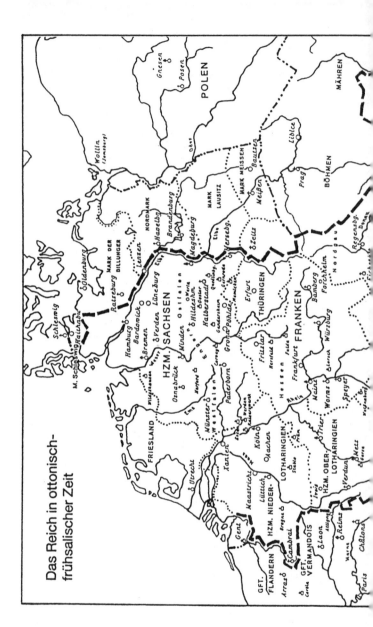

Das Reich in ottonisch-frühsalischer Zeit

124

UN-GARN

MGFT. KÄRNTEN 976 Hzm.

KGR. KROATIEN

Eppenstein

Spalato z. Oström. Reich

Imichtau

Friesach

MGFT. VERONA

Brixen

952 an Bayern 976 an Kärnten

Grado

Zara z. Oström. Reich

Caleli

Trient

Aquileja

Ancona

Fermo

Spoleto HZM.

Gaeta

Bozen

VENEDIG um 1000 markunabh.

Camerino

SPOLETO

Anagni

Verona

Comacchio

Sterzing

Chur

Bergamo

Parma

Bologna

Ravenna

PATRIM.

Perugia

Surī

Rom

Ostia

Disentis

Mailand

Reggio

Pavia

MGFT.

Furesi

Lucca

TUSCIEN

Siena

PETRI

Konstanz St. Gallen

Basel

Ivrea

Frattaria

KGR. ITALIEN

Luna

Pisa

ELBA

Pfäfingen

HOCH-BURGUND

Sitten

Asti

Genua

Besançon

Chur

St. Maurice

Gr. St. Bernhard

Aosta

Mt. Cenis

Turin

KORSIKA

Genf

Tarentaise

Neoers

Autun

Chalon

Mâcon

Lyon

Vienne

KGR.

BURGUND (ARELAT)

NIEDER-BURGUND

Frainium Benedikt. ser.

Cluny

Die

Embrun

Cluny

Le Puy

Viviers

Valence

Orange

Avignon

Marseille

Arles

Uzēs

Nīmes

Loire

Rhône

E. HU

- ⌀ Sitz eines Erzbischofs
- ⌀ Sitz eines Bischofs
- ⌀ Kloster   ○ andere Orte
- ▬ Grenzen des Reichs und der angegliederten Regna
- ▬ ▬ Außengrenzen neuer Marken
- ···· Interne Gliederung

125

kandidaten *bestätigte* oder zuvor selber *benannte,* daß er Bischöfe (als Berater und Verwaltungsfachleute, als Führer von Truppenkontingenten und als Gastgeber für den umherreisenden königlichen Hof) zum *Reichsdienst* verpflichtete und daß er ihnen dafür *Güter zur eigenen Verwaltung* übertrug, die damit jedoch nicht dem Reich verlorengingen, sondern (wie die Reichskirche insgesamt) in dessen Obereigentum verblieben. Neu in diesem vorgegebenen Rahmen aber war es, daß Otto I. seit 967 in wachsendem Maße seine Bischofskandidaten aus dem Klerus der *Hofkapelle* nahm, die damit jetzt zum Reservoir des Reichsepiskopats wurde: Ausgewählte Kleriker, die der König hierhin in seine ständige Nähe berufen hatte, über deren Vertrauenswürdigkeit er sich also ein Urteil bilden konnte, garantierten als Bischöfe eine noch engere Verbindung von Kirche und Reich, und sie waren dazu geeignet, nun auch größere Territorien mit Zoll- und Münzrechten verliehen zu bekommen. Diese *geistlichen Fürstentümer* dienten neben den weltlichen Stammesherzogtümern dem Reich als zusätzliche Stütze, die um so verläßlicher war, als der König hier – ohne auf dynastische Interessen Rücksicht nehmen zu müssen – stets Männer seines Vertrauens einsetzen konnte. Somit verfügte der König zugleich über ein Gegengewicht zur herzoglichen Gewalt, auch wenn die naheliegende Vermutung, das *Reichskirchensystem* sei aus eben diesem Grunde geschaffen worden, nicht zutrifft: Otto I. selber sah noch die Bedeutung der bischöflichen Territorialherren für das Reich im Miteinander mit den Herzögen, nicht aber gegen sie.

Die Autorität des Königs in seiner Kirche stützte sich grundsätzlich also auf eine schon alte Tradition, und sie erhielt ihre förmliche Legitimation durch die jeweils individuelle *Königssalbung (Gottesgnadentum;* vgl. o. S. 90). Auch hierin folgten die deutschen Könige den Karolingern. *Heinrich I.* freilich hatte auf die Salbung verzichtet, aber sein Sohn *Otto I.* war wieder nach herkömmlicher Art inthronisiert und dabei an seine christliche Königspflicht gemahnt worden, wie es *Widukind von Corvey* (vgl. u. S. 146) beschreibt:

108 *Widukind von Corvey, Sachsengeschichte (ca. 967), II,2:* „(Erzbischof *Hildebert von Mainz)* trat zum Altar, nahm das Schwert mit dem Gehenk, wandte sich zum König und sprach: ‚Nimm dieses Schwert und vertreibe damit alle Feinde Christi, die barbarischen Heiden und die schlechten Christen, da Dir durch göttliche Vollmacht alle Gewalt im ganzen Frankenreich übergeben ist, zur festen Sicherung des Friedens für alle Christen.‘ Dann nahm er Spangen und Mantel, bekleidete ihn damit und sagte: ‚Dieses Gewand ... möge Dich ermahnen, daß Du im Eifer für den Glauben glühen und in der Friedenswahrung bis zum Ende aushalten sollst.‘ Darauf nahm er Zepter und Stab und sprach: ‚Durch diese Zeichen ermahnt, halte die Untertanen in väterlicher Zucht und reiche die barmherzige Hand vor allem den Dienern Gottes, den Witwen und Waisen. Niemals fehle Deinem Haupt das Öl des Erbarmens, auf daß Du jetzt und künftig mit ewigem Preis gekrönt werdest.‘ Dann wurde er von den beiden Erzbischöfen *Hildebert* und *Wichfrid (von Köln)* mit heiligem Öl gesalbt und mit der goldenen Krone gekrönt.“

Das königliche *Gottesgnadentum* erhielt zusätzliches Gewicht durch seine Verknüpfung mit dem *Kaisertum,* das 924 unter den westfränkischen Karolingern erloschen war, nun aber (962) von *Otto I.* erneuert wurde: Unter Akklamation der römischen Bevölkerung salbte und krönte ihn Papst *Johannes XII.* zum *„Imperator Augustus"* (wie er sich seitdem nannte), und fortan blieb das Kaisertum des Westens mit dem deutschen Königtum verbunden; das *regnum (Königtum)* wurde zum *imperium (Kaisertum).*

In der *Erneuerung* des Kaisertums wußte sich Otto I., wie er es schon bei seiner Königssalbung getan hatte, dem Vorbild *Karls des Großen* verpflichtet. Tatsächlich aber hatte sich Entscheidendes verändert: Der Kaisertitel bestätigte zwar Ottos I. inzwischen erreichte Hegemonialstellung im Westen, doch das Frankenreich *Karls,* das fast das gesamte Abendland umfaßt hatte, gab es nicht mehr. Dem mit der Kaiserwürde verknüpften Herrschafts-*Anspruch* (der auch an die Macht des lange versunkenen *Römischen Reiches* denken ließ) entsprach also längst nicht mehr die wirkliche Herrschafts-*Gewalt.* Unter diesem Aspekt war die Machtgrundlage des Kaisers nun schmaler; denn *Otto I.* und seine Nachfolger waren *politisch* als Kaiser nur so mächtig, wie sie es (im Kreise der anderen Völker Europas) als Könige in ihrem *deutschen* Herrschaftsgebiet waren. Für die *theologische* und *kirchenpolitische* Legitimation des Herrschers bedeutete das nun mit der deutschen Königskrone verbundene Kaisertum indessen viel: Es war sein *geistlicher* Charakter (in wachsendem Maße nun auch unter dem Einfluß der *byzantinischen* Kaiseridee; vgl. o. S. 11), der das Gewicht trug. Der vom Papst in Rom Gesalbte war *christus Domini (Gesalbter des Herrn)* im universalen Sinne; der für sein eigenes Herrschaftsgebiet gesalbte König *von Gottes Gnaden* war jetzt umfassender und sein Königtum übergreifend in die Pflicht genommen. Als *Kaiser* war der König zur Verantwortung für die *ganze* Kirche aufgerufen, und als Kaiser konnte er hier dann auch *Rechte* beanspruchen, die die des Königs übertrafen.

In der Kirche seines deutschen Herrschaftsgebietes baute Otto I. die *Diözesanordnung* aus, wobei er nun vor allem den Bedürfnissen der *Slawenmission* Rechnung trug.

Noch aus karolingischer Zeit stammte die Gliederung in die Kirchenprovinzen *Trier, Köln, Mainz* und *Salzburg* (vgl. o. S. 97), denen *Ludwig der Fromme* (für die Mission im Norden) das Erzbistum *Hamburg-Bremen* hinzugefügt hatte. Dieses erhielt Suffraganbistümer in Dänemark (darunter *Schleswig* 947) und im slawischen Grenzgebiet das Bistum *Oldenburg/Holstein* (968). Auf Dauer dehnte sich Hamburg-Bremens Kirchenprovinz nach Norden bis *Finnland, Island* und *Grönland* aus, so daß schließlich sein Erzbischof *Adalbert* (1043–1072) den, freilich vergeblichen, Versuch machen konnte, das weitausgreifende Erzbistum zum *Patriarchat des Nordens* zu erheben.

Um seine Herrschaft im slawischen Osten des Reiches zu sichern, beschloß Otto I., wie er seinen „Getreuen, den Bischöfen und Grafen" kundtat, eine neue Kirchenprovinz mit dem Erzbistum *Magdeburg* einzurichten.

109 *Kaiser Otto I., Gründungsurkunde Magdeburgs (968):* „Auf der Förderung des Gottesdienstes beruht Heil und Ordnung Unseres königlichen und kaiserlichen Reiches. Ihn nach allen Unseren Kräften auszubreiten, ist daher Unser ganzes Bestreben. Daß Wir in der Stadt *Magdeburg* einen erzbischöflichen Sitz zu errichten wünschen, ist eurer treuen Liebe bereits bekannt, und da Wir jetzt die Zeit als dafür geeignet erachten, haben Wir nach Einholung des Rates *(des Erzbischofs von Mainz und anderer)* ... *Adalbert* ... als Erzbischof und Metropolitan einzusetzen und zu erwählen beschlossen ... Auch haben Wir ihn bereits nach Rom gesandt, auf daß er vom Herrn Papst das *Pallium* empfange."

Das neue Erzbistum, dem Papst *Johannes XIII.* bereits ein Jahr zuvor zugestimmt hatte, erhielt als Suffragane die älteren Bistümer *Havelberg* (947) und *Brandenburg* (949) sowie die nun (968) neuerrichteten Bistümer *Meißen, Merseburg* und *Zeitz-Naumburg* (983 machte dann freilich ein Slawenaufstand die Mission auf diesem Feld weithin zunichte). – Im Südosten wurde (auf dem Boden des ehemaligen *Großmährischen Reiches;* vgl. u. S. 147f.) 973 das Bistum *Prag* eingerichtet und der Erzdiözese *Mainz* zugewiesen.

Mit den Grundlagen des *ottonisch-salischen Reichskirchensystems* und dem *erneuerten Kaisertum* hatte Otto I. die Basis für die große Idee geschaffen, die seinen Enkel *Otto III.* beseelen sollte. Otto I. hatte „kaiserliche Heiratspolitik" betrieben und seinen Sohn und Nachfolger *Otto II.* mit der byzantinischen Prinzessin *Theophanu,* der Nichte des Kaisers *Johannes I. Tzimiskes,* verheiraten können. Diese Verbindung mit dem Osten bedeutete für den Westkaiser die förmliche Anerkennung durch Byzanz, sie wurde aber vor allem deshalb folgenreich, weil nun das kaiserlich-byzantinische Vorbild vollends auf das Kaisertum im Abendland einwirkte: in der Person der tüchtigen und machtbewußten Byzantinerin, die als Gemahlin Ottos II. zur Mitkaiserin gekrönt wurde und dann, nach dessen Tod (983), die Regentschaft für ihren noch unmündigen Sohn führte.

b) Otto III. und Heinrich II.

Otto III., seinem ottonischen wie byzantinischen Erbe zugleich verpflichtet, gab dem Kaisertum im Abendland mit *seinem* Verständnis der „Erneuerung des *Römischen* Reiches" einen ganz neuen Inhalt.

Der junge Kaiser hatte nicht nur abendländisch-lateinische, sondern (durch die Mutter und einen griechischen Erzieher) auch griechische Bildung genossen und war dazu tief religiös-asketisch geprägt. Dieses alles mit jugendlichem Elan zusammenfassend (er starb 1002 als 21jähriger) und zugleich an *Karl den Großen* als Idealbild anknüpfend, verfolgte er die Idee eines das Abendland umspannenden *christlichen Universalreiches*. Seiner Karlsverehrung verdankte *Aachen* Stiftungen und Schenkungen; Zentrum des Reiches aber sollte *Rom* sein: als Mittelpunkt der Kirche Christi und des Imperium, als Hauptresidenz also auch des „*Romanorum Imperator Augustus*" (wie Otto III. sich programmatisch nannte). Auf dem *Palatin,* dem Kaiserhügel der Antike, ließ er sich einen Palast errichten, führte das byzantinische Hofzeremoniell ein und betrieb die Zentralisierung von weltlicher und geistlicher Herrschaft mit Papst und Kaiser an der Spitze, wobei letztlich jedoch die über allem stehende Kaisermacht dominierte. Diesem römischen Kaisertum zuliebe opferte Otto III. auch die Interessen des deutschen Königtums im Osten, wie sie sein Großvater *Otto I.* mit der Errichtung des Erzbistums *Magdeburg* vertreten hatte (vgl. o. S. 128). Denn durch die von ihm nun betriebene Gründung der Erzbistümer *Gnesen* (1000, für Polen) und *Gran/Esztergom* (1001, für Ungarn) begrenzte er die deutsche Kirchenorganisation: Nicht die Kirche des *deutschen* Reiches sollte über die anderen Völker herrschen, sondern die größere des *Kaisers* sollte sie alle, die Deutschen wie die Polen und Ungarn, zusammenfassen und zu dem einen *römisch-christlichen Universalreich* vereinen.

Über die Errichtung des polnischen Erzbistums (mit den Bistümern *Kolberg, Breslau, Krakau* und seit 1002 *Posen*) durch den asketisch-frommen und doch selbstbewußten Kaiser berichtet *Thietmar von Merseburg* (vgl. u. S. 146), nicht ohne abschließend vorsichtige Kritik zu üben:

110   *Thietmar von Merseburg (gest. 1018), Chronik, IV, 45f.:* „Jede Schilderung der prächtigen Aufnahme des Kaisers durch ihn *(den Polenherrscher Boleslaw)* und des Geleites durch sein Land bis nach *Gnesen* wäre unsagbar unglaubwürdig. Angesichts der ersehnten Burg pilgerte er demütig barfuß, wurde vom dortigen Bischof ... ehrfurchtsvoll empfangen und in die Kirche geleitet; hier bat er unter Tränen den Märtyrer Christi um seine Fürbitte zur Erlangung der Gnade Christi. Dann errichtete er unverzüglich dort ein Erzbistum; hoffentlich war er dazu befugt, denn es fehlte doch die Zustimmung des *(Erz-)* Bischofs *(von Magdeburg),* dessen Diözese das ganze Land unterstellt ist."

Die mit derart weitreichenden Konsequenzen verwirklichte Idee einer so verstandenen *Erneuerung des Römischen Kaisertums* mußte in deutschen Landen auf Kritik stoßen, und so äußerte sich ein anderer Zeitgenosse Ottos III., *Brun von Querfurt,* mit schon bissigeren Bemerkungen zur Rom-Verehrung des jungen Kaisers:

111 *Brun von Querfurt (gest. 1009), Leben und Leiden der fünf Brüder in Polen:* „*(Da Otto III.) Rom* allein gefiel und er das römische Volk vor allen anderen durch Geldgeschenke und Ehren auszeichnete, wollte er für immer in Rom verweilen und in kindischem Spiele die Stadt zu ihrem alten Glanz und Ruhm erheben ... Dies war die Sünde des Königs: Das Land seiner Geburt, das liebe *Deutschland,* wollte er nicht einmal mehr sehen, so groß war seine Sehnsucht, in Italien zu bleiben ... Wie ein alter Heidenkönig, der sich in seinem Eigenwillen verkrampft, mühte er sich zwecklos ab, den erstorbenen Glanz des altersmorschen Rom aufs neue zu beleben.“

Daß Otto III. selbst solche Kritik nicht verborgen blieb, deuten Worte aus einer Rede an, die er an die Römer hielt:

112 *Leben Bernwards von Hildesheim (gest. 1022):* „Seid ihr nicht Meine Römer? Euretwegen habe Ich mein Vaterland und Meine Angehörigen verlassen. Die Liebe zu euch ließ Mich Meine Sachsen und alle Deutschen, Mein eigen Blut, verschmähen ... Euretwegen habe Ich den Haß und die Mißgunst aller auf Mich geladen, da Ich euch über alle stellte.“

Was sich im zeitgenössischen Urteil eines *Brun von Querfurt* an der *Rom-Verehrung* Ottos III., also an einem äußerlichen Aspekt seiner Reichspolitik festmacht, wurde seitdem immer wieder grundsätzlich kritisiert: daß nämlich dieser Kaiser im Banne seiner großen Konzeption, die das Schwergewicht des Reiches vom *regnum* auf das *imperium Romanum* und damit von Deutschland nach Rom verlagerte, der Ostpolitik des deutschen Reiches bleibenden Schaden zufügte. Denn wenn auch Ottos III. großer Plan mit seinem frühen Tod unterging, so war doch Polens kirchliche Selbständigkeit außerhalb der deutschen Kirche nicht mehr rückgängig zu machen. In der negativen Beurteilung dieses Ergebnisses drückt sich indessen das nationale deutsche Urteil aus, das den positiven Aspekt im größeren Rahmen übersieht. Denn was der junge Kaiser, von seiner großen Idee besessen, geplant und in Gang gebracht hatte, ohne es doch vollenden zu können (das Miteinander gleichberechtigter Völker im *gemeinsamen christlichen Universalreich*), war nach der Teilung des alten Karolingerreiches die erste große gesamteuropäische Konzeption gewesen. Unter diesem Aspekt aber brach mit dem Ganzen nicht alles zusammen: Die Völker *Polens* und *Ungarns* blieben mit ihrer nun eigenen Kirchenorganisation fester und mit eigenem Gewicht der abendländischen Christenheit und damit dem westlichen Kulturkreis verhaftet.

Den Thron des kinderlos verstorbenen Otto erbte 1002 *Heinrich II.*, ein Sproß der sächsischen Nebenlinie in Bayern, der mit seiner Politik nicht das vom Vorgänger Erstrebte und Begonnene fortsetzte. Unter den Urkunden aus seiner Regierungszeit findet sich auch diese:

113 *Kaiser Heinrich II., Schenkungsurkunde (1017):* „Im Namen der heiligen und ungeteilten Dreieinigkeit. Heinrich, von Gottes Gnaden *Kaiser der Römer, Augustus.* Die geistlichen Statuten ... schreiben vor, daß die Bischöfe häufig die

Klöster der Mönche besuchen, und wenn sie dort etwas außer der Regel finden, sollen sie es abschneiden und berichtigen. Dies wachsam im Innern bedenkend und auf dem Wege dieses Lebens Unsere Lasten dadurch erleichternd, daß Wir sie den Bischöfen auferlegen, haben Wir ... die Helmarshausen genannte Abtei mit all ihrem beweglichen und unbeweglichen Zubehör dem in *Paderborn* ... erbauten Sitz ... zu eigen gegeben und aus Unserem Recht und Unserer Herrschaft in sein Recht und seine Herrschaft fortan vollmächtig übergeben, damit er sie nach der *Regel des heiligen Benedikt* bischöflich verwalte und besitze."

Drei Aspekte verdienen hier hervorgehoben zu werden:

1. Heinrich II. stützt sich auf die Würde eines „Kaisers *der Römer,* Augustus" (Imperator *Romanorum* Augustus), ohne aber (was die Urkunde selbst nicht erkennen läßt) damit zugleich an die Universalreich-Vorstellungen *Ottos III.* anzuknüpfen. Denn nicht um das *Imperium Romanum* Ottos mit seiner starken *Rombindung* ging es ihm, sondern letztlich um die Erneuerung des *Regnum Francorum,* um die Verlagerung des politischen Schwergewichts von Italien wieder nach Deutschland. Insofern griff er also auf die Politik der *früheren* Ottonen zurück, und er intensivierte diese noch.

2. Die mit Verpflichtungen verbundene Übertragung von Reichsgut (einer Abtei) an ein Bistum, von der die Urkunde spricht, erinnert an das *ottonisch-salische Reichskirchensystem,* das nun erst unter Heinrichs II. Herrschaft seine volle Ausgestaltung erhielt: Er ernannte die Bischöfe und Reichsäbte, die nun etwa zur Hälfte aus der königlichen *Hofkapelle* hervorgingen (die kirchliche Wahl wurde zum reinen Zustimmungsakt), beteiligte sie noch enger an die Königsmacht und stärkte die mit dem Königtum verbundene Reichskirche gegen die Macht der Herzöge. Stärkung der Kirche aber bedeutete Übertragung von Landbesitz und Einkünften, die er (bis zur Verleihung ganzer Grafschaften) noch großzügiger als die ersten Ottonen vornahm.

3. Die Worte Heinrichs II. in dieser Urkunde lassen aber auch erkennen, daß er dabei die Kirche nicht als bloß äußerliches Instrument zur Absicherung der eigenen Macht verstand, daß er sich vielmehr als Herrscher auch für deren geistliche Ordnung verantwortlich wußte. Dieses war (gerade im Rahmen des *Reichskirchensystems*) zwar nichts grundsätzlich Neues, erhielt aber in Heinrichs II. Person besonderes Gewicht. Es war der Geist *Gorzes* und *Clunys* (vgl. Kap. V,1), dem er sich als frommer Herrscher verpflichtet wußte.

Heinrich II. öffnete die wichtigsten Reichsklöster vor allem der Reform *Gorzes* und errichtete in ihrem Sinne neue; und er achtete bei seinen Bischofskandidaten nicht nur auf deren politische Zuverlässigkeit, sondern auch auf ihre geistliche Qualität. In diesem Rahmen sah sich dann auch Heinrich als Kaiser in die größere, sein deutsches Königtum übergreifende Pflicht genommen: Auf einer gemeinsamen Synode mit Papst *Benedikt VIII.* (1022 zu *Pavia*) verordnete er Besserungen für die ganze Kirche (die Einschärfung des Priester-Zölibats ließ dabei besonders den monastischen Geist der Reform erkennen), und ein Jahr später traf er zu Verhandlungen über kirchliche Reformfragen mit Frankreichs König

Robert II. (996–1031) zusammen. Weniger als machtbewußter König und Kaiser, denn als persönlich frommer Herrscher blieb Heinrich II. dann auch dem Gedächtnis der Nachwelt erhalten: 1146 wurde er von Papst *Eugen III.* heiliggesprochen.

c) Konrad II. und Heinrich III.

Nach Heinrichs Tod (1024) ging das Königtum in Deutschland von der sächsischen zur fränkisch-salischen Dynastie über. Deren erster Herrscher, *Konrad II.*, übte die Hoheit über seine Kirche nicht weniger selbstverständlich als sein Vorgänger aus: in der Verantwortung des „Stellvertreters Christi", die ihm schon bei seiner Königsweihe der *Erzbischof von Mainz* ins Bewußtsein gerufen hatte:

114 *Wipo (gest. ca. 1050), Taten Kaiser Konrads II., 3:* „Zur höchsten Würde bist Du aufgestiegen, ein *Stellvertreter Christi* bist Du. Wer ihm nicht nachfolgt, ist kein wahrer Herrscher ... Gib dem Lande, das immer zu Dir aufschaut, Recht, Gerechtigkeit und Frieden! Sei ein Schützer der Kirchen und Priester, ein Schirmer der Witwen und Waisen!"

Dennoch ging es Konrad II. (im Unterschied zu *Heinrich II.*) weniger um die religiöse Verpflichtung seines Amtes, als um den Ausbau seiner Herrschermacht. So verstand er auch das Kaisertum, das er auf seine *dreifache* Königswürde (seit 1026 auch über *Italien* und seit 1033 über *Burgund*) stützen konnte und damit wieder universaler sah. Auch engere Verbindungen zu Byzanz sollten das bekräftigen; doch um eine kaiserliche Braut für seinen Sohn *Heinrich (III.)* warb Konrad vergeblich. Sein „Imperium *Romanum*" (wie er das Reich in seinen Urkunden nannte) erinnerte also an die Weltmacht der alten Römer; Konrad dachte dabei jedoch nicht etwa an das christliche Universalreich, wie es einst *Otto III.* gemeint hatte.

Das dominierende Machtbewußtsein Konrads II., dem er die Kirche unterordnete, berechtigt jedoch nicht zu dem scharfen Urteil, er sei „unkirchlich" und am geistlichen Leben überhaupt uninteressiert gewesen. Denn auch wenn man die Tatsache, daß er ein Familienkloster und den *Kaiserdom zu Speyer* gründete, weniger frommer Absicht als herrscherlicher Reputation und dynastischen Interessen zuordnen will, so ist doch nicht zu übersehen, daß ihm kirchliche Reformen (zu deren Zweck er 1036 auch eine Synode nach *Tribur* berief) nicht ganz gleichgültig waren. Für die Nachwelt freilich verdunkelte sich das Bild Konrads II. hinter dem seines Sohnes und Nachfolgers: um so mehr, als man an ihm das letzte Beispiel eines Herrschers hatte, der Bistümer gegen Geldzahlungen vergab, sich also der *Simonie* schuldig machte. Nicht erst Konrad II. hatte diese

Geldquelle genutzt; im *cluniazensischen Jahrhundert* aber wurden solche Gewohnheiten nun schärfer beurteilt, und der Kardinal *Humbert von Silva Candida* (vgl. u. S. 161-163) machte sich zum Sprecher dieser Kritik.

115 *Kardinal Humbert von Silva Candida (gest. 1061), Gegen die Simonisten, III,7:* „Noch bewahrt es das Gedächtnis vieler Menschen auf, wie von den Zeiten der Ottonen bis auf Kaiser *Heinrich (III.),* den Sohn *Konrads (II.),* der erhaben und göttlich in der Erinnerung steht, erneut die Unsitte des Verkaufs *(von Bistümern)* in ganz Germanien, Gallien und Italien gewütet hat. Dieser Kaiser *(Heinrich III.)* drängte in seinen Tagen dieses fürchterliche Verbrechen wenigstens ein wenig von sich und den Klerikern in dem ihm überantworteten Reiche zurück, und er war beharrlich und plante, es ganz auszurotten. Aber mitten in diesem seinem Herzenswunsch ereilte ihn ein vorzeitiger Tod."

Heinrich III. unterschied sich von seinem Vater, dem er 1039 nachfolgte: Nicht daß er weniger machtbewußt gewesen wäre oder gar auf ererbte Rechte verzichtet hätte, aber als tiefreligiöser Herrscher sah er sich (dem letzten Sachsenkaiser gleich) dabei doch wieder in die auch geistliche Pflicht seines Amtes genommen. Unterstützt wurde er hierin durch seine zweite Gemahlin *(Agnes von Poitou,* seit 1043), die zum Kloster *Cluny,* das ihr Vorfahr einst gegründet hatte (vgl. o. S. 121), engen Kontakt hielt.

Heinrich III. wußte sich ganz dem Geiste *Clunys* verpflichtet, den in der Kirche durchzusetzen er sich ehrlich bemühte, ohne dabei doch Zweifel an dem traditionellen Grundsatz aufkommen zu lassen, daß er selber aufgrund seiner Königsweihe (als *Gesalbter des Herrn*) die Macht innehatte und alle Verantwortung trug. Er berief Reformsynoden, aber er leitete sie auch selber, bzw. (wie 1055 zu *Florenz*) gemeinsam mit dem Papst. Er sah auf die sittliche Eignung der Bischofskandidaten, aber es waren Kandidaten, die er selber ernannte und einsetzte, denen er auch (anders noch als seine Vorgänger) zur *Investitur* persönlich Bischofsring und -stab (die Symbole des geistlichen Hirtenamtes) überreichte. Daß er sich auch über den engeren kirchlichen Bereich hinaus als christlicher Herrscher verpflichtet wußte, zeigt beispielhaft seine Hinwendung zur *Gottesfriedenbewegung* (vgl. u. S. 145).

Die ältere Periode in der Geschichte des abendländischen Mittelalters, die dadurch charakterisiert war, daß Reich und Kirche in der Hand des Königs und Kaisers zusammengehalten wurden, hatte unter Heinrich III. ihren Höhepunkt erreicht. Das *Kaisertum (imperium Romanum)* war mit dem deutschen *Königtum (regnum)* nun so eng verwachsen, daß sich für den König der kombinierte Titel eines „*Romanorum rex*" („*Königs der Römer*") einzubürgern begann. Die *Macht* des Kaisers stützte sich auf sein dreifaches Königtum in *Deutschland, Italien* und *Burgund;* der Kaiser-*Titel* aber war, da der Papst die Krönung vornahm, an *Rom* gebunden. In dieser *Rombindung* hatte *Otto I.* nach karolingischem Vorbild das Kaisertum erneuert und *Otto III.* die Idee des christlichen Universalreiches entfaltet, und auch seine Nachfolger hielten daran fest, vom *Papst* zum Kaiser gekrönt zu werden.

Diese Bindung an *Rom,* die die deutschen Könige zu einer die Kräfte verzehrenden *Italienpolitik* zwang (die schließlich dann doch scheitern sollte), stieß im Urteil der Neuzeit weithin auf Kritik, weil man die hier letztlich vergeblich verbrauchten Kräfte des Reiches lieber zugunsten einer machtvolleren *Ostpolitik* eingesetzt gesehen hätte. Eine solche Alternative aber war dem Mittelalter fremd, solange sowohl das *karolingische* Vorbild als auch das *religiöse* Gewicht des Kaisertums das Bewußtsein prägte: zu einer Zeit zumal, in der ein Kaiser noch keine Veranlassung dazu hatte, sich vom Papst in seinen Rechten beschnitten zu sehen.

In der Tradition des *ottonisch-salischen Reichskirchensystems* lag alle Verantwortung für *regnum* und *sacerdotium,* für *weltliche* und *geistliche* Macht, in der Hand des Königs und Kaisers; und in dieser Verantwortung für das Reich und für seine Kirche, die er im Geiste der *cluniazensischen Reform* verwirklichte, ordnete *Heinrich III.* auch die wirren Verhältnisse im päpstlichen Rom (vgl. u. S. 141). Daß er damit das Papsttum stärkte, brauchte dieser mächtige Kaiser noch nicht zu fürchten; aber er hatte, wie der bald ausbrechende *Investiturstreit* zeigen sollte, damit dem gefährlichen Gegner seiner Nachfolger den Boden bereitet.

3. Das Papsttum in Rom

a) Von Johannes XI. bis zu Johannes XV.

Mit dem Pontifikat *Johannes' XI.* endete 935 die Periode der „*Pornokratie*" (vgl. o. S. 120), und es folgten (bis 955) vier Päpste nacheinander *(Leo VII., Stephan VIII., Marinus II., Agapet II.),* die sich ihres Amtes als würdiger erwiesen, zumal sie sich als erste nun auch an der Spitze der Kirche für die noch junge *cluniazensische Reform* (vgl. Kap. V,1) einsetzten (Abt *Odo von Cluny* selber besuchte zu dieser Zeit Rom). Darin genossen sie das Wohlwollen des „*Dux* und *Senator* aller Römer", denn Herren in ihrer Stadt waren auch sie nicht, sondern die Adelsfamilien. Aus diesen ging 955 *Johannes XII.* hervor, der als Sohn des „*Dux* und *Senator*" nun zugleich als weltlicher Stadtherr regierte, dem Idealbild eines geistlichen Oberhirten aber wieder weniger entsprach: Daß unter ihm der päpstliche *Lateranspalast* den Charakter eines Bordells annahm, kann jedenfalls nicht als leere Behauptung einer böswillig urteilenden Nachwelt abgetan werden. Dieser Papst aber war es auch, unter dessen Pontifikat sich das *regnum* der deutschen Könige mit dem *sacerdotium* verband; denn zur Verwirklichung seines Plans einer *Erneuerung des Kaisertums* (vgl. o. S. 127) bediente sich *Otto I.* dieses Papstes, der, in Rom in Bedrängnis geraten, den König zur Hilfe herbeirief. Hier wurde Otto I. 962 von Johannes XII. zum Kaiser gesalbt und gekrönt, nahm danach vom Papst und dem römischen Volk den *Treueid* entgegen und schloß mit dem Papst diesen Vertrag:

116   *Kaiser Otto I., Vertrag mit Papst Johannes XII. (Privilegium Ottonianum, 962), 1:* „Ich, Otto, von Gottes Gnaden Imperator Augustus, verspreche und gelobe zugleich im Namen Meines Sohnes, des ruhmreichen Königs *Otto (II.),* nach göttlichem Ratschluß durch diesen Vertrag Dir, dem heiligen Apostelfürsten Petrus, ... und durch Dich Deinem Vertreter, dem Herrn Papste *Johannes XII.,* dem obersten und allgemeinen Priester, alles, wie Ihr es seit Euren Vorgängern in Eurer Gewalt und Rechtsprechung gehabt habt und verwaltet habt: *(es folgt eine lange Liste von Gebieten und Orten Italiens)* ...“

13: „Dementsprechend bestätigen Wir auch durch diese Unsere Übereignungsurkunde die Schenkungen, welche der Herr König *Pippin (III.)* seligen Angedenkens und später der herrliche Herr Kaiser *Karl (der Große)* dem heiligen Apostel Petrus ganz freiwillig dargebracht haben ...“

15: „Unbeschadet Unserer und Unseres Sohnes sowie Unserer Nachfolger Obergewalt soll entsprechend dem Vertrag und der Verordnung sowie der Bestätigung des Versprechens des Papstes *Eugen (II.)* und seiner Nachfolger dieses bleiben: daß nämlich der gesamte Klerus und der Adel des römischen Volkes ... in einem *Eid* sich verpflichtet hat, daß die zukünftige Wahl von Päpsten kanonisch und in allen Formen des Rechtes geschehen solle ... und daß der zu dem heiligen und apostolischen Regimente Berufene keiner Zustimmung bedürfe, um als geweihter Papst anerkannt zu werden, bevor er in Gegenwart entweder Unseres oder Unseres Sohnes Vertreters ganz öffentlich dieselbe *feierliche Verpflichtung,* alles gerecht und dauernd beachten zu wollen, abgibt, die Unser Herr und hochverehrter geistlicher Vater *(Papst) Leo (III.)* aus freien Stücken bekanntlich abgegeben hat ...“

19: „... Es sollen dauernde Gesandte des apostolischen Herren und von Uns eingerichtet werden, die jährlich Uns oder Unserem Sohne darüber berichten können, wie die einzelnen Herzöge und Richter *(in den päpstlichen Gebieten)* dem Volke Recht sprechen und wie diese kaiserliche Urkunde beachtet wird. Unsere Gesandten sollen zuerst alle Klagen ... zur Kenntnis des apostolischen Herren bringen, und dieser möge ... durch diese Gesandten selbst die Mißhelligkeiten beseitigen lassen, oder er lasse durch Unseren Gesandten an Uns berichten, damit Wir durch eigene Bevollmächtigte die Unzuträglichkeiten abstellen lassen.“

Dieses *Privilegium Ottonianum* knüpft also an das karolingische Vorbild an: Es bezieht sich auf die von *Karl dem Großen* bestätigte *Pippinische Schenkung* (vgl. o. S. 110 u. 113), auf die päpstliche Anerkennung der königlichen Oberherrschaft durch *Leo III.* (vgl. o. S. 114) wie auch auf die (an Papst *Eugen II.*

gerichtete) *Römische Verfügung Lothars I.* (vgl. o. S. 116). Die Zugeständnisse beider Seiten gingen dabei weit (weiter, als es der Realität entsprach): Die Schenkungen an den *Papst* übertrafen geographisch alles Bisherige, sie gingen aber auch über das hinaus, was Otto I. wirklich besaß (konnten also nur einen päpstlichen Anspruch begründen); die Rechte des *Kaisers* aber, dem der Papst vor seiner Weihe den *Treueid* zu schwören hatte, mußten in Wirklichkeit gegen den in Rom einflußreichen Adel immer wieder neu durchgesetzt werden, und dessen Macht war zwar schwächer als die des in Rom anwesenden, aber doch stärker als die des abwesenden Kaisers. Der Papst wurde also nicht zum „obersten Reichsbischof" des Kaisers (im Sinne einer allumfassenden Abrundung des *ottonisch-salischen Reichskirchensystems;* vgl. o. S. 123f.). Gewonnen hatte freilich der zum Kaiser gekrönte König an Autorität, die das, was er in Rom mit Macht durchsetzen konnte, nun auch förmlich legitimierte.

Da das Papsttum ohne eigene Macht auch weiterhin den Interessen der miteinander rivalisierenden Adelsfamilien ausgeliefert blieb, war der Kaiser zur Durchsetzung seiner Rechte immer wieder zum persönlichen Erscheinen in Rom gezwungen. Denn die Römer ließen sich keineswegs bloß dadurch zügeln, daß Otto I. sie (über das im *Privilegium Ottonianum* Festgesetzte hinaus) schwören ließ, keinen Papst ohne seine oder seines Sohnes Genehmigung zu wählen.

Otto I. selber mußte noch zweimal (963 und 966) nach Rom ziehen, um Päpste abzusetzen (*Johannes XII.,* der gegen ihn konspiriert hatte, und *Benedikt V.,* der vom Adel erhoben worden war) und um Kandidaten seiner Wahl inthronisieren zu lassen und ihnen zum Recht zu verhelfen. Das waren nacheinander *Leo VIII., Johannes XIII.* (der *Otto II.* mit *Theophanu* traute; vgl. o. S. 128) und *Benedikt VI.,* den man 974 erwürgte und durch einen Kandidaten des Adels *(Bonifatius VII.)* ersetzte. Gegen ihn ließ *Otto II.,* der inzwischen die Nachfolge seines Vaters angetreten hatte, noch in demselben Jahr *Benedikt VII.,* einen Anhänger der *cluniazensischen Reform,* inthronisieren, mußte aber zu seiner Hilfe dann selber 980 in Rom erscheinen. Wirklich zu brechen war die Macht des Adels freilich nicht: Der noch von Otto II. 983 nominierte nächste Papst, *Johannes XIV.,* wurde eingekerkert und verhungerte; *Bonifatius VII.* kehrte zurück, und ihm folgte 985, ebenfalls als Kandidat des Adels, *Johannes XV.* Jetzt (der Kaiser war inzwischen gestorben) kam seine Witwe *Theophanu* nach Rom, griff aber angesichts der mächtigen Adelsherrschaft nicht in das Papsttum ein, sondern beschränkte sich auf die Anerkennung der Ansprüche ihres noch unmündigen Sohnes *(Ottos III.),* der selber dann dem Verhältnis von Kaiser und Papst einen ganz neuen Akzent geben sollte.

b) Von Gregor V. bis zu den „Tuskulanerpäpsten"

Auch *Otto III.* hatte mit dem römischen Adel um seinen Einfluß auf das Papsttum zu kämpfen; und dieser Kampf gewann dadurch an Schärfe, daß die Stadt *Rom* in seinem christlichen Universalreich eine besondere Rolle spielen sollte: als Sitz des Papstes und als Residenz des Kaisers selbst (vgl. o. S. 129). Diese innigere Verbindung von *imperium* und *sacerdotium* an der Spitze des Reiches aber ließ sich nur mit Päpsten verwirklichen, die das besondere Vertrauen Ottos III. genossen, weswegen er bei der Auswahl seiner Kandidaten nun mit einer alten Tradition brach.

Als er auf seinem ersten Romzug (996) vom Tode *Johannes'* XV. erfuhr und um die Nominierung eines Nachfolgers gebeten wurde, benannte er als Kandidaten nicht (wie bislang üblich) einen Kleriker Roms, sondern seinen Vetter *Brun,* der als *Gregor V.* damit der erste Papst deutscher Herkunft war. Von ihm ließ sich Otto III. noch in demselben Jahr zum Kaiser krönen, verließ dann Rom – und die Dinge nahmen ihren gewohnten Gang. Der Stadtadel vertrieb den Papst, ersetzte ihn durch *Johannes XVI.,* und Otto mußte 998 erneut persönlich erscheinen: Johannes XVI. wurde grausam an Augen, Nase, Ohren und Zunge verstümmelt und eingekerkert, der Repräsentant des Adels, der „Dux und Senator" *Crescentius II.,* wurde enthauptet und *Gregor V.* wieder in seine päpstlichen Rechte eingesetzt. Nach dessen Tod (999) bestellte Otto III. seinen alten Lehrer *Gerbert von Aurillac* (vgl. u. S. 146) zum Nachfolger, der als *Silvester II.* den Papstthron bestieg.

Otto III. hatte (wie schon sein Vater) das großväterliche *Privilegium Ottonianum* nicht förmlich bestätigt. Denn im Rahmen seiner Vorstellungen vom kaiserlich geführten christlichen Universalreich sah er das Verhältnis zum Papst und zum päpstlichen Rom anders, was er nun anläßlich eines dritten Rombesuchs auch schriftlich fixierte.

117 *Kaiser Otto III., Schenkungsurkunde (1001):* „Im Namen der heiligen und unteilbaren Dreifaltigkeit. Otto, *Knecht der Apostel* und *nach dem Willen Gottes, des Erlösers, Imperator Augustus der Römer.* Wir erklären Rom *zum Haupt der Welt.* Wir bezeugen, daß die römische Kirche die Mutter aller Kirchen ist, aber durch Leichtfertigkeit und Unwissenheit der Päpste ist ihr Glanz lange Zeit verdunkelt gewesen ... Sie verdrehten die päpstlichen Gesetze und erniedrigten die römische Kirche, und einige Päpste verstiegen sich so weit, daß sie den größten Teil Unseres Reiches für sich beanspruchten ... Denn es sind Lügen, von ihnen selbst erfunden, aus denen der Diakon *Johannes* mit dem Beinamen ‚der Stummelfinger' eine Urkunde mit goldenen Buchstaben zusammenschrieb und *unter dem Namen des großen Konstantin* einen gewaltigen Betrug spann ... Wir verachten alle diese erlogenen Urkunden und vorgespiegelten Schriftstücke. Aber in Unserer Freigebigkeit schenken Wir dem heiligen Petrus, was Wir auch wirklich besitzen, und Wir übertragen ihm nicht etwas, was er schon besitzt, als ob es Unser wäre. So wie Wir um der Liebe des heiligen Petrus willen den Herrn *Silvester (II.),* Unseren Lehrer, zum Papste bestimmt und ihn, den Erlauchten, mit Gottes Willen haben weihen und erheben lassen, so machen Wir um der Liebe dieses Herrn Papstes Silvester willen dem heiligen Petrus aus Unserem

Herrschaftsbereich ein Geschenk, auf daß Unser Lehrer etwas habe, was er Unserem Fürsten Petrus von seinem Schüler darbringen könne. Wir schenken also ... die acht Grafschaften dem heiligen Petrus und bringen sie dar, und er möge sie zur Ehre Gottes und des heiligen Petrus in seinem und Unserem Heile besitzen, behalten und zum Wachsen seines Apostolates und Unseres Reiches regieren."

Auch dieses Dokument macht dem Papst Schenkungen, einem Papst, der als Ottos Kandidat natürlich seiner Idee der *Erneuerung des Kaisertums* nahestand, dabei das Verhältnis zum Kaiser aber anders sah: Schon mit der Wahl seines Amtsnamens hatte er wohl an den Papst *Silvester I.* der *Konstantinischen Schenkung* (vgl. o. S. 112) erinnern und in ihrem Sinne in Otto III. den *neuen Konstantin* sehen wollen. Dem aber entsprach der Kaiser, der Rom ("das Haupt der Welt") als eigene Residenz reklamierte, nun gerade nicht. Als selbstbewußter "Knecht der Apostel" (servus apostolorum) und "nach dem Willen Gottes, des Erlösers, Imperator Augustus der Römer" (in geistlicher und weltlicher Würde zugleich also) schreckte er nicht davor zurück, als erster die Echtheit der *Konstantinischen Schenkung* zu bestreiten: nicht mit philologischen Argumenten (im Sinne einer Quellenkritik, die erst viele Jahrhunderte später die Fälschung erweisen sollte), sondern weil sie dem eigenen Anspruch im Wege stand. Das mittelalterliche Kaisertum, das *regnum/imperium* und *sacerdotium* noch gemeinsam umgriff, zeigte hier seine ganze Macht.

Dem in der *Schenkungsurkunde* von 1001 festgehaltenen kaiserlichen Anspruch auf die Stadt Rom folgte indessen sogleich deren Verlust: Vor einem Aufstand in der Stadt mußte Otto III. noch im gleichen Jahr mit dem Papst fliehen, und auf einem erneuten Romzug (1002), der seine Rechte wieder herstellen sollte, ereilte den jungen Kaiser der plötzliche Tod. Nur *Silvester II.* konnte nach Rom zurückkehren, starb aber bereits im darauffolgenden Jahr, und über den "Stuhl Petri" herrschten wieder die Adelsfamilien.

König *Heinrich II.* ließ, da er zunächst seine Herrschaft im Reich festigen mußte, die Römer gewähren, sich nicht aber durch ihren Papst (es war jetzt *Johannes XVIII.*) in seiner Macht beschneiden. Daß sich das Verhältnis von *regnum* und *sacerdotium* auch unter dem neuen Herrscher nicht geändert hatte, zeigte sich 1007 beispielhaft angesichts der Gründung des Bistums *Bamberg* durch den König.

118 *Synode von Frankfurt (1007):* „Als nun der hochberühmte König *Heinrich (II.)* die Erfüllung seines Wunsches durch das gleichlautende Urteil der ... Bischöfe erreicht hatte, sandte er zwei von seinen Kaplänen ... nach Rom, um das hier so gut begonnene Werk durch die Autorität Roms besser zu begründen. Der römische Bischof und allgemeine Papst *Johannes (XVIII.)* ließ im Anschluß an eine in der Peterskirche gehaltene Synode, nachdem er ... sich über die Ergebenheit des frommen Königs Heinrich gefreut hatte, ein Privileg zur Bestätigung des Bistums *Bamberg* ausfertigen und bestätigte es kraft seiner

apostolischen Gewalt ... Dieses Privileg lasen die in Frankfurt ... versammelten Bischöfe mit geziemender Ehrfurcht, nahmen es an, unterschrieben es mit der päpstlichen Autorität gehorsamem Sinne, lobten es einmütig und bekräftigten es gemeinsam."

Heinrich II. beherrschte das Papsttum, auch wenn keiner der Päpste seiner Zeit als sein Kandidat zum Amt gekommen war, nicht weniger als seine Vorgänger. Das zeigte sich am Pontifikat *Benedikts VIII.*, des bedeutendsten unter ihnen, den Heinrich II. 1012 gegen einen Rivalen *(Gregor)* gestützt hatte und von dem er 1014 zum Kaiser gekrönt worden war. Mit ihm verbündete sich Heinrich gegen Byzanz, und mit ihm verfolgte er seine Pläne zur *Kirchenreform.*

Benedikt VIII., Graf aus dem Adelsgeschlecht der *Tuskulaner,* behielt auch als Papst alle weltliche Gewalt in Rom in der Hand, erwies sich als mächtiger Herr seines Kirchenstaates und zeigte (durch einen glänzenden Sieg gemeinsam mit Genua und Pisa gegen die Araber) auch sein militärisches Können. Sein besonderes Interesse aber richtete sich auf das noch immer byzantinische Süditalien (das alte römische Kirchengebiet, das im 8. Jahrhundert an das Patriarchat Konstantinopel gefallen war; vgl. u. S. 157), wo jetzt als neue politische Kraft die *Normannen* auftraten (1018 konnte Byzanz ihnen noch einmal siegreich begegnen), wo aber auch antibyzantinische Volksaufstände für Unruhe sorgten. Des Papstes Sympathien angesichts dieser Fronten waren eindeutig: Benedikt VIII. kam persönlich (anläßlich der Domweihe) nach *Bamberg,* um kaiserliche Waffenhilfe gegen Byzanz zu erbitten, und Kaiser und Papst griffen 1022 in Süditalien gemeinsam an. Letztlich erfolgreich war diese Aktion nicht, aber sie kündete doch schon die nicht mehr fernen Verwicklungen an, aus denen das *west-östliche Schisma* von 1054 hervorgehen sollte (vgl. u. S. 161).

Beugen mußte sich aber auch Benedikt VIII. der Autorität des Kaisers, den er als den „Schutzvogt der Kirche" um seine Hilfe gebeten hatte; und unter ausdrücklicher Betonung dieser seiner Pflicht als Herrscher hatte Heinrich II. bei gleicher Gelegenheit dem Papst das *Privilegium Ottonianum* (vgl. o. S. 135f.) mit zusätzlichen Gebietserweiterungen bestätigt. So war es dann auch in den Fragen der Kirchenreform der vom *cluniazensischen Geist* ergriffene Kaiser, der die Initiative ergriff und den weniger reformfreudigen Papst zur gemeinsamen Synode in *Pavia* drängte (1022; vgl. o. S. 131).

Die Zeit der *Tuskulanerpäpste*, die die geistliche und weltliche Herrschaft in Rom zugleich behaupten konnten, sollte für mehr als drei Jahrzehnte andauern: *Benedikts VIII.* Nachfolger wurde 1024 sein Bruder *Johannes XIX.,* und diesem folgte 1032 *Benedikt IX.,* der etwa fünfzehnjährige Neffe seiner beiden Vorgänger. Die Macht dieser Tuskulaner sicherte ihre einflußreiche Familie, zugleich aber auch das Einvernehmen mit dem deutschen König und Kaiser, der seine Autorität durch diese Päpste nicht schmälern, sie im übrigen aber in Rom gewähren ließ. Im Grundsatz nicht anders als *Heinrich II.* verhielt sich hier *Konrad II.*, der 1027 von *Johannes XIX.* in Rom die Kaiserkrone empfing, sich im übrigen aber (wenngleich ihm kirchliche Reformen nicht ganz gleichgültig waren; vgl. o. S. 132) um die *simonistischen* Umtriebe dieses Papstes nicht weiter kümmerte.

Bemerkenswert im Rahmen der zum *west-östlichen Schisma* von 1054 führenden Entwicklung (vgl. Kap. VI,2) ist eine Bemerkung in den *Historien* des *Radulfus Glaber* (gest. ca. 1050), *Johannes XIX.* habe daran gehindert werden müssen, selbst den römischen *Primatsanspruch* für Geld herzugeben (an den Patriarchen von *Konstantinopel*). Auch wenn diese Behauptung nur eine böswillige Unterstellung des Chronisten wäre, so würde sie doch zeigen, wessen man diesen geldhungrigen Papst für fähig hielt.

Der Pontifikat des dritten *Tuskulanerpapstes* endete wieder dramatisch: *Benedikt IX.* mußte um die Jahreswende 1044/45 vor einem Volksaufstand aus der Stadt fliehen, ein Gegenpapst *(Silvester III.)* wurde eingesetzt, nach wenigen Wochen jedoch von Benedikt wieder verdrängt, und der verkaufte nun die Papstwürde seinem Paten, der als *Gregor VI.* den Thron bestieg. Das alles geschah in dem einen Jahr 1045, als *Konrads II.* Nachfolge inzwischen *Heinrich III.* angetreten hatte.

c) Die „Reformpäpste"

Der neue König wußte sich nun wieder mit allem Nachdruck als christlicher Herrscher für die Reform der Kirche verantwortlich und handelte dementsprechend.

119 *Geschichte der römischen Kirche gegen Hildebrand (Papst Gregor VII.), 8:*
„Als aber eine solche Verworfenheit mit Rom ihr Spiel trieb, da kam auf Gottes Befehl der Kaiser *Heinrich (III.)*, und, um es kurz zu sagen, er war, bewegt durch die Bitten der frommen Kardinäle, auf ihren Wunsch hin bereit, in Ausübung seines Amtes, seiner Kaiserpflicht, um der ihm von den kanonischen Satzungen zugestandenen Macht willen die Kirche zu säubern, die Heiligtumsschänder zu verjagen und an ihnen Rache zu üben."

König Heinrich III. (er war in Wirklichkeit noch nicht „Kaiser") kam 1046 nach Italien und sah sich also drei Päpsten gegenüber: *Benedikt IX.* (der einst rechtmäßig inthronisiert worden war und sein Amt gegen das Kirchenrecht verkauft hatte), *Silvester III.* (der auch nach seiner Vertreibung an seinen Ansprüchen festhielt) und *Gregor VI.*, der sich von den beiden anderen durch seine Frömmigkeit und Reformbereitschaft unterschied und inzwischen auch fast überall Anerkennung gefunden hatte, dem aber doch der Makel anhaftete, sein Amt durch *Simonie* erworben zu haben. So erwies auch er sich (dessen weltlicher Name *Giovanni Graziano Pierleoni* war) für den König als untragbar.

120 *Hermann von Reichenau (gest. 1054), Chronik: „(1046) (König Heinrich III.)* nahm *Graziano,* welchen die Römer nach Vertreibung der früheren als Papst eingesetzt hatten, als er zu ihm kam, ehrenvoll auf. Und da so alles glücklich vonstatten ging, so hielt er nahe vor Weihnachten zu *Sutri* nicht weit von Rom ... eine Synode, und, nachdem die Angelegenheit der flüchtig in Italien umherirrenden Päpste sorgfältig vernommen worden war, so nahm er dem *(der Simonie)* schuldig befundenen Papste *Graziano* den Hirtenstab. Dann erwählte er unter Beistimmung aller, sowohl der Römer als anderer, den Bischof *Suidger (von Bamberg)* ... zum obersten Bischof der römischen Kirche, und so zogen sie am Heiligen Abend vor Weihnachten in die Stadt selbst ein ... *(1047, das neue Jahr begann am 25. Dezember)* Der vorerwähnte Suidger, von Geburt ein Sachse, wurde am Tage des Geburtsfestes des Herrn als 151. Papst auf dem apostolischen Stuhle herkömmlich geweiht und mit einem neuen Namen *Klemens II.* genannt. Ebendieser erhob an demselben Tage den König *Heinrich* und dessen Gemahlin *Agnes* durch Einsegnung zum Kaiser."

Abgesetzt auf der *Synode von Sutri* (1046), die Heinrich III. selber leitete, wurde außer *Gregor VI.* auch *Silvester III.; Benedikts IX.* Amtsenthebung folgte wenige Tage später auf einer weiteren Synode in *Rom.* Der neue Papst *Klemens II.* war also wieder ein Deutscher, dem (nach kurzer Rückkehr *Benedikts IX.*) Heinrich III. noch drei weitere folgen ließ: *Damasus II., Leo IX.* und *Viktor II.* Seinen Einfluß auf die Wahl dieser Päpste hatte der Kaiser gegen alle Ansprüche des Stadtadels dadurch gefestigt, daß er zusätzlich nun die alte Würde eines *Patricius Romanorum* angenommen hatte: in einem ganz anderen Sinne freilich, als man diesen Titel einst unter den frühen *Karolingern* verstanden hatte (vgl. o. S. 110). Heinrichs III. Päpste waren jetzt geistliche Oberhirten, die – dem Einfluß des Adels entzogen – auch von Rom aus im Sinne der *cluniazensischen Reform* wirkten, der sich der Kaiser selber verpflichtet wußte (vgl. o. S. 133), und die damit dem Papsttum zu neuer Würde verhalfen.

121 *Abt Johannes von Fécamp über den Papst Leo IX. (1050):* „Wer sollte nicht in Jubel und Rühmen ausbrechen ob der in unserem Jahrhundert unerhörten Fürsorge des wachsamen Hirten? Ihm genügt es nicht, in Rom für ein Volk Sorge zu tragen oder allein das früchtereiche Italien mit dem Regen des göttlichen Wortes zu tränken, sondern auch die Kirchen diesseits der Alpen durchwandert er, Synoden haltend; findet er etwas von der kirchlichen Norm Abweichendes, so eilt er, zu strafen und nach der Regel der Gerechtigkeit zu bessern."

Ein Beispiel für die Zusammenarbeit Heinrichs III. mit Papst *Leo IX.* bietet die *Synode von Mainz* (1049), die mit ihren Beschlüssen erkennen läßt, welcher Art die Zustände in der Kirche waren, die zur Reform aufriefen.

122 *Adam von Bremen (gest. nach 1081), Bischofsgeschichte der hamburgischen Kirche, III,30:* „Unter dem Vorsitz des apostolischen Herrn *(Leos IX.)* und Kaiser *Heinrichs (III.)* fand damals in *Mainz* die bekannte, allgemeine Synode statt ... (Hier) wurden ... zahlreiche Verordnungen zum besten der Kirche erlassen, namentlich wurden die *simonistischen* Mißbräuche und die abscheulichen Priesterehen ... auf ewig verdammt ... (Die Priesterfrauen) sollten aus Kirche und Bischofsburg entfernt werden, damit die Nähe solcher Weiber mit ihren verführerischen Reden keusche Blicke nicht mehr verletzen könne."

Noch in demselben Jahr vertrieben Kaiser und Papst gemeinsam einen *Simonisten* aus seinem Amt: den Erzbischof von *Besançon,* der für sein Amt „eine gewaltige Summe Geldes" gezahlt hatte. – Eine weitere Reformsynode hielt Heinrich III. 1055 in *Florenz* zusammen mit Papst *Viktor II.* ab, dem er dann auf dem Sterbebett (1056) auch seinen Sohn Heinrich (IV.) und das Reich anvertrauen konnte.

Zu denen, die in ihrem Umkreis an der Reform der Kirche mitwirkten, gehörte auch *Petrus Damiani* (vgl. o. S. 121), der in der Gemeinsamkeit der weltlichen und geistlichen Macht, wie sie sich nun zu seiner Zeit zeigte, die *beiden Schwerter* im Jüngerkreis Jesu (Lk 22,38) wirksam sah.

123 *Petrus Damiani (gest. 1072), Predigten, 69:* „Glücklich, wenn das Schwert des *Königtums* sich mit dem Schwert des *Priestertums* verbindet, damit das Schwert des Priesters das Schwert des Königs mildert und das Schwert des Königs das Schwert des Priesters schärft. Dieses sind die *zwei Schwerter,* von denen in der Leidensgeschichte des Herrn gesagt wird ... Dann nämlich wird das Königtum gefördert, dehnt sich das Priestertum aus und werden beide geehrt, wenn sie in der vom Herrn vorher genannten glücklichen Vereinigung verbunden werden."

Um die Mitte des 11. Jahrhunderts hatte sich das Bild des Papsttums auf dem Weg durch die Jahrzehnte, deren Geschichte die *sächsischen* und ersten *salischen* Herrscher prägten, gründlich geändert. Repräsentiert hatten es zunächst solche Päpste, die (wie ihre Vorgänger in der späten *Karolingerzeit*) mit wenig eigenem Gewicht dem stadtrömischen Adel ausgeliefert waren, die dann (seit *Ottos I. Erneuerung des Kaisertums*) zwischen die Gewalten gerieten, dabei aber auch (wie die *Tuskulanerpäpste*) eine stärkere Position behaupten konnten, wenn sie die eigene Familienmacht in Rom nicht gegen den König und Kaiser ausspielten. Uneingeschränkte Herren über die Kirche waren sie alle nicht; und es gab auch jetzt „Nachfolger Petri", die ihres geistlichen Hirtenamtes wenig würdig waren. Aber es fanden sich auch Päpste, die der *cluniazensischen*

Reform zuneigten, zumal unter denen, die von Kaisern bestellt worden waren, die sich selber der Kirchenreform verpflichtet wußten. Diese Entwicklung hatte jetzt durch *Heinrich III.* ihren Höhepunkt erreicht: Von den Zwängen des stadtrömischen Adels befreit, betrieben die Päpste die Reform nun auch mit eigenem Gewicht. Das war ein Erfolg des Kaisertums, das sich für die weltlichen und kirchlichen Belange noch in gleicher Weise verantwortlich wußte; und ein im Dienste der Reform kräftigeres Papsttum konnte sich Heinrich III. wünschen, ohne es fürchten zu müssen; denn noch war der Kaiser der Stärkere. Die weitere Geschichte aber sollte zeigen, daß eben in diesem Geiste *Clunys,* den der Kaiser nach Rom gebracht hatte, spätere Päpste den Anspruch des *sacerdotium* auch gegen das *imperium* geltend machten und dabei dann die *Zwei-Schwerter-Theorie* des *Petrus Damiani* als Waffe gegen den Kaiser einsetzten.

4. Das Christentum im Volk

Die Quellen des Mittelalters berichten vor allem von den Großen, die die Geschichte machten: von den *Königen, Kaisern* und *Päpsten,* von den einflußreichen Gestalten im *weltlichen* wie *kirchlichen* Leben und von den markanten Repräsentanten des *Mönchtums,* das ebenfalls diese frühmittelalterliche Periode prägte. Sie alle gaben dem Christentum ihrer Zeit seine Gestalt; an dieser wirkten aber auch die Kräfte mit, die aus dem Kreise der vielen Ungenannten, aus der großen Masse des *Kirchenvolkes* hervorgingen. Das „offizielle" Christentum und das der Vielen beeinflußten einander und prägten gemeinsam das „christliche Abendland", denn Nehmende und Gebende waren beide Teile zugleich.

Das Beispiel für eine Reform, die in das Kirchenvolk wirkte, hatte die *cluniazensische Bewegung* gegeben (vgl. o. S. 123), die auch hinter der *Gottesfriedenbewegung* (vgl. u. S. 145) stand; das Gegenbeispiel aber, das die Kraft der *Volksfrömmigkeit* zeigte, hatte man schon (und nicht erst hier) in den theologischen Auseinandersetzungen der *Karolingerzeit* erfahren (vgl. o. S. 108f.).

Noch in *ottonisch-frühsalischer* Zeit war das Leben der Bevölkerung kollektivistisch geprägt. Der Einzelne gehörte seiner Gruppe an, in die er hineingeboren war und die es ihm vorgab, ob er als Freier oder Unfreier lebte. Zwar wußte man alle Menschen als gleich, aber sie waren es nur *vor Gott;* im irdischen Dasein galt die wohlgeordnete Ungleichheit, denn Herrschende und Dienende waren von Gott gewollt. In diesem Sinne vertrat jetzt der Bischof *Gerhard von Cambrai* seine *Ständelehre,* die die

Dreiteilung des Menschengeschlechts in „Beter" (Priester), „Bauern" und „Soldaten" als von Anfang an gegeben sah und als weise göttliche Ordnung pries.

124 *Gerhard von Cambrai, Ständeordnung (1043):* „Wenn die Aufmerksamkeit der *Beter* ... zu Gott emporsteigt, verdankt sie den Soldaten, daß sie ihre heilige Muße in Sicherheit genießt, und den Bauern, daß sie ... mit leiblicher Speise genährt wird. Nichtsdestoweniger werden die *Bauern* durch die Gebete der Beter zu Gott erhoben und durch die Waffen der Soldaten beschützt. In gleicher Weise werden die *Soldaten* von den Erträgen der Felder versorgt ..., und die Vergehen der Waffen sühnt das heilige Gebet der Frommen, die sie schützen. Sie sind sich, wie gesagt, gegenseitig behilflich."

Das war eine schöne Theorie. Aber was sollten Bauern und Soldaten von ihren Betern halten, auf die sie doch nun so dringend angewiesen waren, wenn sie sich wie dieser ungenannte Bischof verhielten:

125 *Anonymer Bericht über einen Bischof:* „Er war aber bei jeder Art von Gottesdienst ein Liebhaber der Kürze und immer zog er eine kurze Messe einer kurzen Mahlzeit vor. Als er an einem heiligen Ostertag die öffentliche Messe feierte und als man schließlich zum Singen der *Sequenz* kam und der Vorsänger diese in gewohnter Weise feierlich hervorhob, ruft der wütende Bischof den Archidiakon und befiehlt ihm, so schnell wie möglich das Evangelium zu lesen. ‚Die sind verrückt', sagte er, ‚und bringen mich mit ihrem unendlichen Singen durch Hunger und Durst noch um.'"

Bischöfe wie dieser bildeten schwerlich die Ausnahme; denn im allgemeinen aus dem Adel hervorgegangen, waren sie nicht immer aus geistlichen Motiven zu ihrem Amt gekommen. Aber in diesen kultischen Handlungen, in den Sakramenten und Sakramentalien (Weihehandlungen), begegnete die Kirche dem Volk. Sie und die Bilder in den Kirchen, deren Botschaft man aufnahm, gehörten zu der Ordnung, in der man lebte, und sie bildeten den Rahmen für die *Frömmigkeit* mit ihren Sorgen um das Seelenheil, mit ihrem Wunderglauben und ihren Beschwörungen.

Daß auch ein Mann wie *Widukind von Corvey* (vgl. u. S. 146) solchen *Wunderglauben* teilte, belegt sein Urteil über die Kraft der Reliquien des heiligen *Veit*. Sie waren von Rom ins Westfrankenreich überführt worden, dann aber zu den Sachsen gekommen. Dieser Ortswechsel des mächtigen Fürsprechers aber hätte nun dazu geführt, daß die Sache der *Franken* zu sinken, die der *Sachsen* aber zu blühen begann. Das war die aus der Volksfrömmigkeit geborene *theologische* Deutung der im 10. Jahrhundert wachsenden Macht der *Ottonen.*

In *Frankreich,* wo seit dem 10. Jahrhundert die königliche Zentralgewalt verfiel, litt die Bevölkerung unter den sich häufenden Privatfehden des

Adels. Hier griff in der ersten Hälfte des 11. Jahrhunderts die Kirche ein, und es entstand, zunächst in Südfrankreich, dann aber auch anderenorts, die *Gottesfriedenbewegung*.

126 *Gottesfriede von Arles (ca. 1040):* „Von der Vesper des *Mittwochs* bis zum Sonnenaufgang am *Montag* soll zwischen allen Christen, Freunden und Feinden, Nachbarn und Fremden, fester Frieden und unverbrüchliche Waffenruhe herrschen, so daß in diesen vier Tagen und Nächten alle Christen zu jeder Stunde sicher seien ... Jene aber, die dem zuwiderhandeln, exkommunizieren, verwünschen und verfluchen wir und schließen sie aus der heiligen Mutter Kirche aus."

In der hier proklamierten Weise hatte der *Gottesfriede* den Charakter einer *Waffenruhe (treuga Dei, „ Waffenstillstand Gottes")*, die die kirchlich-liturgischen Haupttage der Woche (Donnerstag bis Sonntag) schützte. In gleicher Weise sollten die Hauptzeiten des *Kirchenjahres* (Advents- und Weihnachtszeit, Fasten- und Osterzeit, die Pfingstzeit, das Quatemberfasten und andere hohe Festtage) von blutigen Händeln frei sein, so daß für diese im ganzen Jahr überhaupt nur noch etwa 90 Tage übrigblieben. In dieser restlichen Zeit aber (das war ein weiterer Aspekt der *Gottesfriedenbewegung*) sollten alle Unbewaffneten und Wehrlosen, nämlich Kleriker, Bauern, Reisende und Frauen, Schonung genießen. Dieser Gottesfriede galt freilich nicht im Abendland allgemein, sondern wurde für einzelne Regionen jeweils besonders ausgerufen.

Die *Gottesfriedenbewegung* ging vom hohen Klerus Frankreichs aus, der die hier zitierte Proklamation im Namen des „Klerus von ganz Gallien" an den Klerus in Italien richtete. Auch *Odilo,* Abt von *Cluny* (994–1048), unterstützte sie namentlich, denn es war auch (wenn nicht vor allem) der Geist der *cluniazensischen Reform,* der hinter dieser Bewegung stand, für die dann Kaiser *Heinrich III.* ebenfalls eintrat (vgl. o. S. 133).

Um eine wenigstens elememtare christliche *Bildung* des Volkes hatte sich einst *Karl der Große* bemüht (vgl. o. S. 103); aber diese Ansätze, zu denen auch Übersetzungen einzelner lateinischer Texte in das Althochdeutsche gehört hatten, waren nicht fortgeführt worden. Auch die geistig-kulturelle Blüte im Karolingerreich um die Mitte des 9. Jahrhunderts (vgl. o. S. 104f.) war längst dahin. Zu einer gewissen Neubelebung kam es wohl unter den *Ottonen,* nicht aber zu einer „ottonischen Renaissance", die man der einstigen *karolingischen* hätte zur Seite stellen können. Immerhin bemühten sich *Otto der Große* und sein Enkel *Otto III.* um die Gelehrten ihrer Zeit; und es gab auch wieder bedeutende *Domschulen* (in Magdeburg, Hildesheim, Würzburg, Bamberg, Worms, Lüttich), von denen breitere Wirkungen ausgingen. Aber die Sprache der Kultur war jetzt allein das Latein der Kirche und der klassischen Antike. Eine schriftliche Dichtung in *althochdeutscher* Sprache gab es seit etwa 900 nicht mehr; erst nach der Mitte des 11. Jahrhunderts fand die deutsche

Literaturgeschichte (nun im *mittelhochdeutschen* Gewand) ihre Fortsetzung.

Der bedeutendste Gelehrte dieser Zeit war der Franzose *Gerbert von Aurillac,* Lehrer und Berater *Ottos III.* und schließlich Papst als *Silvester II.* (vgl. o. S. 137). Er verfaßte mathematische Werke, in denen zum ersten Mal im Abendland die arabischen Ziffern benutzt wurden. In *Deutschland* waren es vor allem Geschichtsschreiber, die sich einen Namen machten: unter ihnen *Widukind von Corvey* (gest. nach 973), der Verfasser einer *Sachsengeschichte* (der wichtigsten Quelle für die Geschichte *Heinrichs I.* und *Ottos I.;* vgl. Text 108), der Bischof *Thietmar von Merseburg* (gest. 1018), der eine ebenfalls bedeutende *Chronik* der ottonischen Zeit schrieb (vgl. Text 110), sowie – in früher salischer Zeit – *Wipo* (gest. ca. 1050) mit seinen *Taten Kaiser Konrads II.* (vgl. Text 114). Die größte deutsche Dichterin in diesen anderthalb Jahrhunderten (die freilich ebenfalls lateinisch schrieb) war die Kanonissin *Hrotsvith/Roswitha von Gandersheim* (gest. ca. 1000): mit ihren *Legenden* und *Dramen* sowie mit ihrem Epos *Taten Ottos,* das sie zum Ruhme Ottos des Großen verfaßte.

Die Verfasser dieser Werke in ottonisch-frühsalischer Zeit, die zumeist aus dem Adel hervorgegangen waren, wichtige Kirchenämter innehatten oder in Klöstern saßen, schrieben für ihre eigenen Kreise. An die Masse des Kirchenvolkes aber, für die das Latein die geheimnisvoll-unverständliche Kirchensprache blieb, dachten sie nicht. So fällt von hier aus, im Übergang zum Hochmittelalter, noch einmal ein heller Schein auf jene frühere, *karolingische* Zeit, die da schon mehr geleistet hatte: mit ihrem *Heliand* etwa, der von allen verstanden werden konnte.

VI. Östliche und westliche Christenheit

1. Das Christentum unter den Slawen

Die in viele Stämme geteilten Slawen hatten seit dem späten 6. Jahrhundert im Westen die Elbe, Saale sowie die Ostalpen erreicht und drangen im Süden durch den Balkan bis zum Peloponnes vor. Damit gerieten sie unter den Einfluß der abendländischen wie der byzantinischen Kirche, die sich auf diesem großen Missionsfeld jetzt als Rivalen begegneten: mit dem Ergebnis schließlich, daß die *Westslawen* dem westlichen (katholischen) und die *Ostslawen* dem östlichen (orthodoxen) Christentum angehörten, während sich die *südslawischen* Stämme auf beide Bereiche verteilten. Diese kirchliche und zugleich kulturelle Grenze durch die Welt der Slawen hielt sich bis heute und gibt sich schon äußerlich durch den Gebrauch der *lateinischen,* bzw. *kyrillischen Schrift* zu erkennen.

a) Das Großmährische Reich und die Bulgaren

Die *westslawischen* Stämme wurden von der *abendländischen* Mission erfaßt; für sie entstand 968 das deutsche Erzbistum *Magdeburg* mit seinen Suffraganbistümern (vgl. o. S. 128) und schließlich (1000) das polnische Erzbistum *Gnesen* (vgl. o. S. 129). *Byzantinischer* Einfluß zeigte sich unter ihnen nur vorübergehend im 9. Jahrhundert: im *Großmährischen Reich* des Fürsten *Rastislaw* (846–870). Auch hier hatte bereits das Christentum aus dem Westen Eingang gefunden, als der Fürst, um der damit zugleich drohenden politischen Abhängigkeit von den Karolingern zu entgehen, Kontakte zu Byzanz aufnahm.

127 *Gedächtnis und Leben unseres seligen Vaters und Lehrers Method des Erzbischofs von Mähren (2. H. 9. Jh.), 4:* „Es geschah aber in jenen Tagen, daß der slawische Fürst *Rastislaw* zusammen mit *Swetopolk* aus Mähren zum Kaiser *Michael (III.)* schickten und folgendes sagen ließen: ‚... Es sind viele Lehrer zu uns gekommen, Christen aus Italien und aus Griechenland und aus Deutschland, die uns unterschiedlich lehren; wir Slawen aber sind ein einfaches Volk und haben niemanden, der uns zur Wahrheit leitet und den Sinn erklärt. So schicke uns, guter Herrscher, einen solchen Mann, der uns alles Rechte erklärt.' Da sprach der Kaiser Michael zum Philosophen *Konstantin:* ‚Hörst du, Philosoph, diese Rede? Ein anderer aber kann das nicht tun außer dir. Hier hast du viele

Geschenke, nimm deinen Bruder, den Abt *Method,* und gehe; denn ihr seid Thessalonicher, und alle Thessalonicher sprechen rein *slawisch.*'... Und da offenbarte Gott dem Philosophen die *slawische Schrift,* und nachdem er die Buchstaben sogleich geordnet und den Text zusammengestellt hatte, machte er sich auf den Weg nach Mähren und nahm Method mit.“

Die beiden Griechen boten sich also an, weil sie aus einer inzwischen stark vom Slawentum beeinflußten Umgebung stammten und zweisprachig aufgewachsen waren. Die oben genannten *politischen* Hintergründe ihrer Mission läßt der Bericht freilich nur zwischen den Zeilen anklingen.

Konstantin (der den Mönchsnamen *Kyrill* trug) und *Method* kamen 863 nach Mähren und unterstellten sich *Rom,* wo Konstantin/Kyrill bereits 869 starb. Seinen Bruder aber machte *Hadrian II.* 870 zum (von der fränkischen Kirche unabhängigen) *Erzbischof* für das *Großmährische Reich und Pannonien* (Donauebene), womit nun nicht eine byzantinisch-abendländische, sondern *römisch-ostfränkische* Konfrontation gegeben war.

Betroffen waren die (Erz-)Bistümer *Salzburg, Passau* und *Regensburg* (vgl. o. S. 97), die es zum offenen Streit kommen ließen, Method auf einer Rückreise von Rom für mehrere Jahre festhielten und ihn erst nach energischem Einspruch des Papstes wieder freigaben.

Als das Großmährische Reich zerfiel (Rastislaw war 870 mit fränkischer Hilfe abgesetzt worden), endete auch sein römisches Erzbistum: Method starb 885, und seine Schüler wurden vertrieben. Das Land kam wieder an die ostfränkisch-deutsche Kirche, so daß das später (973) errichtete Bistum *Prag* dem Erzbistum *Mainz* zugeordnet wurde (vgl. o. S. 128).

Dem *römischen* Erzbistum Methods war also nur kurze Dauer beschieden; bleibende Bedeutung aber gewannen die beiden Brüder als „Slawenlehrer“, die dem Slawischen ein geeignetes Alphabet (das *glagolitische,* noch nicht das *kyrillische;* vgl. u. S. 151) gaben und damit die Basis für eine eigene *slawische* Liturgie und Literatur legten.

Den Gottesdienst in der jeweiligen *Volkssprache* zu feiern, galt den Christen des Ostens als Selbstverständlichkeit; ganz anders aber sah man es im Abendland mit seiner alles beherrschenden *lateinischen* Liturgiesprache. So kam es jetzt zum *Drei-Sprachen-Streit* mit den Franken, die (wie auch Papst *Nikolaus I.;* vgl. u. S. 160) unter Hinweis auf die Kreuzesinschrift (Joh 19,20) nur das *Hebräische, Griechische* und *Lateinische* für kirchlich legitimiert hielten. Die beiden Slawenlehrer bezeichneten diese Position als *„Drei-Sprachen-Häresie“* und konnten (mit umfassenderen Kenntnissen als ihre Gegner) auf den längst selbstverständlichen Gebrauch der jeweiligen Volkssprachen in den *orientalischen* Kirchen verweisen. Solange hinter diesem Streit zugleich die ostfränkischpäpstliche Konfrontation um Methods Erzbistum stand, akzeptierte Rom freilich die slawische Liturgie im Großmährischen Reich, die erst nach der Vertreibung der Schüler Methods wieder latinisiert wurde. Reste des *abendländischen* Ritus in *slawischer* Sprache lebten eine Zeitlang noch unter den südslawischen *Kroaten* fort; seine eigentliche Bedeutung gewann das Slawische (in seinem *altbulgarischen* Dialekt; vgl. u. S. 151) indessen als Kirchensprache des *byzantinischen* Ritus.

Die *südslawischen* Stämme wurden in ihrem nordwestlichen Bereich vom *Frankenreich* aus missioniert (vgl. o. S. 96f.), unterstanden zum Teil (an der Küste Kroatiens) aber *Rom* unmittelbar. Die *Bulgaren* hatten dagegen ihr Christentum von *Byzanz* erhalten, und hier kam es nun zum west-östlichen Interessenkonflikt.

Die förmliche Christianisierung des Khanats der Bulgaren (deren turkotatarische Herrscherschicht bald von der Bevölkerungsmehrheit slawisiert wurde) war den Byzantinern 864 mit der Taufe des Khans *Boris* (852–889) gelungen, der als Christ den Namen seines kaiserlichen Taufpaten *Michael* angenommen hatte.

Boris/Michael mußte (wie zur selben Zeit *Rastislaw* in Großmähren; vgl. o. S. 147) alles daran setzen, sein nun christliches Reich politisch unabhängig zu erhalten, forderte deshalb sogleich für seine junge Kirche die *Autokephalie* (Selbständigkeit unter einem eigenem Patriarchen) und wandte sich, als Byzanz ihm das versagte, an den Papst. *Nikolaus I.*, der ohnehin im Streit mit Konstantinopel lebte (vgl. u. S. 157-159), nutzte diese Gelegenheit, frühere römische Kirchengebiete zurückgewinnen zu können (vgl. u. S. 157), und schickte Bischöfe mit Priestern zu den Bulgaren, um deren Christentum jetzt die *lateinische* Form zu geben. An einer *autokephalen* bulgarischen Kirche konnte aber auch ihm nicht gelegen sein; er mußte also versuchen, den Khan für sich zu gewinnen und in seinen Wünschen zugleich hinzuhalten.

128 *Papst Nikolaus I., Stellungnahme zu den Autokephaliewünschen der Bulgaren, 72:* „Ihr fragt an, ob für euch ein *Patriarch* ordiniert werden kann. In dieser Angelegenheit können Wir nichts Endgültiges sagen, bevor nicht Unsere Legaten ... Uns berichten, wie groß die Anzahl der Christen bei euch ist und ob unter ihnen Einmütigkeit herrscht. Freilich sollt ihr inzwischen einen *Bischof* haben, und wenn ... sich das Christentum dort ausgebreitet hat und Bischöfe für die einzelnen Kirchen geweiht sind, dann soll aus ihrer Reihe einer gewählt werden, der, wenn auch nicht ‚Patriarch‘, so doch gewiß ‚Erzbischof‘ genannt werden muß ... (73) ... Ihr aber, ganz gleich, ob ihr verlangt, daß euch ein Patriarch, Erzbischof oder Bischof ordiniert werde, könnt jetzt nichts Vernünftigeres anstreben, als daß dieser einzig vom Hohenpriester auf dem Stuhle des heiligen *Petrus* ordiniert wird.“

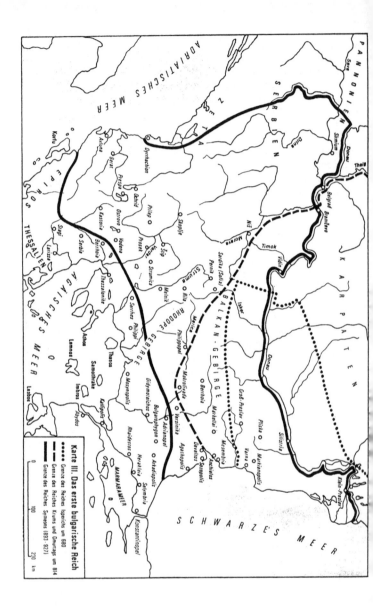

Karte III. Das erste bulgarische Reich

····· Grenze des Reiches Isperichs um 680

——— Grenze des Reiches Krums und Omurtags um 814

——— Grenze des Reiches Symeons (893–927)

0   100   200
km

So schrieb der Papst, der sich seiner Autorität bewußt war (vgl. o. S. 117f.), auf dem Balkan aber sein Ziel nicht erreichte. Denn Boris/Michael ließ sich nicht lange hinhalten, sondern wandte sich 870 wieder dem byzantinischen Christentum zu und konnte nun hier tatsächlich den ersten Schritt zur kirchlichen Selbständigkeit tun.

Er nahm die 885 aus dem *Großmährischen Reich* vertriebenen Schüler *Methods* bei sich auf, so daß nun unter den Bulgaren das Werk der „Slawenlehrer" (vgl. o. S. 148) vollendet werden konnte: die Schaffung einer christlich-slawischen Literatur, für die man jetzt die kompliziertere *glagolitische* Schrift durch die einfachere (sich an die griechische anlehnende) *kyrillische* ersetzte. So wurde der *altbulgarische* Dialekt *zum Kirchenslawischen,* dessen sich später auch die *Ostslawen* bedienen sollten (vgl. u. S. 154).

Das von Boris/Michael erstrebte Ziel erreichte schließlich sein übernächster Nachfolger *Symeon I. der Große* (893–927). Er beherrschte ein Reich, das auch den Byzantinern gefährlich wurde, und so konnten sich die Bulgaren jetzt für ihren Fürsten den *Kaisertitel („Zar")* und ein eigenes *Patriarchat* im ostbulgarischen *Preslaw* erzwingen. Byzantinische Gegenaktionen in der zweiten Hälfte des 10. Jahrhunderts verkleinerten das Reich wieder, und das Patriarchat siedelte (nach mehreren Zwischenstationen) in das im Westen gelegene *Ochrid* über. Nach der gänzlichen Vernichtung des Bulgarenreiches durch Kaiser *Basileios II.* (1018) verlor dann Ochrid zwar seine *Patriarchenwürde* wieder, bestand aber noch eine Zeitlang als autonomes, wenn auch nun griechisches *Erzbistum* fort.

b) Das Christentum in Rußland

Die „Taufe Rußlands" war im späten 10. Jahrhundert ein Erfolg der *byzantinischen* Kirche, wobei es freilich auch hier Einflüsse seitens des *westlichen* Christentums gab.

Unter den ostslawischen und (im Ostseebereich) finnischen Stämmen hatten sich einzelne Herrschaften nordeuropäischer *Waräger* gebildet, die die großen Flüsse als Handelswege nach Byzanz kontrollierten. Diese von den Slawen „*Rus"* Genannten blieben im „Rus-Land" als dünne Oberschicht zunächst sprachlich isoliert; ihre germanischen Eigennamen wurden erst nachträglich von der russischen Chronistik zu der uns geläufigeren Form slawisiert. 882 hatte *Helgi/Oleg* die Herrschaftsgebiete von Holmgard/Nowgorod und Könugard/Kiew zum *Fürstentum Kiew* vereinigt, wo es bereits Ansätze einer byzantinischen und bald (in nicht mehr deutlich zu erkennendem Nebeneinander) auch der deutschen Mission gab; als erstes Mitglied des Herrscherhauses wurde jedenfalls um die Mitte des 10. Jahrhunderts die Fürstin *Helga/Olga* getauft.

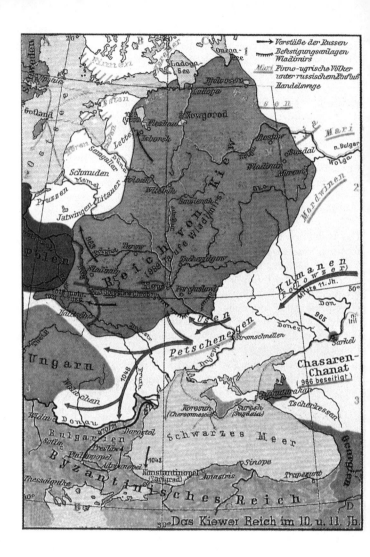

Das Kiewer Reich im 10. u. 11. Jh.

Die eigentliche Christianisierung des Landes, zu der es erst 988 kam, folgte aus einer vorübergehenden Phase innerer Schwäche des Byzantinischen Reiches: Von einem Rivalen bedrängt, mußte Kaiser *Basileios II.* den Kiewer Fürsten *Waldemar/Wladimir* (980–1015) um militärische Hilfe ersuchen, und er bot ihm als Gegengabe dafür seine Schwester zur Ehe an; einen „heidnischen Barbaren" konnte die kaiserliche Prinzessin freilich nicht heiraten.

129 *Yahya von Antiochia, Geschichtswerk (1. H. 11. Jh.), Aus der Regierungszeit des Fatimiden-Kalifen al-'Aziz:* „Der Fürst der Russen heiratete die Schwester des Kaisers *Basileios (II.),* nachdem ihm zur Bedingung gemacht worden war, daß er sich mitsamt der übrigen Bevölkerung seines Landes, einem gewaltigen Volk, taufen lasse. Die Russen bekannten sich nämlich damals noch nicht zu einem (religiösen) Gesetz und glaubten nicht an eine Religion. Kaiser Basileios schickte hernach Metropoliten und Bischöfe zu ihnen, und sie tauften den Fürsten mitsamt allen, die in seinen Gebieten lebten. Er entsandte auch seine Schwester zu ihm; sie hat viele Kirchen im Lande der Russen gebaut."

In dieser nüchternen Kürze berichtet *Yahya (Johannes),* ein arabisch schreibender byzantinischer Historiker im syrischen Antiochia, als einziger Zeitgenosse von dem Ereignis, das den Osten Europas (und später auch Asien jenseits des Ural) für das orthodoxe Christentum öffnete. Ausgeschmückt wurde die Geschichte der „Taufe Rußlands" erst durch die *Nestorchronik,* das älteste Geschichtswerk *russischer* Sprache.

130 *Nestorchronik (12. Jh.):* „*(988)* ... *Wladimir* (ging) hinaus an den Dnepr mit den Priestern der Zarin und mit denen aus Cherson *(auf der Krim),* und das Volk kam zusammen ohne Zahl, und sie stiegen hinein ins Wasser und standen, die einen bis zum Halse, die anderen bis zur Brust, die jungen aber (näher) am Ufer, andere, indem sie Kinder hielten; die Erwachsenen aber wateten (tiefer in den Fluß hinein). Die Priester aber verrichteten stehend die Gebete. Und es war, dies zu sehen, eine große Freude im Himmel und auf Erden."

Unter einem *Metropoliten von Kiew* war Rußland nun eine Kirchenprovinz des byzantinischen Patriarchats Konstantinopel, geleitet zunächst durch Griechen, bis an ihre Stelle Russen selbst traten. Für diesen Wandel (auf dem langen Weg zur *Autokephalie* der Russischen Orthodoxen Kirche mit eigenem Patriarchen 1589) sorgte Wladimirs Sohn und Nachfolger *Jaroslaw der Weise* (1016/19–1054), unter dem die junge Kirche aufblühte.

131 *Nestorchronik (12. Jh.):* „*(1037)* ... Unter ihm *(Jaroslaw)* begann der christliche Glaube Frucht zu tragen und sich auszubreiten. Und der Mönche wurden mehr, und Klöster fingen an zu sein. Und Jaroslaw liebte die kirchlichen Ordnungen; ... und er hatte Fleiß zu den Büchern und las sie oft bei Nacht und bei Tage. Und er sammelte viele Schreiber und übersetzte aus den Griechen in die *slawische* Schrift."

Damit schloß man sich an die christlich-slawische Tradition an, wie sie sich unter den *Bulgaren* herausgebildet hatte (vgl. o. S. 151): Und auch dieses war ein Schritt zur Unabhängigkeit von der byzantinischen Kirche. Aber es war die byzantinische *Kultur,* die man im slawischen Gewand übernahm, und erst unter diesem gemeinsamen christlich-byzantinisch-slawischen Dach gingen die germanischen Waräger (wie vorher schon die Bulgaren; vgl. o. S. 149) vollends im Slawentum auf. Zugleich nahm der Kiewer Herrscher in der Kirche seines Landes nun bald eine Stellung ein, wie sie der Kaiser in der byzantinischen Kirche innehatte (vgl. Kap. I,1), bis in der Neuzeit dann *Zar* und *Patriarch* von Moskau in ihrem Nebeneinander ganz das byzantinische Vorbild spiegelten.

Nach dem Muster der kaiserlich-byzantinischen *Klostergründungen* (vgl. o. S. 24f.) errichtete auch *Jaroslaw der Weise* Klöster in seinem Lande. Das berühmteste Kloster dieser älteren Zeit ging freilich nicht auf fürstliche Initiative zurück: das *Kiewer Höhlenkloster,* das um die Mitte des 11. Jahrhunderts aus einer Eremitenkolonie entstand und alsbald von der sonst allgemein praktizierten *idiorrhythmischen* Lebensform (vgl. o. S. 26) zur strengen *koinobitischen* überging.

132 *Nestorchronik (12. Jh.): „(1051) ... Als aber Feodosij* das Kloster *(als Abt)* übernommen hatte, ... fand sich ... ein Mönch vom *‚Studitenkloster' (in Konstantinopel)* ..., welcher ... aus dem Griechenlande gekommen war. Und Feodosij ersuchte ihn um die *Regeln der Studitenmönche.* Und er bekam sie von ihm und schrieb sie ab und führte die Regeln in seinem Kloster ein ... Von diesem Kloster übernahmen alle Klöster diese Regeln, und daher wird das ‚Höhlenkloster' als das älteste von allen geachtet."

Auch hier also war es ganz das *byzantinische* Vorbild, das wirkte, denn *beide* mönchische Lebensformen waren von dort übernommen worden: *Antonij* (der die Eremitenkolonie bei Kiew einst gegründet hatte) war auf dem idiorrhythmisch geprägten *Athos* gewesen; *Feodosij* dagegen hielt sich an die Tradition des *basilianischen* Klostermönchtums (vgl. o. S. 24f.). Nach seinem Tod freilich kehrte man im „Höhlenkloster" wieder zur *Idiorrhythmie* zurück. Immerhin waren beide Formen mönchischen Lebens nun auch in Rußland bekannt geworden und konnten die weitere Geschichte seines Mönchtums prägen.

2. Auf dem Wege zum großen Schisma

a) *Entfremdung und römischer Primatsanspruch*

In der einen Christenheit des Römischen Reiches entfremdete sich der lateinische Westen vom griechischen Osten im Laufe der Jahrhunderte zusehends. Unterschiedlich war das Gewicht der theologischen Interessen: Um die *Christologie* entzweite sich der Osten (vgl. Kap. II,1), um die *Gnadenlehre* stritt der Westen (vgl. Bd. 3, Kap. VIII,5). Unterschiedlich sah man das Verhältnis von *Staat und Kirche:* Gegen die *politische Theologie* im Osten (vgl. o. S. 11) stand im Westen *Augustins* Konzeption vom *Gottesstaat* (vgl. o. S. 57); und Theologie verband sich mit Kirchenpolitik unter dem wachsenden Anspruch Roms auf den *Jurisdiktionsprimat,* das Wächteramt über die *gesamte* Kirche, was der Ordnung der reichskirchlichen *Pentarchie* (vgl. o. S. 11) widersprach. Aus der west-östlichen Entfremdung wurde bald offener Streit, in dem man dann auch Unterschiede im kirchlichen *Brauchtum* als trennend wertete.

Die 4. Ökumenische Synode zu Chalzedon (451), auf der die Fünfzahl der Reichspatriarchate festgelegt worden war, hatte in der Ehren-Rangfolge zwar Rom den ersten Platz vor der Reichshauptstadt Konstantinopel zuerkannt, dieses aber *politisch* begründet: „weil jene Stadt der (frühere) *Herrschersitz* war". Dem widersprach Rom mit seinem Anspruch auf den kirchlichen Jurisdiktionsprimat, der sich auf die *Petrusnachfolge* stützte und damit nicht *politisch,* sondern *theologisch* legitimiert wurde. Den entsprechenden Kanon 28 der Synode von Chalzedon erkannte Rom also nicht an (vgl. Bd. 3, S. 96f.); das *kollegiale* Prinzip der Kirchenleitung *(Pentarchie)* und das *petrinische* Roms standen nun unversöhnlich gegeneinander.

Hinter der *christologischen* Definition von Chalzedon hatte auch die Autorität des Papstes *Leo I.* gestanden (vgl. Bd. 3, S. 109-112), und angesichts der lavierenden Religionspolitik der Kaiser im Osten (vgl. Kap. I,2a) verstand sich Rom in gesamtkirchlicher Verantwortung als Hüterin der unverfälschten chalzedonensischen Orthodoxie. So brach der Papst, als Kaiser *Zenon* mit seinem (und des Patriarchen *Akakios*) *Henotikon* auf die anti-chalzedonensische Opposition zugegangen war (vgl. o. S. 16), zum ersten Mal förmlich mit dem Osten und blieb dabei, bis das strittige Dokument zurückgenommen wurde (*Akakianisches Schisma,* 484-519). Aber Grund zum Streit gab es auch weiterhin. Am Ende des 6. Jahrhunderts fühlte sich der Patriarch des Westens herausgefordert, als sich sein Amtskollege in der Reichshauptstadt Konstantinopel den Titel eines „*Ökumenischen Patriarchen"* zulegte: eine Neuerung, gegen die *Gregor I.* leidenschaftlich anging.

133 *Papst Gregor I. an den Patriarchen Johannes IV. von Konstantinopel (595):* „Ich weiß nicht, mit welcher Verwegenheit und Selbsterhebung Ihr Euch einen neuen Namen zu verschaffen gesucht habt, an welchem die Herzen aller Brüder sich ein Ärgernis nehmen könnten ... Bedenke, ich bitte Dich, daß durch diese frevelhafte Anmaßung der Friede in der ganzen Kirche gestört und die Gemeinschaft der Gnadenausgießung geleugnet wird ... Die Heiligen vor dem Gesetze, die Heiligen unter dem Gesetze, die Heiligen im Gnadenbunde, sie alle machen den Leib Christi aus und gehören zu den Gliedern Christi; aber niemand von ihnen hat je den Titel *,allgemeiner (ökumenischer) Bischof'* angenommen."

In Konstantinopel hielt man aber nicht nur an dem neuen und bis heute offiziellen Titel fest, sondern erinnerte (ein Jahrhundert später) noch einmal auf einer Synode an den für Rom ärgerlichen Kanon 28 von Chalzedon.

134 *Synode von Konstantinopel („ 2. Trullanum", „ Quinisextum", 692), Kanon 36:* „In Erneuerung der Gesetzgebung der 150 heiligen Väter, die sich in dieser von Gott behüteten Kaiserstadt versammelt haben *(2. Ökumenische Synode, 381),* und der 630 (Väter), die in *Chalzedon* (451) zusammen waren, dekretieren wir, daß sich der Sitz von *Konstantinopel* der gleichen Vorrechte erfreuen soll wie der Sitz des *alten Rom* und daß er in allen Angelegenheiten der Kirche die gleiche Größe wie jener haben soll, da er als zweiter nach ihm kommt; der Sitz der großen Stadt *Alexandria* sei dann gezählt, sodann jener von *Antiochia* und danach der Sitz der Stadt *Jerusalem.*"

Den Namen *„ Trullanum"* hat diese Synode von ihrem Tagungsort im *Kuppelsaal* des Kaiserpalastes; als *„ Quinisextum"* wird sie bezeichnet, weil ihre Beschlüsse als Ergänzungen zu denen der 5. und 6. Ökumenischen Synode (Konstantinopel 553 und 680/81) galten.

Daß der zitierte *Kanon 36* des 2. *Trullanum* römischen Primatsansprüchen begegnen sollte, zeigt sich daran, daß man dieselbe Synode auch dazu nutzte, vom Osten abweichende Regelungen im Westen (wie die Forderung des Priesterzölibats und Unterschiede in den Fastenvorschriften) zu geißeln: In den west-östlichen Auseinandersetzungen begann also nun scheinbar Vordergründiges für die Polemik wichtig zu werden. Mit diesem allen zielte man 692 auf einen Gegner, der zu dieser Zeit schwach war (vgl. o. S. 63).

Es gab als weiteres Streitobjekt einen Anspruch, den der Patriarch von Konstantinopel seinerseits gegen seinen Amtskollegen im Westen geltend machte: die Jurisdiktion über einen Teil des *Balkan* mit Griechenland, der politisch zum Osten des Reiches gehörte, kirchlich aber als „Vikariat Thessalonike" Rom unterstand (vgl. Karte Bd. 3, S. 98f.). Das war eine den Patriarchen der Hauptstadt schon lange schmerzende Wunde, die nun im Zuge des *Bilderstreites* geheilt werden sollte. Denn der willkommenen Anlaß dazu, die kirchlichen Grenzen hier anders zu ziehen, gab Rom jetzt damit, daß es sich heftig gegen den Ikonoklasmus stellte (vgl. o. S. 22) und zugleich dem Kaiser generell jedes Recht in kirchlichen Angelegenheiten bestritt.

135 *Papst Gregor II. an den Kaiser Leon III. (?, vgl. zu Text 10):* „Genau so wie der *Bischof* sich nicht einzumischen hat in die Dinge des Kaiserpalastes und keine kaiserlichen Gnaden austeilen kann, hat auch der *Kaiser* sich nicht in die Dinge der Kirche zu mischen, hat kein Stimmrecht bei der Wahl der Geistlichen, hat keine Macht, zu konsekrieren oder die Worte der heiligen Mysterien zu vollziehen, ja nicht einmal empfangen kann er sie ohne Vermittlung des Priesters. Nein, sondern ‚ein jeder von uns verharre in der Berufung, zu der ihn Gott gerufen hat‘ *(1 Kor 7,20).*"

Leon III. – ob er nun diesen Brief, der die römische Position wiedergibt, wirklich erhalten hatte oder nicht – strafte den widerspenstigen Westen auf seine Weise: Alles Gebiet, das bislang dem Papst auf byzantinischem Boden unterstand (nicht nur das *Vikariat Thessalonike,* sondern auch *Sizilien* und *Unteritalien*) gliederte er 732/33 dem Ökumenischen Patriarchat an. Damit war die offene Wunde Konstantinopels geheilt und schmerzte nun Rom, das sich jetzt förmlich von Byzanz lossagte und dem Herrscher des *Frankenreiches* zuwandte (vgl. Kap. IV,3a).

b) Die Auseinandersetzungen um Photios

Im gegenseitigen Verhältnis des Westens zum Osten hatten sich im Laufe der Zeit also in einer Weise Aversionen angestaut, daß es kaum noch gravierender Anstöße bedurfte, den Streit zu einem erneuten Schisma werden zu lassen. So geschah es dann in der zweiten Hälfte des 9. Jahrhunderts, und der äußere Anlaß war nun nicht mehr (wie beim *Akakianischen Schisma* des 5./6. Jahrhunderts) *theologischer,* sondern *kirchenrechtlicher* Art. Die Kontrahenten waren Hierarchen gleichen Formats: *Nikolaus I.* als machtbewußter Papst (vgl. o. S. 117f.) und *Photios* von Konstantinopel als nicht minder streitbarer Ökumenischer Patriarch.

Im Zuge byzantinischer Thronstreitigkeiten, die immer auch auf das Patriarchat der Hauptstadt wirkten, wurde der Patriarch *Ignatios* (847–858) vertrieben und durch *Photios* ersetzt. Diesen Bruch kirchlichen Rechts (das eine Absetzung nur nach erwiesenen Amtsverfehlungen legitimierte) nahm der Papst zum willkommenen Anlaß für eine neue Initiative gegen Byzanz.

Nikolaus I. griff nicht nur den Rivalen im Osten als illegitimen Throninhaber an, sondern nutzte diese Gelegenheit auch dazu, gleichzeitig den Kaiser an den eigentlichen Grund römischer Verstimmung zu erinnern:

an die immer noch offene Forderung nach Rückgabe der einst unter Kaiser *Leon III.* verlorenen Kirchengebiete.

136 *Papst Nikolaus I. an den Patriarchen Photios von Konstantinopel (862):* „Da ... die Römische Kirche ihn *(Ignatios)* in seiner Würde behält, solange keine Anklage wider ihn erwiesen worden ist, weigert sie sich auch, Dich zu den patriarchalen Ehren zuzulassen, da Du zu ihnen unter verwegener Verletzung der Traditionen der Väter gekommen bist."

137 *Papst Nikolaus I. an den Kaiser Michael III. (862):* „Es würde sich gehören, daß Eure Kaiserliche Majestät – die, wie Wir hören, sich in allem betätigt, was die Kirche fördert – geruhen würde, das alte Vorrecht, das Unsere Kirche besaß, zu Eurer Zeit wiederherzustellen; denn es soll sich niemand einfallen lassen, die heilige Sendung anzufechten, die Unser Stuhl durch die in Euren Provinzen amtierenden Bischöfe ausübte, nämlich den von *Thessalonike ... (und die anderen)."*

Da die Byzantiner natürlich nicht im römischen Sinne reagierten, erklärte der Papst auf einer Lateransynode (863) Photios für abgesetzt, und seine territorialen Interessen auf dem Balkan versuchte er nun ohne den Kaiser im Einvernehmen mit den *Bulgaren* zu befriedigen (vgl. o. S. 149). Diese ließ er im übrigen auch wissen, was er (unabhängig von der Person des Photios) von der Patriarchenwürde Konstantinopels hielt.

138 *Papst Nikolaus I. an die Bulgaren über die Rangordnung der Patriarchate, 92:* „In Wahrheit sind nur jene als Patriarchen anzusehen, die auf Grund oberhirtlicher Nachfolge apostolische Sitze innehaben, d.h. die jenen Kirchen vorstehen, welche nachweislich *Apostel* gegründet haben, nämlich die Kirche von *Rom, Alexandria* und *Antiochia* ... Die Vorsteher von *Konstantinopel* und *Jerusalem* aber, mögen sie auch ‚Patriarchen' genannt werden, besitzen doch keine so große Autorität wie die ersteren ... Einzig weil *Konstantinopel* ‚Neu-Rom' heißt, wurde sein Oberhirt durch die Gunst der Herrscher und nicht so sehr aus einem einsichtigen Grund ‚Patriarch' genannt."

Griff Rom hier das *kollegiale* Prinzip der Kirchenleitung an (dem die alte reichskirchliche *Pentarchie* entsprochen hatte), so widersprach nun umgekehrt Photios der *petrinischen (papalistischen)* Idee des Westens.

139 *Patriarch Photios von Konstantinopel, Über den Primat Roms (867):* „Wenn *Rom* an erster Stelle steht, weil es den ersten Apostel als *Bischof* aufnahm, so wird *Antiochia* eher den Vorrang haben. Denn der Apostel Petrus war Bischof in Antiochia, bevor er es in Rom war. Ferner, wenn Rom (diesen Anspruch erhebt) wegen des Apostelfürsten, der zuerst die Laufbahn des *Märtyrers* vollendete, hätte mit viel mehr Recht *Jerusalem* vor Rom den Vorrang ... Ferner, wenn Rom seinen Vorrang durch den Apostel*fürsten* zu begründen sucht, so gebührt *Byzanz* der Vortritt durch den erstberufenen Andreas, den älteren Bruder. Denn viele Jahre früher übernahm er den Bischofsstuhl von *Byzanz,* als sein Bruder Bischof der *Römer* wurde. Wenn man mir aber den Ausspruch vorhält: ,Du bist Petrus, und auf diesen Felsen will ich meine Kirche bauen u.s.w.' *(Mt 16,18f.),* so wisse, daß sich das nicht auf die *römische* Kirche bezieht ... Es ist klärlich von dem Felsen gesagt, auf dem die übereinstimmende Lehre von Christus beruht und hiermit von der *ganzen* Kirche, die durch die Lehre der Apostel bis an die Grenzen der Erde ausgebreitet und fest begründet wurde."

Diese Sätze, mit denen der Byzantiner den Primatsanspruch Roms ad absurdum führen wollte, mochten die Adressaten daran erinnern, daß im Westen selbst einst *Cyprian* das Petruswort (Mt 16,18f.) *episkopalistisch* verstanden hatte (vgl. Bd. 2, S. 134f.); und auch die *Reformkonzilien* des 15. Jahrhunderts sollten noch einmal vom *Episkopalismus* geprägt sein. Dann aber siegte der *Papalismus* vollends – und dieser erweist sich heute als das größte Hindernis einer ökumenischen Verständigung zwischen östlicher Orthodoxie und römischem Katholizismus (vgl. Bd. 10, S. 139.236).

Im übrigen sprach eine Synode zu Konstantinopel 867 auch die förmliche Exkommunikation gegen *Nikolaus I.* aus, der noch in demselben Jahr starb. Dieses *Photianische Schisma,* nun von beiden Seiten besiegelt, blieb nur von kurzer Dauer, da ebenfalls in diesem Jahr auch *Photios* (nach einem Wechsel auf dem Kaiserthron) abtreten mußte und auf seinen Platz *Ignatios* zurückkehrte, an dessen Legitimität Rom keinen Zweifel hatte.

Mannigfache Auseinandersetzungen zwischen Rom und Byzanz (zumal um die *Bulgaren;* vgl. o. S. 149f.) dauerten zwar an, aber auf einer Synode zu Konstantinopel (869/70) verglichen sich Ost und West; und als *Photios* nach dem Tode seines Vorgängers (und damit nun kirchenrechtlich legitim) wieder Patriarch war (877–886), wurde er von Rom anerkannt. Irritationen gab es angesichts der eigentlichen und offen gebliebenen Streitfragen freilich auch weiterhin; aber zu einer Erneuerung des *Photianischen Schismas* kam es (hier hat die neuere Forschung frühere Ansichten korrigiert) nicht mehr.

In diesem kurzen, aber heftigen Streit der zweiten Hälfte des 9. Jahrhunderts waren alte Gegensätze wieder ans Licht gezogen und in einer Weise verschärft worden, daß sie (über die förmliche Verständigung im Augenblick hinaus) als Waffen in der Zukunft dienen konnten. So hatte *Nikolaus I.* dem Kaiser gegenüber auch in aller Deutlichkeit (wenn auch in moderater Form) den römischen Widerspruch gegen die *politische Theologie* der Byzantiner (s. o. S. 11) zum Ausdruck gebracht.

140 *Papst Nikolaus I. an den Kaiser Michael III. (865):* „Reißt nicht die Rechte der Kirche Gottes an Euch! Denn die *Kirche* maßt sich auch kein Recht auf Euer *Kaisertum* an ... Wißt Ihr doch, daß jeder Lenker der politischen Dinge sich ebenso vor Einmischung in göttliche Dinge hüten muß, als es für jeden, der zum Stand der Kleriker ... gehört, nicht erlaubt ist, sich mit weltlichen Geschäften abzugeben. Es ist uns demnach völlig unerfindlich, wie sich jemand, dem einzig die Herrschaft über weltliche und nicht über göttliche Dinge anvertraut ist, eine Urteilsgewalt über die Verwalter der Mysterien anmaßen kann ... Der allmächtige Gott mache in seiner Gnade das Herz Eurer Majestät weit, daß Ihr aufnehmt, was wir sagen, und er hauche Euch in die innerste Seele seinen Geist, daß Ihr willig gehorcht in allem, was wir Euch schrieben, allerchristlichster und geliebter Sohn!"

Es sind die Worte eines Papstes, der es in seinem westlichen Bereich durchaus verstand, seine Interessen durchzusetzen (vgl. o. S. 117f.). Michael III. aber war kein Spätkarolinger. Er hatte – wie demselben Brief des Papstes zu entnehmen ist – den Hierarchen des Westens vielmehr seine ganze byzantinische Arroganz spüren lassen.

141 *Papst Nikolaus I. an den Kaiser Michael III. (865):* „In Eurem Schreiben seid Ihr ... in so ungezügelt wütende Abneigung gegen uns ausgebrochen, daß Ihr sogar Schmähungen auf die *lateinische Sprache* häuft und sie ... ,barbarisch' und ,skythisch' schimpft ... Diese Sprache stand an erhabener Stelle auf der Kreuzesinschrift, zusammen mit dem *Griechischen* und *Hebräischen, diese drei und keine anderen* ... Ihr nennt aber das Latein nur deswegen eine ,barbarische Sprache', weil Ihr kein Latein mehr versteht. Bedenkt darum, wie lächerlich es ist, daß Ihr Euch ,Römischer Kaiser' nennen laßt, wo Ihr nichts versteht von der römischen *Sprache*."

Des Papstes Hinweis auf die *drei Sprachen* („diese drei *und keine anderen*") entspricht der *Drei-Sprachen-Häresie*, wie sie auch den Slawen gegenüber vertreten wurde (vgl. o. S. 148). In byzantinischen Augen gehörte sie zu den „Irrtümern" der Lateiner, die man zum polemischen Gebrauch listenmäßig zusammenstellte.

142 *Gegen die Franken (Aufzählung „lateinischer Irrtümer"), 1:* „Das heilige Glaubensbekenntnis ... sagt über den Heiligen Geist eindeutig: ,... der vom Vater ausgegangen ist.' Sie aber haben den Zusatz: ,*und vom Sohne*' (,*filioque*'; vgl. o. S. 106) ..."

2: „An Stelle von Brot bringen sie *Ungesäuertes* dar ..."

4: „Sie fasten an *Samstagen,* und wenn das Fest der Geburt Christi oder Epiphanie auf einen Samstag fällt, heben sie das Fasten nicht auf."

5: „In der Fastenzeit beginnen sie erst am *Aschermittwoch* zu fasten."

8: „... die Kreuzigung selbst geben sie nicht malerisch, sondern erhaben, in einem *plastischen* Werk, wieder ..."

10: „Die Mutter unseres Herrn Jesus Christus nennen sie nicht ,*Gottesgebärerin*', sondern nur ,*heilige Maria*'."

16: „Sie *bekreuzigen* sich irgendwie schräg mit den fünf Fingern und bezeichnen danach mit dem Daumen das Gesicht."

17: „Vom Aschermittwoch bis zum Osterfest singen sie das *‚Alleluja'* nicht."
19: „Sie erklären, Gott dürfe nur in *drei Sprachen* verehrt werden: auf hebräisch, griechisch und lateinisch ..."

Dieser Katalog alter Anschuldigungen gegen die Lateiner erhielt seine jetzige Gestalt wohl erst im 11. Jahrhundert. Denn man erinnerte sich an sie wieder am Vorabend des *Großen Schismas von 1054.*

c) Das Schisma des Jahres 1054

Das untrennbare Ineinander (kirchen-)politischer und theologischer Interessen, das nun schon über Jahrhunderte hin die west-östlichen Auseinandersetzungen bestimmt hatte, sollte dann auch zum Bruch des Jahres 1054 führen.

Jetzt waren die Handelnden: ein politisch aktiver *Reformpapst (Leo IX.;* vgl. o. S. 141f.), ein militärisch wie seinem Patriarchen gegenüber schwacher *byzantinischer Kaiser (Konstantin IX. Monomach),* ein bis zur Rücksichtslosigkeit energischer *Ökumenischer Patriarch (Michael I. Kerullarios,* 1043–1058), ein ihm hierin ebenbürtiger *päpstlicher Legat (Kardinal Humbert von Silva Candida)* und – als Auslöser des Streites – die aufsteigende Macht der *Normannen,* die sich in der ersten Hälfte des 11. Jahrhunderts zur Eroberung des byzantinischen Süditalien anschickten.

Da die normannischen Eroberer nur auf schwachen byzantinischen Widerstand stießen, ergriff Papst *Leo IX.,* der auch seine eigenen Besitzungen gefährdet sah, militärisch die Initiative, wurde aber 1053 entscheidend geschlagen und geriet selber zeitweilig in normannische Gefangenschaft. Da der gemeinsame Feind im Alleingang also nicht zu bezwingen war, mußten Papst und byzantinischer Kaiser an eine gemeinsame anti-normannische Aktion denken, für die man dann auch den Kaiser des Abendlandes gewinnen wollte. Eine solche Verständigung seines Kaisers mit dem machtbewußten Rivalen in Rom war dem nicht minder ehrgeizigen Ökumenischen Patriarchen freilich höchst unangenehm, da er nicht ohne Grund unliebsame kirchenpolitische Konsequenzen fürchtete.

Der Papst hatte die alten römischen Ansprüche auf die im 8. Jahrhundert verlorenen Kirchengebiete (vgl. o. S. 157) nicht vergessen, nahm jetzt schon im südlichen Italien Jurisdiktionsrechte wahr, und es war abzusehen, daß der auf Militärhilfe angewiesene byzantinische Kaiser hier zu Zugeständnissen gezwungen wurde, die für das Patriarchat Konstantinopel nachteilig waren.

Der Patriarch *Michael I. Kerullarios* versuchte also die militärische Verständigung zwischen Ost und West dadurch zu hintertreiben, daß er den uralten kirchlichen Gegensatz in Erinnerung rief, die altbekannten Aversionen gegen die lateinischen Bräuche wieder bewußt machen ließ (durch eine polemische Schrift, die der Erzbischof *Leon von Ochrid* für ihn verfaßte) und daß er – um diesen Angriff noch zu verschärfen – die Kirchen, die die Lateiner für ihren Ritus in Konstantinopel unterhielten, schloß.

In dieser Situation schickte Papst *Leo IX.* im Frühjahr 1054 noch kurz vor seinem Tode (er überlebte seine normannische Gefangenschaft nur um wenige Wochen) eine Gesandtschaft nach Konstantinopel, die vom streitbaren Kardinal *Humbert von Silva Candida* angeführt wurde.

Sie wandte sich mit päpstlichen Schreiben an zwei Adressaten: an den *Kaiser* wegen des Militärbündnisses (verbunden mit der Forderung auf Rückgabe der einst abgetrennten Kirchengebiete) und an den *Patriarchen,* um ihn für seine anti-lateinischen Aktionen zur Rechenschaft zu ziehen und zugleich zur Anerkennung des päpstlichen Primats zu bewegen.

Der Empfang durch den schwachen Kaiser war freundlich, der durch den in der Stadt mächtigeren Patriarchen jedoch eisig. So kam es dann nach letztlich fruchtlosen Einzelverhandlungen zwangsläufig zum Eklat: Kardinal Humbert, der die Ansprüche Roms kompromißlos vertrat, beendete seine Mission damit, daß er (ohne Rücksicht auf alle militärischen Interessen) gegen den Patriarchen schriftlich den Bann aussprach und dieses Dokument auf dem Altar der *„Hagia Sophia"*, der Patriarchatskirche der Hauptstadt, niederlegte. Es endete mit den Worten:

143 *Kardinal Humbert von Silva Candida, Römische Bannbulle (1054):* *„Michael,* mißbräuchlich ‚Patriarch', neubekehrt (neophytos) und nur um menschlicher Ehre willen im Mönchsgewande, jetzt auch durch schlimmste Verbrechen von vielen entehrt, und mit ihm *Leon von Ochrid,* der sogenannte ‚Bischof', ... und alle, die ihnen folgen in den genannten Irrtümern und Behauptungen, seien *Anathema Maranatha,* mit den Simonisten, ... Arianern, Donatisten, ... Manichäern ... und mit allen Ketzern, ja auch mit dem Teufel und seinen Engeln, wenn sie nicht etwa zur Einsicht kommen. Amen, Amen, Amen."

Diesen Akt ließ der *Ökumenische Patriarch* umgehend durch eine Synode in der Hauptstadt erwidern, deren Edikt nun ebenfalls den unverblümten Haß, wie er in langen Jahrhunderten angewachsen war, zum Ausdruck brachte.

144 *Patriarchalsynode von Konstantinopel (1054), Synodaledikt:* „Menschen sind aus der Finsternis aufgetaucht, sie stammen aus dem westlichen Lande, sie kamen in diese fromme, von Gott geschützte Stadt, von der ... die Quellen der

Orthodoxie entspringen ... Wie ein Blitz ... wie ein Wildschwein brachen sie ein ...; sie legten Schriften auf dem mystischen Tische der großen Kirche Gottes nieder, durch die sie gegen Uns ... das *Anathema* schleudern ... Gemäß der Vorsorge des Kaisers, des Hüters der Frömmigkeit, wurde das unfromme Schreiben und die es aufgesetzt oder zu verfassen veranlaßt haben, oder den Verfassern Hilfe geleistet haben, in Gegenwart der Legaten vom Kaiser in der Großen Kanzlei mit dem *Anathema* belegt."

Damit war das *Schisma von 1054,* das offiziell den endgültigen Bruch zwischen östlicher Orthodoxie und lateinischem Abendland bedeutete, von beiden Seiten vollzogen worden.

Formal hatten die beiden Seiten jedoch nicht jeweils die andere *Kirche* gebannt: *Humberts* Anathema galt dem Wortlaut nach nur dem Patriarchen, dem Erzbischof von Ochrid und „allen, die ihnen folgen"; und die *byzantinische* Synode hatte nur die Verfasser „des unfrommen Schreibens" und ihre Mithelfer mit dem Bann belegt. Da hinter dem offiziellen Wortlaut aber alle gegenseitigen Aversionen und Ansprüche standen, die sich in langen Jahrhunderten angestaut hatten und gerade im Vorfeld des Schismas wieder laut geworden waren, verstand man den Bruch als nicht nur zwischen den unmittelbar Beteiligten, sondern als zwischen *Kirche* und *Kirche* vollzogen. Im byzantinischen *Kirchenvolk* mit seinem Lateiner-Haß traten die spektakulären Ereignisse von 1054 freilich ganz hinter das zurück, was man dann im Jahre 1204 erleben mußte, als die Kreuzfahrer des Abendlandes Konstantinopel eroberten und plünderten.

Für die Kirchen und ihre Geschichtsschreibung blieb das *Große Schisma von 1054* das Datum des (wie es schien) endgültigen Zerwürfnisses zwischen östlicher und westlicher Christenheit; und es bedurfte erst der ökumenischen Kontakte der Gegenwart, dieses Schisma offiziell zu beenden: mit der förmlichen Rücknahme des gegenseitigen Bannes durch Konstantinopel und Rom im Jahre 1965 (vgl. Bd. 10, S. 139).

VII. Die Christenheit
um die Mitte des 11. Jahrhunderts

Im Übergang vom Früh- zum Hochmittelalter fanden sich Christen auf allen Kontinenten der alten Welt: in fast ganz *Europa* (es fehlten noch Teile Skandinaviens und der baltische Raum), in *Asien* (bis Südindien und Fernost) und in *Afrika* (Ägypten, Nubien und Äthiopien). Den Äquator freilich hatte das Christentum noch nicht überschritten: bislang war es eine Religion nur in der nördlichen Hemisphäre.

Diese Christenheit insgesamt, die (in Leben und Lehre) seit jeher pluralistisch geprägt war, gliederte sich jetzt in eine Vielzahl verfaßter *Kirchen,* die auch ihre jeweilige *konfessionelle* Eigenart besaßen. Dabei war die Entwicklung im Osten und Westen freilich ganz unterschiedlich verlaufen: Dort hatten sich im Übergang zum Mittelalter gegen die *byzantinische Reichskirche* die Kirchen der *Diplophysiten,* der *Maroniten* und die nestorianische *Kirche des Ostens* konstituiert; hier, im Westen, aber war zur gleichen Zeit der konfessionelle Gegensatz durch den Untergang der *homöischen* Germanenreiche überwunden worden, und die *Kirche Roms* behauptete (nach der Eingliederung auch der ehedem selbständigen Kirchen *Britanniens*) allein das Feld.

Die eine Kirche der alten reichskirchlichen *Pentarchie,* die im Osten Gläubige verloren, im Westen aber gewonnen hatte, war indessen jetzt auch in sich selber durch das *Große Schisma von 1054* getrennt; und damit hatten sich Unterschiede und gegenseitige Aversionen, die es schon seit Jahrhunderten gegeben hatte, nun auch hier zur kirchlichen Abgrenzung verfestigt. Seitdem gingen die beiden Teile der alten Reichskirche, die *orthodoxe Kirche* des Ostens und die *katholische* des Abendlandes, erst recht ihre eigenen Wege und folgten ihren jeweils eigenen theologischen Interessen. Was die Theologiegeschichte des *Westens* prägen sollte, hatte das Frühmittelalter schon erkennen lassen: die Autorität *Augustins,* des größten abendländischen Kirchenvaters, im Widerstreit mit der Volksfrömmigkeit, dem *Vulgärkatholizismus.* Auch anderes sollte sich unterschiedlich entwickeln, was sich im Ansatz schon erkennen ließ: im *Mönchtum* etwa, das im Westen in einer dem Osten fremden Weise geordnet wurde, in dem nun nur noch die eine *Benediktus-Regel* galt und in dem die Einzelklöster zu Klosterverbänden zusammengefaßt wurden, wie es die *cluniazensische Bewegung* praktizierte, die damit den Weg zum späteren Ordenswesen beschritt, zum Nebeneinander unterschiedlich geprägter und jeweils streng geordneter Mönchsorden, außerhalb derer es kein Mönchtum gab und bis heute gibt. Das *idiorrhythmisch* geprägte Mönchsleben, das sich im mittelalterlichen *Byzanz* durchsetzte und auch das spätere Starzentum *Rußlands* bestimmte, zeigte ein ganz anderes Bild.

Für die Kirchengeschichte bedeutsam war auch der Sieg des *Islam* gewesen. Von ihm profitierten (bis zur entscheidenden Wende unter den muslimischen Mongolen) die von Byzanz unterdrückten östlichen Nationalkirchen. Aber betroffen war die Kirche natürlich auch von den politischen Konsequenzen, die sich für den Osten wie für den Westen ergaben, nachdem nun ein Großteil der Mittelmeerwelt nicht mehr unter christlicher Herrschaft stand. In der byzantinischen Kirche waren nur noch die beiden Reichspatriarchen von *Konstantinopel* und *Rom* unter der Herrschaft des christlichen Kaisers verblieben. Das hatte die Rivalität zwischen ihnen, dem Hierarchen in der Reichshauptstadt und dem „Nachfolger Petri" mit seinem Primatsanspruch, verschärft. Als Rivalen waren Ost und West einander in der *Slawenmission* begegnet, und sie sollten hier dann mit ihren letzten Erfolgen die kirchliche und kulturelle Grenze ziehen, die bis in die Gegenwart den Balkan (zwischen Serben und Kroaten) und Osteuropa (zwischen Russen und Polen) trennt.

Im *Westen* hatte sich bis zur Mitte des 11. Jahrhunderts die *Staatenwelt* herausgebildet, die Europas Zukunft bestimmen sollte: nach dem Untergang des *weströmischen Reiches,* nach dem Zwischenspiel der homöischen *Germanenreiche,* nach dem Zusammenbruch dann der *byzantinischen* Herrschaft über das westliche Mittelmeer (durch den *Islam* und die *Langobarden* in Italien) und schließlich nach dem Aufstieg und Zerfall des mächtigen *Frankenreiches,* das Karl den Großen kaum überlebt hatte. Das Ihre dazu hatten als ebenfalls prägende Kraft die *Wikinger* beigetragen, die den Westen Europas verheert, durch ihre Eroberungen aber auch seinen Norden (bis *Island* und *Grönland*) in den Blick gerückt und damit auch der Missionsbewegung des *Erzbistums Hamburg-Bremen* Impulse gegeben hatten; sie hatten als *Rus* unter den Ostslawen staatsgründend gewirkt, hatten als *Normannen* in Süditalien zum Ausbruch des Schismas von 1054 beigetragen und schickten sich nun (1066) an, auch Britannien zu erobern.

In der frühmittelalterlichen Geschichte des Abendlandes hatte aber auch das Thema begonnen, das nun, in der zweiten Hälfte des 11. Jahrhunderts, zum dramatischen Konflikt führen sollte: das Thema „*Kaiser und Papst"*.

Rom, im Bilderstreit mit dem Verlust seiner noch byzantinischen Kirchengebiete bestraft, hatte den für die abendländische Kirchengeschichte folgenreichen Schritt getan, hatte sich vom Kaiser in *Byzanz* gelöst und, gestützt auf das weit ausgreifende Reich *Karls des Großen,* im

Westen ein zweites christliches Kaisertum begründet. *Otto der Große* hatte dieses Westkaisertum erneuert, aber ohne die Basis des alten Frankenreiches hatte es nun eine andere Gestalt. Der Kaiser war nicht der Oberherr Europas, er war einer seiner Könige, der größte freilich, aber seine kaiserliche Gewalt überschritt nicht die Grenze seiner königlichen Macht. Eine höhere Autorität jedoch verlieh der große Titel, und es ließen sich mit ihm, wenn sein Träger nur als König mächtig genug war, ehrgeizige Programme entfalten, wie es für kurze Zeit *Otto III.* mit seiner Idee eines christlichen Universalreiches gezeigt hatte. Der Kern dieser Idee aber wirkte weit über die Ottonen hinaus und prägte das politische Geschick Deutschlands nachhaltig: Es war die im Kaisertitel verankerte *Rombindung* (die Krönung durch den Papst wie die mit dem Amt gegebene Verantwortung für die ganze katholische Kirche), die den deutschen König immer wieder nach Italien zog und in die römischen Händel verwickelte.

Die Verantwortung, die der *Kaiser* für die gesamte abendländische Kirche und für ihr geistliches Oberhaupt trug, nahm er für die Kirche in seinem eigenen Reich als *König „von Gottes Gnaden"* wahr. Ihn in diesem alten Recht zu beschneiden, das noch aus fränkischen Zeiten stammte, hatten (wenn sie denn überhaupt daran dachten) auch die wenigen bedeutenderen unter den Päpsten dieser Jahrhunderte nicht vermocht. Noch *Heinrich III.,* der die Mitte des 11. Jahrhunderts überschritt, war mächtig genug, das Papsttum im *Geiste Clunys* reformieren zu können; Clunys weiterreichende Forderung nach der Freiheit der Kirche von jeder weltlichen Gewalt brauchte er selber noch nicht zu fürchten. Aber Heinrich III. war der letzte König und Kaiser der alten Art: Mit ihm endete das Frühmittelalter im Abendland. Unter seinem Sohn und Nachfolger *Heinrich IV.* wendete sich nun das Blatt, und das Thema *„Kaiser und Papst"* fand seine Fortsetzung im *Investiturstreit.*

VIII. Anhang

1. Verzeichnis der benutzten Abkürzungen

(Soweit vorhanden: nach *S.M. Schwertner*, Internationales Abkürzungsverzeichnis für Theologie und Grenzgebiete, IATG², 1992²):
AAbR = Alte abenteuerliche Reiseberichte; *AKG* = Arbeiten zur Kirchengeschichte; *AMMG* = Abhandlungen aus Missionskunde und Missionsgeschichte; *BArKl* = Bibliothek arabischer Klassiker; *BAW.AC* = Bibliothek der Alten Welt. Antike und Christentum; *BBA* = Berliner byzantinistische Arbeiten; *BElB* = Beck'sche Elementarbücher; *BiblM* = Bibliothek des Morgenlandes; *BRh* = Beck'sche Reihe; *BSoA* = Beck'sche Sonderausgaben; *CSCO.Sub* = Corpus scriptorum Christianorum orientalium. Subsidia; *CSEL* = Corpus scriptorum ecclesiasticorum Latinorum; *dtv* = Deutscher Taschenbuch-Verlag; *dtv.NW* = dtv. Nachschlagewerke; *EDG* = Enzyklopädie deutscher Geschichte; *FSGA* = WiB. Freiherr-vom-Stein-Gedächtnisausgabe; *FWG* = Fischer Weltgeschichte; *GKT* = Grundkurs Theologie; *GÖK* = Geschichte der ökumenischen Konzilien; *Grs* = WiB. Grundrisse; *Grz* = WiB. Grundzüge; *GSB* = de Gruyter Studienbuch; *GTBS* = Gütersloher Taschenbücher Siebenstern; *HAW* = Handbuch der Altertumswissenschaft; *HO* = Handbuch der Orientalistik; *ITB* = Insel-Taschenbuch; *KGE* = Kirchengeschichte in Einzeldarstellungen; *KGMG* = Kirchengeschichte als Missionsgeschichte; *KIG* = Die Kirche in ihrer Geschichte; *KTGQ* = Kirchen- und Theologiegeschichte in Quellen; *MBM* = Münchener Beiträge zur Mediävistik und Renaissance-Forschung; *MGH.AA* = Monumenta Germaniae historica. Auctores antiquissimi; *MGMA* = Monographien zur Geschichte des Mittelalters; *NDG* = Neue Deutsche Geschichte; *NEMBN* = Notices et extraits des manuscrits de la Bibliothèque Nationale et autres bibliothèques; *ÖC* = Das östliche Christentum; *OGG* = Oldenbourg Grundriß der Geschichte; *RBS.S* = Regulae Benedicti Studia. Supplementa; *RILOB* = Recherches. Institut de lettres orientales de Beyrouth; *RM* = Die Religionen der Menschheit; *RodE* = Rowohlts deutsche Enzyklopädie; *RUBibl* = Reclam Universal-Bibliothek; *RuD* = Das Reich und die Deutschen; *SG* = Sammlung Göschen; *SGV* = Sammlung gemeinverständlicher Vorträge und Schriften aus dem Gebiet der Theologie und Religionsgeschichte; *SupplByz* = Supplementa Byzantina; *ThW* = Theologische Wissenschaft; *TKTG* = Texte zur Kirchen- und Theologiegeschichte; *TRE* = Theologische Realenzyklopädie; *UB* = Urban-Bücher; *UCOP* = University of Cambridge oriental publication; *UllB* = Ullstein-Buch; *UTB* = Uni-Taschenbücher; *UTB.WG* = Uni-Taschenbücher. Große Reihe; *VÖIG* = Veröffentlichungen des Österreichischen Instituts für Geschichtsforschung; *WdF* = WiB. Wege der Forschung; *WiB* = Wissenschaftliche Buchgesellschaft.

2. Literatur in Auswahl

Allgemeine Hilfsmittel zum Studium der Kirchengeschichte

Quellensammlungen (vgl. auch Kap. VIII,4): H.A. Oberman u.a. (Hg.), Kirchen- und Theologiegeschichte in Quellen, Bd. 1: A.M. Ritter, Alte Kirche, 1991[5]; Bd. 2: R. Mokrosch/H. Walz, Mittelalter, 1989[3]; *C. Mirbt/K. Aland* (Hg.), Quellen zur Geschichte des Papsttums und des römischen Katholizismus, Bd. 1: Von den Anfängen bis zum Tridentinum, 1967[6]; *F. Simmler* (Hg.), Aus Benediktinerregeln des 9. bis 20. Jahrhunderts, 1985; *J. Bühler,* Klosterleben im Mittelalter nach zeitgenössischen Quellen, hg. v. G.A. Narciß, 1989 (ITB 1135); *W. Lautemann/M. Schlenke* (Hg.), Geschichte in Quellen, Bd. 2: Mittelalter, 1970.

Einführungen, Periodengrenze: W.A. Bienert/G. Koch, Kirchengeschichte I. – Christliche Archäologie, 1989 (GKT 3 = UB 423); *H. Boockmann,* Einführung in die Geschichte des Mittelalters, 1992[5] (BElB); *H. Fuhrmann,* Einladung ins Mittelalter, 1989[4]; *K. Flasch,* Einführung in die Philosophie des Mittelalters, 1989[2]; *G. Endreß,* Der Islam, eine Einführung in seine Geschichte, 1991[2] (BElB); *P.E. Hübinger* (Hg.), Bedeutung und Rolle des Islam beim Übergang vom Altertum zum Mittelalter, 1968 (WdF 202); *P.E. Hübinger* (Hg.), Kulturbruch oder Kulturkontinuität im Übergang von der Antike zum Mittelalter, 1968 (WdF 201); *P.E. Hübinger* (Hg.), Zur Frage der Periodengrenze zwischen Altertum und Mittelalter, 1969 (WdF 51).

Lexika, Nachschlagewerke, Tabellen: Lexikon des Mittelalters, Bd. 1ff., 1980ff. (noch nicht abgeschlossen); *W. Volkert,* „Adel bis Zunft", ein Lexikon des Mittelalters, 1991; *P. Dinzelbacher* (Hg.), Sachwörterbuch der Mediävistik, 1992; *J.N. Kelly* (Hg.), Reclams Lexikon der Päpste, 1988; *G. Taddey* (Hg.), Lexikon der deutschen Geschichte, Personen – Ereignisse – Institutionen, von der Zeitwende bis zum Ausgang des 2. Weltkrieges, 1983[2]; *H.-J. Torke* (Hg.), Lexikon der Geschichte Rußlands, von den Anfängen bis zur Oktober-Revolution, 1985; *K. Kreiser/R. Wielandt* (Hg.), Lexikon der islamischen Welt, 1992; *C. Andresen/G. Denzler,* Wörterbuch der Kirchengeschichte, 1982 (dtv 3245); *J. Aßfalg/P. Krüger* (Hg.), Kleines Wörterbuch des christlichen Orients, 1975; *W. Härle/H. Wagner* (Hg.), Theologenlexikon, 1987 (BRh 321); *W. Buchwald* u.a. (Hg.), Tusculum-Lexikon griechischer und lateinischer Autoren der Antike und des Mittelalters, 1982[3]; *W. Baumgart,* Bücherverzeichnis zur deutschen Geschichte, Hilfsmittel – Handbücher – Quellen, 1990[8] (dtv 3247); *K.D. Schmidt/ G. Ruhbach,* Chronologische Tabellen zur Kirchengeschichte, 1986[5]; *K. Aland,* Kirchengeschichte in Zeittafeln und Überblicken, 1991[2]; *H. Bornkamm,* Zeittafeln zur Kirchengeschichte, 1980[4]; *R.C. Walton,* Chronologische Tabellen und Hintergrundinformationen zur Kirchengeschichte, 1987; *K.-J. Matz,* Wer regierte wann? Regententabellen zur Weltgeschichte, 1992 (dtv.NW 3294); *Ploetz,* Deutsche Geschichte, Epochen und Daten, hg. v. W. Conze/V. Hentschel, 1991[5]; *A. van Dülmen,* Deutsche Geschichte in Daten, Bd. 1: Von den Anfängen bis 1770, 1979 (dtv 3194); *E. Hösch/H.-J. Grabmüller,* Daten der russischen Geschichte, von den Anfängen bis 1917, 1981 (dtv 3240).

Atlanten: H. *Jedin* u.a.(Hg.), Atlas zur Kirchengeschichte, die christlichen Kirchen in Geschichte und Gegenwart, 1988³; K. *Hartmann,* Atlas-Tafel-Werk zu Bibel und Kirchengeschichte, Bd. 2: Neues Testament und Geschichte der Kirche bis zu Karl dem Großen, 1980; Bd. 3,1-2: Geschichte der Kirche von Karl dem Großen bis zum Vorabend der Reformation, 1981; F.H. *Littell/E. Geldbach,* Atlas zur Geschichte des Christentums, 1989.

Übersichtsdarstellungen zur Geschichte des Mittelalters: H. *Jedin* (Hg.), Handbuch der Kirchengeschichte, Bd. 3,1-2: F. Kempf u.a., Die mittelalterliche Kirche, 1973² (ungekürzte Sonderausgabe mit erweiterten Lit.-Angaben, 1985); L.J. *Rogier* u.a. (Hg.), Geschichte der Kirche, Bd. 1: J. Daniélou/H.I. Marrou, Von der Gründung der Kirche bis zu Gregor dem Großen, 1963; Bd. 2: M.D. Knowles u.a., Früh- und Hochmittelalter, 1971; R. *Kottje/B. Moeller* (Hg.), Ökumenische Kirchengeschichte, Bd. 1: Alte Kirche und Ostkirche, 1989⁵; Bd. 2: Mittelalter und Reformation, 1988⁴; K. *Aland,* Geschichte der Christenheit, Bd. 1: Von den Anfängen bis an die Schwelle der Reformation, 1991²; K. *Kupisch,* Kirchengeschichte, Bd. 1: Von den Anfängen bis zu Karl dem Großen, 1983²; Bd. 2: Das christliche Europa, 1984²; F. W. *Kantzenbach,* Christentum in der Gesellschaft, kleine Sozialgeschichte des Christentums, Bd. 1: Alte Kirche und Mittelalter, 1988² (GTBS); C. *Andresen,* Geschichte des Christentums, Bd. 1: Von den Anfängen bis zur Hochscholastik, 1975 (ThW 6); P. *Kawerau,* Geschichte der mittelalterlichen Kirche, 1967; I. W. *Frank,* Kirchengeschichte des Mittelalters, 1990²; M. *Borgolte,* Die mittelalterliche Kirche, 1992 (EDG 17); K. *Schäferdiek* (Hg.), Die Kirche des früheren Mittelalters, 1978 (KGMG 2,1); R. W. *Southern,* Kirche und Gesellschaft im Abendland des Mittelalters, 1976 (GSB); K. *Bosl,* Europa im Mittelalter, Weltgeschichte eines Jahrtausends, 1989; D. *Krywalski* (Hg.), Die Welt des Mittelalters, 1990²; J. *Dhondt,* Das frühe Mittelalter, 1990 (FWG 10); E. *Hlawitschka,* Vom Frankenreich zur Formierung der europäischen Staaten- und Völkergemeinschaft 840–1046, ein Studienbuch zur Zeit der späten Karolinger, der Ottonen und der frühen Salier in der Geschichte Mitteleuropas, 1986 (mit systematischer Bibliographie: Quelleneditionen, Spezialliteratur); J. *Fried,* Die Formierung Europas 840–1046, 1991 (OGG 6); J. *Fleckenstein,* Ordnungen und formende Kräfte des Mittelalters, 1991²; M. *Kerner* (Hg.), Ideologie und Herrschaft im Mittelalter, 1982 (WdF 530); P.E. *Schramm,* Kaiser, Rom und Renovatio, Studien zur Geschichte des römischen Erneuerungsgedankens vom Ende des karolingischen Reiches bis zum Investiturstreit, 1929 (Nachdruck 1992); H.K. *Schulze,* Grundstrukturen der Verfassung im Mittelalter, 2 Bde., 1990–1992² (UB 371. 372); H.-W. *Goetz,* Leben im Mittelalter, vom 7. bis zum 13. Jahrhundert, 1991⁴; A. *Borst,* Lebensformen im Mittelalter, 1988 (UllB 34004); G. *Duby,* Krieger und Bauern, die Entwicklung der mittelalterlichen Wirtschaft und Gesellschaft bis um 1200, 1981; A.J. *Gurjewitsch,* Mittelalterliche Volkskultur, 1992² (BSoA); J. *Le Goff* (Hg.), Der Mensch des Mittelalters, 1990²; E. *Ennen,* Frauen im Mittelalter, 1991⁴; W. *Abel,* Geschichte der deutschen Landwirtschaft vom frühen Mittelalter bis zum 19. Jahrhundert, 1978³; G. *Franz* (Hg.), Deutsches Bauerntum im Mittelalter, 1976 (WdF 416); W. *Rösener,* Bauern im Mittelater, 1987³; H. *Greive,* Die Juden, Grundzüge ihrer Geschichte im mittelalterlichen und neuzeitlichen Europa, 1992⁴ (Grz 37); K.H. *Rengstorf/S. v. Kortzfleisch* (Hg.), Kirche und Synagoge, Handbuch zur Geschichte von Christen und Juden, Darstellung mit Quellen, Bd. 1, 1968 = 1988 (dtv 4478); *Y. Bottineau*, Der Weg der Jakobspilger, Geschichte, Kunst und Kultur der Wallfahrt nach Santiago de Compostela, 1987[2]; *J. Haller*, Das Papsttum, Idee und Wirklichkeit, Bd. 1: Die Grundlagen, 1950[2]; Bd. 2: Der Aufbau, 1962[2] = 1965 (RodE 221-222; 223-224); *B. Schimmelpfennig*, Das Papsttum, Grundzüge seiner Geschichte von der Antike bis zur Renaissance, 1988[3] (Grz 56); *K.A. Fink*, Papsttum und Kirche im abendländischen Mittelalter, 1981; *H. Zimmermann*, Das Papsttum im Mittelalter, 1981 (UTB 1151); *W. Ullmann*, Kurze Geschichte des Papsttums im Mittelalter, 1978 (SG 2211); *R. Krautheimer*, Rom – Schicksal einer Stadt, 312–1308, 1987; *K.S. Frank*, Grundzüge der Geschichte des christlichen Mönchtums, 1983[4] (Grz 25); *H. Grundmann*, Ketzergeschichte des Mittelalters, 1978[3] (KIG G1); *R. Kieckhefer*, Magie im Mittelalter, 1992; *B. Gebhardt*, Handbuch der deutschen Geschichte, hg. v. H. Grundmann, Bd. 1: Frühzeit und Mittelalter, 1970[9] = Bd. 1-7, 1985–1988[9] (dtv); *F. Prinz*, Grundlagen und Anfänge, Deutschland bis 1056, 1985 (NDG 1); *A. Hauck*, Kirchengeschichte Deutschlands, 5 Bde., 1958[9]; *R. Schumann*, Geschichte Italiens, 1983; *W. Goez*, Geschichte Italiens in Mittelalter und Renaissance, Grundzüge, 1988[3] (WiB-Forum 17); *H.-O. Sieburg*, Geschichte Frankreichs, 1989[4]; *J. Ehlers*, Geschichte Frankreichs im Mittelalter, 1987; *L. Boehm*, Geschichte Burgunds, Politik – Staatsbildungen – Kultur, 1979[2]; *P. Wende*, Geschichte Englands, 1985; *K.S. Bottigheimer*, Geschichte Irlands, 1985; *M. Richter*, Irland im Mittelalter, Kultur und Geschichte, 1983; *R.A. Brown*, Die Normannen, 1988.

Übersichtsdarstellungen zur Theologiegeschichte des Mittelalters: C. Andresen (Hg.), Handbuch der Dogmen- und Theologiegeschichte, Bd. 1: Die Lehrentwicklung im Rahmen der Katholizität, 1983; Bd. 3: Die Lehrentwicklung im Rahmen der Ökumenizität, 1984 = 1989 (UTB.WG); *F.C. Copleston*, Geschichte der Philosophie im Mittelalter, 1976 (BElB); *H.-U. Wöhler*, Geschichte der mittelalterlichen Philosophie, mittelalterliches europäisches Philosophieren einschließlich wesentlicher Voraussetzungen, 1990.

Biographien: M. Greschat (Hg.), Gestalten der Kirchengeschichte, Bd. 2: Alte Kirche II, 1984; Bd. 3: Mittelalter I, 1983; Bd. 11: Das Papsttum I, 1985; *H. Fries/ G. Kretschmar* (Hg.), Klassiker der Theologie, Bd. 1: Von Irenäus bis Martin Luther, 1981; *H. Beumann* (Hg.), Kaisergestalten des Mittelalters, 1991[3]; *K.R. Schnith* (Hg.), Mittelalterliche Herrscher in Lebensbildern, von den Karolingern zu den Staufern, 1990; *E. Uitz* u.a. (Hg.), Herrscherinnen und Nonnen, Frauengestalten von der Ottonenzeit bis zu den Staufern, 1990.

I. Die byzantinische Reichskirche

G. Ostrogorsky, Geschichte des byzantinischen Staates, 1963[3] (HAW 12,1,2); *P. Wirth*, Grundzüge der byzantinischen Geschichte, 1989[2] (Grz 29); *H.-G. Beck*, Geschichte der orthodoxen Kirche im byzantinischen Reich, 1980 (KIG D1); *H.-G. Beck*, Kirche und theologische Literatur im byzantinischen Reich, 1959 (HAW 12,2,1); *F. Winkelmann*, Die östlichen Kirchen in der Epoche der

christologischen Auseinandersetzungen, 1988³ (KGE 1,6); *H.-D. Döpmann,*
*Die Ostkirchen vom Bilderstreit bis zur Kirchenspaltung von 1045, 1991 (KGE
1,8); C. Andresen/A.M. Ritter,* Geschichte des Christentums, Bd. 1,1: Altertum,
1993 (ThW 6,1); *A. Grillmeier,* Jesus der Christus im Glauben der Kirche, Bd.
2,1: Das Konzil von Chalcedon (451), Rezeption und Widerspruch (451–518),
1991²; Bd. 2,2: Die Kirche von Konstantinopel im 6. Jahrhundert, 1989; *K.
Beyschlag,* Grundriß der Dogmengeschichte, Bd. 2,1: Gott und Mensch, das
christologische Dogma, 1991 (Grs 3,1); *F.X. Murphy/P. Sherwood,* Konstantinopel II und III [553 u. 680/81], 1990 (GÖK 3); *J. Irmscher* (Hg.), Der byzantinische Bilderstreit, sozialökonomische Voraussetzungen, ideologische
Grundlagen, geschichtliche Wirkungen, 1980; *G. Dumeige,* Nizäa II [787], 1985
(GÖK 4); *J. Wohlmuth* (Hg.), Streit um das Bild, das Zweite Konzil von Nizäa
(787) in ökumenischer Perspektive, 1990; *D. Stiernon,* Konstantinopel IV [869/
70], 1975 (GÖK 5); *D. Savramis,* Zur Soziologie des byzantinischen Mönchtums,
1962; *H. Hunger* (Hg.), Das byzantinische Herrscherbild, 1975 (WdF 341).

II. Das Christentum im Orient und der Islam

B. Spuler, Die morgenländischen Kirchen, 1964 (auch HO I,8,2, S. 120-324);
C.D.G. Müller, Geschichte der orientalischen Nationalkirchen, 1981 (KIG D2);
P. Kawerau, Das Christentum des Ostens, 1972 (RM 30); *F. Heyer,* Kirchen-
geschichte des Heiligen Landes, 1984 (UB 357); *W. Hage,* Die syrisch-jakobitische
Kirche in frühislamischer Zeit, nach orientalischen Quellen, 1966; *P. Kawerau,*
Die jakobitische Kirche im Zeitalter der syrischen Renaissance, Idee und Wirk-
lichkeit, 1960² (BBA 3); *C.D.G. Müller,* Grundzüge des christlich-islamischen
Ägypten von der Ptolemäerzeit bis zur Gegenwart, 1969 (Grz 11); *A. Grillmeier/
Th. Hainthaler,* Die Kirche von Alexandrien mit Nubien und Äthiopien nach
451, 1990 (Jesus der Christus im Glauben der Kirche. 2,4); *A. Bartnicki/J.
Mantel-Niecko,* Geschichte Äthiopiens, Bd. 1: Von den Anfängen bis zum Ende
des 19. Jahrhunderts, 1978; *K. Lübeck,* Die altpersische Missionskirche, ein ge-
schichtlicher Überblick, 1919 (AMMG 15); *K. Schippmann,* Grundzüge der
Geschichte des Sasanidischen Reiches, 1990; *C.D.G. Müller,* Kirche und Mission unter den Arabern in vorislamischer Zeit, 1967 (SGV 249); *R. Paret,*
Mohammed und der Koran, Geschichte und Verkündigung des arabischen
Propheten, 1991⁷ (UB 32); *R. Paret* (Hg.), Der Koran, Bd. 1: Übersetzung, 1982²;
Bd. 2: Kommentar und Konkordanz, 1977² = 1989⁵–1990⁴ (Taschenbuch-Ausgabe); *R. Paret* (Hg.), Der Koran, 1975 (WdF 326); *T. Nagel,* Der Koran, Einführung – Texte – Erläuterungen, 1991²; *R. Hartmann,* Die Religion des Islam,
eine Einführung, 1944 (Nachdruck 1992); *G.E. v. Grunebaum,* Der Islam im
Mittelalter, 1963 (BiblM); *U. Haarmann* (Hg.), Geschichte der arabischen Welt,
1991²; *B. Spuler,* Geschichte der islamischen Länder, Bd. 1: Die Chalifenzeit,
1952 (HO I,6,1); *J. Vernet,* Die spanisch-arabische Kultur in Orient und Okzident,
1984; *H. Busse,* Die theologischen Beziehungen des Islams zu Judentum und
Christentum, 1988 (Grz 72); *R.W. Southern,* Das Islambild des Mittelalters, 1981.

III. Das Abendland im Übergang zum Mittelalter

A. Angenendt, Das Frühmittelalter, die abendländische Christenheit von 400 bis 900, 1990; *R. Lorenz,* Das vierte bis sechste Jahrhundert (Westen), 1970 (KIG C1); *G. Haendler,* Die abendländische Kirche im Zeitalter der Völkerwanderung, 1987³ (KGE 1,5); *G. Haendler,* Geschichte des Frühmittelalters und der Germanenmission, 1976² (KIG E); *M. Clévenot,* Der Triumph des Kreuzes, Geschichte des Christentums im IV. und V. Jahrhundert, 1988; *M. Clévenot,* Das Auftauchen des Islams, Geschichte des Christentums im VI.– VIII. Jahrhundert, 1990; *K. Schäferdiek,* Die Kirche in den Reichen der Westgoten und Suewen bis zur Errichtung der westgotischen katholischen Staatskirche, 1967 (AKG 39); *J. Badewien,* Geschichtstheologie und Sozialkritik im Werk Salvians von Marseille, 1980; *E. Gegenschatz/O. Gigon* (Hg.), Boethius, Trost der Philosophie, 1990⁴ (BAW.AC); *J. Jarnut,* Geschichte der Langobarden, 1982 (UB 339); *F. Prinz* (Hg.), Mönchtum und Gesellschaft im Frühmittelalter, 1976 (WdF 312); *F. Prinz,* Askese und Kultur, vor- und frühbenediktinisches Mönchtum an der Wiege Europas, 1980; *F. Prinz,* Frühes Mönchtum im Frankenreich, Kultur und Gesellschaft in Gallien, den Rheinlanden und Bayern am Beispiel der monastischen Entwicklung, 1988² (UB 392); *Th. Schieffer,* Priesteramt und Mönchtum bei den lateinischen Kirchenvätern in vorbenediktinischer Zeit, 1985 (RBS.S 12); *B. Steidle* (Hg.), Die Benediktus-Regel, 1980⁴; *E. Ewig,* Die Merowinger und das Frankenreich, 1988 (UB 392); *Th. Schieffer,* Winfrid-Bonifatius und die christliche Grundlegung Europas, 1954 (Nachdruck 1972).

IV. Die Zeit der Karolinger

G. Haendler, Die lateinische Kirche im Zeitalter der Karolinger, 1985 (KGE 1,7); *M. Clévenot,* Als Gott noch ein Feudalherr war, Geschichte des Christentums im IX.–XI. Jahrhundert, 1991; *R. Schieffer,* Die Karolinger, 1992 (UB 411); *F. Kern,* Gottesgnadentum und Widerstandsrecht im früheren Mittelalter, zur Entwicklungsgeschichte der Monarchie, 1980⁷; *E. Hlawitschka* (Hg.), Königswahl und Thronfolge in fränkisch-karolingischer Zeit, 1975 (WdF 247); *A.M. Drabek,* Die Verträge der fränkischen und deutschen Herrscher mit dem Papsttum von 754 bis 1020, 1976 (VÖIG 22); *G. Wolf* (Hg.), Zum Kaisertum Karls des Großen, Beiträge und Aufsätze, 1972 (WdF 38); *M. Borgolte,* Der Gesandtenaustausch der Karolinger mit den Abbasiden und mit den Patriarchen von Jerusalem, 1976 (MBM 25).

V. Die Zeit der Ottonen und frühen Salier

K. Bosl, Europa im Aufbruch. Herrschaft, Gesellschaft, Kultur in Europa vom 10. bis zum 14. Jahrhundert, 1980; *G. Tellenbach,* Die westliche Kirche vom 10. bis zum frühen 12. Jahrhundert, 1988 (KIG F1); *H. Fichtenau,* Lebensordnungen des 10. Jahrhunderts, Studien über Denkart und Existenz im einstigen Karolingerreich, Bd. 1, 1984 (MGMA 30,1); *H. Richter* (Hg.), Cluny, Beiträge zu Gestalt und Wirkung der cluniazensischen Reform, 1975 (WdF 241); *K. Hallinger,* Gorze – Kluny, Studien zu den monastischen Lebensformen und Gegensätzen im Hochmittelalter, 2 Bde., 1950 (Nachdruck 1971); *H.K. Schulze,* Hegemoniales Kaisertum, Ottonen und Salier, 1991 (RuD); *H. Beumann,* Die Ottonen, 1991² (UB 384); *E. Hlawitschka* (Hg.), Königswahl und Thronfolge in ottonisch-frühdeutscher Zeit, 1971 (WdF 178); *H. Zimmermann* (Hg.), Otto der Große, 1976 (WdF 450); *R. Staats,* Theologie der Reichskrone, Ottonische „Renovatio Imperii" im Spiegel einer Insignie, 1976 (MGMA 13); *E. Boshof,* Die Salier, 1992² (UB 387); *S. Weinfurter* (Hg.), Die Salier und das Reich, Bd. 1: Salier, Adel und Reichsverfassung; Bd. 2: Die Reichskirche in der Salierzeit; Bd. 3: Gesellschaftlicher und ideengeschichtlicher Wandel im Reich der Salier, 1992²; *S. Weinfurter,* Herrschaft und Reich der Salier, Grundlinien einer Umbruchzeit, 1992²; *H. Schwarzmaier,* Von Speyer nach Rom, Wegstationen und Lebensspuren der Salier, 1992²; *H. Jakobs,* Kirchenreform und Hochmittelalter, 1046–1215, 1988² (OGG 7).

VI. Östliche und westliche Christenheit

G. Stökl, Geschichte der Slavenmission, 1976² (KIG E); *H.-D. Döpmann,* Die Russische Orthodoxe Kirche in Geschichte und Gegenwart, 1981²; *K. Onasch,* Grundzüge der russischen Kirchengeschichte, 1967 (KIG M1); *R. Pipes,* Rußland vor der Revolution, Staat und Gesellschaft im Zarenreich, 1977 (auch Kiewer Rus); *G. Podskalsky,* Christentum und theologische Literatur in der „Kiever Rus" (988–1237), 1982; *I. Smolitsch,* Russisches Mönchtum, Entstehung, Entwicklung und Wesen 988–1917, 1953 (ÖC NS 10-11).

3. Kartennachweise

S. 12/13: Die byzantinischen Reichspatriarchate: *H. Jedin* u.a. (Hg.), Atlas zur Kirchengeschichte, die christlichen Kirchen in Geschichte und Gegenwart, 1988³, S. 8.

S. 33: Die orientalische Christenheit: *F.H. Littell/E. Geldbach,* Atlas zur Geschichte des Christentums, 1989, S. 21.

S. 45: Das arabisch-islamische Reich: *A. Angenendt,* Das Frühmittelalter, die abendländische Christenheit von 400 bis 900, 1990, S. 234.

S. 52: Die Germanenreiche im frühen 6. Jh.: *A. Angenendt,* Das Frühmittelalter, die abendländische Christenheit von 400 bis 900, 1990, S. 140 (oben).

S. 71: Iren- und Angelsachsen-Mission um 590-768: Großer Atlas zur Weltgeschichte, 1991, S. 52 II.

S. 76: Keltische Mönchskirche und römisches Christentum (bis ins 8. Jahrh.): Großer Atlas zur Weltgeschichte, 1991, S. 52 I.

S. 92/93: Das Reich Karls des Großen: *F. Prinz,* Grundlagen und Anfänge, Deutschland bis 1056, 1985 (NDG 1), Anhang.

S. 111: Die Entstehung des Kirchenstaates: *A. Angenendt,* Das Frühmittelalter, die abendländische Christenheit von 400 bis 900, 1990, S. 294.

S. 124/125: Das Reich in ottonisch-frühsalischer Zeit: *E. Hlawitschka,* Vom Frankenreich zur Formierung der europäischen Staaten- und Völkergemeinschaft 840–1046, 1986, Anhang.

S. 150: Das erste Bulgarische Reich: *G. Ostrogorsky,* Geschichte des byzantinischen Staates, 1963[3] (HAW 12,1,2), S. 219.

S. 152: Das Kiewer Reich im 10. u. 11. Jh.: Großer Atlas zur Weltgeschichte, 1991, S. 61 V.

4. Nachweise der benutzten Texte

Die Quellentexte werden nach ihrer jeweiligen **Ordnungszahl** angegeben (in Klammern hinzugefügte Seitenzahlen beziehen sich auf die Vorlage). Wo der Vergleich mit dem Originaltext es nahelegte, wurden die hier angegebenen Übersetzungen, ohne daß dieses jeweils vermerkt wurde, modifiziert; Namensformen wurden vereinheitlicht, Namen und Begriffe hervorgehoben.

H. Rahner, Kirche und Staat im frühen Christentum, Dokumente aus acht Jahrhunderten und ihre Deutung, 1961: Nr. **1** (S. 299), **7** (S. 301), **10** (S. 453), **43** (S. 271), **135** (S. 453-455), **140** (S. 485-487), **141** (S. 471-473).

N. Thon (Hg.), Quellenbuch zur Geschichte der Orthodoxen Kirche, 1983 (Sophia 23): Nr. **2** (S. 135-137), **89** (S. 123), **127** (S. 218f.), **128** (S. 211f.), **132** (S. 250f.), **133** (S. 188f.), **134** (S. 188), **136** (S. 130f.), **137** (S. 130), **138** (S. 191f.), **139** (S. 193f.), **142** (S. 195-197), **143** (S. 204), **144** (S. 204f.).

A. Grillmeier, Jesus der Christus im Glauben der Kirche, Bd. 2,1, 1991[2]: Nr. **3** (S. 270f.), **5** (S. 291), **6** (S. 311f.); Bd. 2,2, 1989: Nr. **8** (S. 469-471), **17** (S. 35f.), **18** (S. 99), **19** (S. 101), **20** (S. 151).

A.M. Ritter (Hg.), Alte Kirche, 1991[5] (KTGQ 1): Nr. **4** (S. 222), **9** (S. 224).

H.-J. Geischer (Hg.), Der byzantinische Bilderstreit, 1968 (TKTG 9): Nr. **11** (S. 46-48), **16** (S. 22-28).

R. Mokrosch/H. Walz (Hg.), Mittelalter, 1989[3] (KTGQ 2): Nr. **12** (S. 32), **41** (S. 1), **48** (S. 14), **59** (S. 3), **68** (S. 21), **69** (S. 23f.), **72** (S. 24f.), **81** (S. 33f.), **91** (S. 45), **92** (S. 42f.), **93** (S. 43f.), **96** (S. 27), **97** (S. 29f.), **98** (S. 28), **106** (S. 49f.), **123** (S. 54), **124** (S. 53).

H.-G. Beck (Hg.), Byzantinisches Lesebuch, 1982 (= Lust an der Geschichte, Leben in Byzanz, 1991): Nr. **13** (S. 28f.), **15** (S. 295).

P. Speck, Theodoros Studites, Jamben auf verschiedene Gegenstände, 1968 (SupplByz 1): Nr. **14** (S. 165).

M.J. Rouët de Journel (Hg.), Enchiridion patristicum, 1965[23]: Nr. **21** (S. 714).

J.B. Chabot (Hg.), Synodicon orientale, 1902 (NEMBN 37): Nr. **22** (S. 296), **23** (S. 302).

L. Abramowski/A. E. Goodman (Hg.), A Nestorian Collection of Christological Texts, Bd. 2, 1972 (UCOP 19): Nr. **24** (S. 103-105).

Y. Saeki, The Nestorian Documents and Relics in China, 1951²: Nr. **25** (S. 57f.).

H.D. Leicht (Hg.), Wilhelm von Rubruk, Reisen zum Großkhan der Mongolen, 1984 (AAbR): Nr. **26** (S. 114f.).

G. Rotter (Hg.), Ibn Ishaq, das Leben des Propheten, 1979² (BArKl 1): Nr. **27** (S. 45).

Abu'l-Faradsch al-Isbahani, Kitab al-aghani (Buch der Lieder), Bd. 14, Kairo 1868/69: Nr. **28** (S. 42).

R. Paret (Hg.), Der Koran, Bd. 1, 1982² = 1989⁵ (Taschenbuch-Ausgabe): Nr. **29**, **30**, **31**, **32**, **33**.

P. Kawerau (Hg.), Christlich-arabische Chrestomathie aus historischen Schriftstellern des Mittelalters, Bd. 2, 1977 (CSCO.Sub 53): Nr. **34** (S. 8-11), **36** (S. 59f.).

A. Fattal, Le statut légal des non-musulmans en pays d'Islam, 1958 (RILOB 10): Nr. **35** (S. 45f.).

J.-B. Chabot (Hg.), Chronique de Michel le Syrien, patriarche jacobite d'Antioche, Bd. 2, 1901 (Nachdruck 1963): Nr. **37** (S. 412f.).

G. Haendler, Die abendländische Kirche im Zeitalter der Völkerwanderung, 1987³ (KGE 1,5): Nr. **38** (S. 36), **60** (S. 131).

M. Petschenig (Hg.), Victoris episcopi Vitensis Historia persecutionis Africanae provinciae, 1881 (CSEL 7): Nr. **39** (S. 72f.).

Th. Mommsen (Hg.), Chronica minora saec. IV.V.VI.VII., Bd. 1, 1892 (MGH.AA 9): Nr. **40** (S. 322).

C. Mirbt/K. Aland (Hg.), Quellen zur Geschichte des Papsttums und des römischen Katholizismus, Bd. 1, 1967⁶: Nr. **42** (S. 224), **44** (S. 243), **45** (S. 243), **47** (S. 245), **49** (S. 246), **101** (S. 264f.), **105** (S. 268).

R.A. Markus, Art. Gregor I., der Große, in: TRE 14 (1985), S. 135-145: Nr. **46** (S. 137).

W. Lautemann/M. Schlenke (Hg.), Geschichte in Quellen, Bd. 2, 1970: Nr. **50** (S. 55), **51** (S. 53), **58** (S. 17), **61** (S. 32), **62** (S. 225), **63** (S. 34), **64** (S. 32), **65** (S. 223), **67** (S. 42f.), **70** (S. 46), **73** (S. 56), **75** (S. 70), **76** (S. 70f.), **80** (S. 75), **86** (S. 63), **88** (S. 85), **90** (S. 68), **94** (S. 58f.), **95** (S. 61), **99** (S. 69), **107** (S. 225f.), **109** (S. 186f.), **110** (S. 212), **112** (S. 214), **114** (S. 253), **115** (S. 247), **116** (S. 164-166), **117** (S. 205f.), **118** (S. 218), **119** (S. 257), **120** (S. 256f.), **122** (S. 247), **126** (S. 234f.).

C. Kirch (Hg.), Enchiridion fontium historiae ecclesiasticae antiquae, 1965⁹: Nr. **52** (S. 553).

B. Steidle (Hg.), Die Benediktus-Regel, 1980⁴: Nr. **53** (S. 9), **54**.

K.S. Frank, Frühes Mönchtum im Abendland, Bd. 2, 1975 (BAW.AC): Nr. **55** (S. 183-185).

M. Erbe (Hg.), Quellen zur germanischen Bekehrungsgeschichte (5.–8. Jahrhundert), 1971 (TKTG 15): Nr. **56** (S. 31), **57** (S. 39).

E. Scherabon Firchow (Hg.), Einhard, Vita Karoli Magni – Das Leben Karls des Großen, 1981 (RUBibl 1996): Nr. **66**, **77**, **82**, **83**, **87**.

G. Haendler, Die lateinische Kirche im Zeitalter der Karolinger, 1985 (KGE 1,7): Nr. **71** (S. 55).

B. Pollmann (Hg.), Lesebuch zur deutschen Geschichte, Bd. 1, 1984: Nr. **74** (S. 107), **79** (S. 117-121), **84** (S. 142f.), **111** (S. 205f.).

E. Thrändorf/H. Meltzer (Hg.), Kirchengeschichtliches Quellenlesebuch, 1927[6]: Nr. **78** (S. 39), **102** (S. 43), **103** (S. 42), **104** (S. 42), **121** (S. 44).

R. Rau (Hg.), Quellen zur karolingischen Reichsgeschichte, Teil 1, 1962 (FSGA 5): Nr. **85** (S. 229), **100** (S. 225-227).

A. Borst, Lebensformen im Mittelalter, 1988 (UllB 34004): Nr. **108** (S. 475).

H. Boockmann (Hg.), Das Mittelalter, ein Lesebuch aus Texten und Zeugnissen des 6.–16. Jahrhunderts, 1989[2]: Nr. **113** (S. 27), **125** (S. 33).

P. Hauptmann/G. Stricker (Hg.), Die Orthodoxe Kirche in Rußland, Dokumente ihrer Geschichte (860–1980), 1988: Nr. **129** (S. 70f.), **130** (S. 68), **131** (S. 80f.).

5. Regentenlisten

(Nach *K.-J. Matz*, Wer regierte wann? Regententabellen zur Weltgeschichte, 1992, dtv.NW 3294)

Päpste		*Merowinger*		*Byzantinische Kaiser*	
440-461	Leo I.			474-475	Zenon (1)
				475-476	Basiliskos
468-483	Simplicius			476-491	Zenon (2)
		482-511	Chlodwig I.	491-518	Anastasios I.
492-496	Gelasius I.				
496-498	Anastasius II.				
498-514	Symmachus				
498-506	Laurentius				
514-523	Hormisdas			518-527	Justin I.
523-526	Johannes I.				
526-530	Felix IV.			527-565	Justinian I.
530	Dioskur				
530-532	Bonifatius II.	533-548	Theudebert I.		
535-536	Agapet I.				
536-537	Silverius				
537-555	Vigilius				

177

Päpste	Fränkische Könige	Byzantinische Kaiser
556-561 Pelagius I.	584-623 Chlothar II.	610-641 Herakleios I.
590-604 Gregor I.		
625-638 Honorius I.		
640-642 Johannes IV.		
649-655 Martin I.		
682-683 Leo II.		
687-701 Sergius I.		
701-705 Johannes VI.		
715-731 Gregor II.	743-751 Childerich III.	717-741 Leon III.
731-741 Gregor III.		741-775 Konstantin V.
741-752 Zacharias	*Karolinger*	
	751-768 Pippin III. (754: 2. Krönung)	
752-757 Stephan II.	768-814 Karl der Große	775-780 Leon IV.
757-767 Paul I.		780-797 Konstantin VI.
768-772 Stephan III.		790-802 Eirene
772-795 Hadrian I.		

		(800: Kaiserkrönung)
		(813: 1. Kaiserkrönung Ludwigs des Frommen)
795-816	Leo III.	814-840 Ludwig der Fromme
		(816: 2. Kaiserkrönung)
816-817	Stephan IV.	
817-824	Paschalis I.	
824-827	Eugen II.	
827-844	Gregor IV.	840-876 Ludwig der Deutsche
844-847	Sergius II.	
847-855	Leo IV.	
855-858	Benedikt III.	842-856 Theodora
855	Anastasius III.	842-867 Michael III.
858-867	Nikolaus I.	
867-872	Hadrian II.	
872-882	Johannes VIII.	
882-884	Marinus I.	
891-896	Formosus	
896-897	Stephan VI.	
897	Theodor II.	900-911 Ludwig das Kind
904-911	Sergius III.	911-918 Konrad I. (Franke)

		Sachsen			
		919-936	Heinrich I.		
		936-973	Otto I.		
			(962: Kaiserkrönung)		
				969-976	Johannes I. Tzimiskes
				976-1025	Basileios II.
931-935	Johannes XI.				
936-939	Leo VII.				
939-942	Stephan VIII.				
942-946	Marinus II.				
946-955	Agapet II.				
955-963	Johannes XII.				
963-965	Leo VIII.				
964	Benedikt V.				
965-972	Johannes XIII.				
973-974	Benedikt VI.	973-983	Otto II.		
974	Bonifatius VII. (1)				
974-983	Benedikt VII.				
983-984	Johannes XIV.	983-1002	Otto III.		
984-985	Bonifatius VII. (2)				
985-996	Johannes XV.				
996-999	Gregor V.		(996: Kaiserkrönung)		
997-998	Johannes XVI.				
999-1003	Silvester II.	1002-1024	Heinrich II.		
1003-1009	Johannes XVIII.				
1012-1024	Benedikt VIII.		(1014: Kaiserkrönung)		
1012	Gregor				

Salier

1024-1039 Konrad II.
(1027: Kaiserkrönung)
1039-1056 Heinrich III.

(1046: Kaiserkrönung)

1056-1106 Heinrich IV.

1042-1055 Konstantin IX.
Monomach

1024-1032 Johannes XIX.

1032-1045 Benedikt IX. (1)

1045-1046 Silvester III.
1045-1046 Gregor VI.
1046-1047 Klemens II.
1047-1048 Benedikt IX. (2)
1048 Damasus II.
1049-1054 Leo IX.
1055-1057 Viktor II.

6. Personen-, Orts- und Sachregister

Sehr häufig vorkommende Namen werden nicht berücksichtigt. Abkürzungen: Ant. (Antiochia) – Alex. (Alexandria) – B. (Bischof, Bistum) – EB. (Erzbischof, -bistum) – F. (Fürst, Fürstin) – Hm. (Hausmeier) – Hz. (Herzog) – Jer. (Jerusalem) – Kf. (Kalif) – Kg. (König, Königin) – Kh. (Khan) – Kl. (Kloster) – Kpel. (Konstantinopel) – Ks. (Kaiser, Kaiserin) – Kt. (Katholikos, Katholikat) – M. (Metropolie) – Pp. (Papst) – Pt. (Patriarch, Patriarchat).